Walter von Montbarry,
Großmeister des Tempelordens.

Zweiter Teil (1)

Walter de Monbary
Grand Master of the Knights Templars.

Volume III

D1641506

"We ransack tombs for pastime; from the dust
"Call up the sleeping hero; bid him tread
"The scene for our amusement."
Young.

Christiane Benedikte Naubert

Walter von Montbarry,

Großmeister des Tempelordens.

Leipzig. 1786

Zweyter Theil

Walter de Monbary

Grand Master of the Knights Templars.
An Historical Romance.
London 1803

Volume III.

Zweisprachige Ausgabe/Bilingual edition

Herausgeber/Editors:
Karla Gabert (Fachlehrerin), Farid Ayachi, Dennis Fröbrich, Matti Berthold,
Madlen Dallmann, Ali Ghorbani, Marcel Heinemann, Robert Hums,
Nils Klinghammer, Thang Ly, Dennis Matthey, Wiebke Messerschmidt,
Antonia Scholz, Martin Siegmund, Bianca Swoboda, Martin Zaeske
(LK 11Englisch der Max-Klinger-Schule Leipzig)
sowie
Mr. Kolm Roche (Ireland)

unter Leitung von: **Sylvia Kolbe**

Bibliografische Information durch die Deutsche Nationalbibliothek:
Die Deutsche Nationalbibliothek verzeichnet diese Publikation in der
Deutschen Nationalbibliografie; detaillierte bibliografische Daten sind
im Internet über http://www.d-nb.de abrufbar.

Umschlagabbildung: Ali Ghorbani

ISBN 978-3-86268-245-4

1. Ausgabe (1786) Leipzig, in der Weygandschen Buchhandlung
London (1803), Lane and Newman
Copyright der vorliegenden Ausgabe (2011) Engelsdorfer Verlag

16,00 Euro (D)

Vorwort

„Was man heute tun kann, soll man nicht auf morgen verschieben", sagt Christiane Benedikte Naubert zu Beginn des zweiten Teiles ihres historischen Romans „Walter von Montbarry".

So lass uns denn, lieber Leser, die Geschichte des Tempelritters weiter verfolgen.

Gleichzeitig nehmen wir auch die Arbeit unserer Vorgänger auf und werden die englische Übersetzung parallel zum deutschen Text einarbeiten. Als Leistungskurs Englisch an der Max-Klinger-Schule in Leipzig haben wir uns das Ziel gesetzt, unter Leitung von Frau Sylvia Kolbe einen Teil der großartigen Werke der Schriftstellerin unserer Heimatstadt neu zu beleben.

Christiane Benedikte Naubert, geboren als Christiana Benedicta Hebenstreit, kam im Jahre 1752 in Leipzig zur Welt. Ihr genaues Geburtsjahr ist erst seit kurzer Zeit bekannt.   Bisher   wurde   stets   der 13.September 1756 angegeben. Herr Thomas Hoffmann aus Leipzig, ein Experte für Kirchenarchive und Genealogie, ist bei seinen Recherchen in Leipzig und Naumburg fündig geworden. Ein Eintrag im Kirchlichen Archiv Leipzig, Burgstraße 1-5, beweist, dass Christiana Benedicta Hebestreit 1752 in Leipzig geboren und getauft wurde.

Sie war eine deutsche Schriftstellerin, die bis 1817 anonym veröffentlichte. Ohne ihre Erlaubnis wurde ihre Identität in einem Artikel der „Zeitung für die elegante Welt" erwähnt und seit dieser Zeit tragen ihre Bücher ihren Namen. Die hoch gebildete Frau veröffentlichte über 50 historische Romane, die teilweise ins Englische, Französische und andere europäische Sprachen übersetzt wurden. Außerdem ist ihre Sammlung der „ Neuen Volksmärchen der Deutschen" (1789 -1793), lange vor den Brüdern Grimm, von Bedeutung. Christiane Benedikte Naubert selbst übersetzte einige Bücher aus dem Englischen und Französischen ins Deutsche. Von ihren Zeitgenossen fleißig gelesen, ist sie heute weitgehend unbekannt.

Exakte Geschichtskenntnisse verbunden mit einer lebhaften Phantasie,

tiefgründigen Einblicken in die menschliche Seele und die Darstellung fiktiver Gestalten im Vordergrund, die historische Persönlichkeiten und Ereignisse im Hintergrund verbinden, sind charakteristisch für Nauberts Romane.

Begleiten wir nun, mein lieber Leser, Walter von Montbarry auf seiner Reise, auf der er von seiner edlen Herkunft erfährt, nach Jerusalem, wo ihn Abenteuer, Kämpfe und auch Ränkespiele erwarten.

Als er gezwungen ist, nach Europa zurückzukehren, um Hilfe zu holen, erreicht ihn eine dringliche Nachricht..............

Aber lesen Sie selbst.

Genießen Sie die wunderbaren Beschreibungen menschlicher Gefühle und Verhaltensweisen. Tauchen Sie ein in die Welt der Tempelritter.

Ich wünsche Ihnen Spaß und Entspannung und hoffe, dass Ihnen der englische Text eben so viel Lesefreude bereitet wie der deutsche.

K. Gabert

[Quelle. http://de.wikipedia.org/wiki/Benedikte_Naubert]

Anmerkungen:

Überholte Schriftarten der Originaltexte (deutsche Frakturschrift, englisches langes „ſ" etc.) wurden in moderne Schriftart übertragen.

Der Originaltext (des deutschen Romans von 1786 und der englischen Übersetzung von 1803) wurde exakt beibehalten: keinerlei Änderungen und keinerlei Korrekturen in Wortwahl, Orthographie und Grammatik.

Preface

„What may be done to-day, ought not to be postponed till to-morrow", said Christiane Benedikte Naubert at the start of the third volume (English translation) of her historical novel „Walter de Monbary".

So, dear Reader, let us now pursue the story of this Knight Templar.

At the same time we are taking up the work of our predecessors and we will incorporate the English translation into the German text. We, as an advanced course in English at the Max-Klinger-School in Leipzig, set ourselves the goal, under instruction from Ms. Sylvia Kolbe, to revitalize some of our hometown novelist`s outstanding works.

Christiane Benedikte Naubert was born Christiana Benedicta Hebenstreit in Leipzig in 1752. The precise year of her birth is known only since recently. Previously, the 13th September 1756 had been given.

Mr. Thomas Hoffmann from Leipzig, an expert on church archives and genealogy, made the discovery from his research in Leipzig and Naumburg. An entry in the church archive at 1-5 Burgstrasse, Leipzig, states that Christiana Benedicta Hebenstreit was born and christened in Leipzig in 1752.

She was a German novelist who published anonymously until 1817. Her identity was revealed without her permission in an article in the „Newspaper for the Elegant World" and thereafter her books bore her own name. The highly educated woman published more than 50 historical novels, some of which were translated into English, French and other European languages. Additionally, her collection of the „New German Folk Tales" (1789-1793) was significant a long time before that of the Brothers Grimm. Christiane Benedikte Naubert translated several books herself from English and French into German.

Although well studied by her contemporaries, today she is largely unknown. A combination of a deep knowledge of history, a lively imagination, profound insights into the human condition and the portrayal of fictional characters in the foreground against a backdrop of historical personalities and events, are all characteristics of Naubert`s novels.

And now, dear Reader, we accompany Walter de Monbary on his voyage to Jerusalem, upon which he learns something of his noble origins, and whither adventures, battles and intrigues await.

When he is forced to return to Europe to get help, he receives an urgent message..............

But you can read it for yourself.

Relish the prodigious description of human emotions and behaviour. Enter the world of the Knights Templar.

I hope you get fun and enjoyment from it and that the English text gives you as much pleasure as the German.

K. Gabert

I thank Mr. Kolm Roche from Ireland for his patience when proof-reading the text.

Annotations:

The outdated typeface (German gothic type, English long „∫" etc.) was transformed into modern typeface.

The original text (of the German novel of 1786 and the English translation of 1803) was retained unchanged: no modifications and no corrections in choice of words, orthography and grammar.

Wir danken unseren Eltern für ihre moralische und emotionale und dem Förderverein der Max-Klinger-Schule Leipzig für die finanzielle Unterstützung bei der Durchführung unseres Buchprojekts

„Walter von Montbarry" von Christiane Benedikte Naubert.

We are grateful to our parents for their moral and emotional support as well as to the Friends of Max Klinger School Society for their financial allowance to our book project

„Walter de Monbary" by Christiane Benedikte Naubert.

9

Zweiter Theil.

Erstes Kapitel.

Was man heute thun kann, soll man nicht auf morgen verschieben.

Morgen, sagte die Gräfin von Flandern zu dem Tempelherrn, und morgen sagten wir zu unsern Lesern, als wir sie am Ende unsers ersten Theils auf die Geschichte der schönen Rosemunde vertrösteten, und wir würden diese Erzählung vielleicht nicht verschoben haben, wenn uns der Gemeinspruch, den wir zur Ueberschrift dieses Kapitels gewählt haben, damals so deutlich vorgeschwebt hätte, als er euch, lieben Leser! jetzt vor Augen steht. Wenn ihr noch vor Ende dieses Abschnitts ihn bestätigt findet, so laßt es euch eine Warnung seyn, und – doch was gehen mich eure Angelegenheiten und die Eile an, mit der ihr sie betreibt oder nicht betreibt. – Ich fahre in meiner Geschichte fort, und stelle euch frey, sie zu lesen, oder, durch den Eingang abgeschreckt, hinweg zu legen.

Unser Walter stellte sich zu der ihm von Hunbergen bestimmten Zeit ein, um die Geschichte seiner Mutter zu hören, die ihm jetzt bey weiten nicht mehr dasjenige war, was ihm am meisten am Herzen lag. –

Meine Leser wissen, was für einen Eindruck Matildens Bildniß auf sein ohnedem genug für sie eingenommenes Herz machte. Die Erzählung von ihrer Geschichte hatte seine Empfindungen für sie aufs äußerste gebracht. Die Beschreibung dessen, was sie um seinet, blos um seinetwillen litt, die neuen Züge ihres großen, edlen, liebenswürdigen Charakters, die sich in ihrem Unglücke entwickelten, und vor allen die häufigen Winke, die Agnes wegen ihrer treuen unerschütterlichen Liebe zu ihm gab, setzten seine ganze Einbildungskraft in Flammen; er sahe sie handeln, er hörte ihre Engelsstimme, er zählte die Thränen, die sie für ihn vergoß, er lag zu ihren Füßen, sprach mit ihr von seiner Liebe, klagte sich an, daß er ihr untreu

WALTER DE MONBARY.

CHAP. I.

What may be done to-day, ought not to be postponed till to-morrow.

Walter arrived at the moment appointed by the Countess for him to hear the recital of the misfortunes of his mother, which he was extremely impatient to learn, though she was far from being the only object that occupied his thoughts.

The reader is acquainted with the impression the portrait of Matilda had made on his heart, already prepossessed in her favour. The history of the misfortunes of that beloved mistress increased his tenderness to the highest degree. The idea of all she had suffered solely for the love of him, the generous sacrifice of her liberty and her happiness, all the traits of that character so noble and affectionate, which adversity had developed, ravished his soul; Matilda was alone present to his imagination.

He heard her angelic voice; he thought of the tears she had shed for him; he fancied himself at her feet, pleading his love, complaining of having devoted to Heaven a heart which he had no right to dispose of without her consent, and protesting, that, although he was a Knight and a hero,

ward, und dem Himmel ein Herz widmete, das nicht mehr sein war, und kurz, er mogte noch so sehr ein geistlicher Ritter, und noch so sehr ein großer Held seyn, so hatte doch die Liebe nicht um ein Haar andre Symptomen bey ihm, als bey andern gemeinen Menschen. So gar Eifersucht fand sich bey derselben, und Neid in keinem geringen Grade. Lord Clifforden beneidete er um den Besitz seiner Geliebten, Prinz Richarden, um alle die Vorzüge, in denen er vor ihr erschienen war, und die von ihr, einer Kennerin alles Schönen und Guten, unmöglich unbemerkt geblieben seyn konnten, Blondeln neidete er um ihren Umgang, und daß sie, wie Agnes sagte, freyer und freundlicher gegen ihn war als gegen jeden andern, und alle Welt, die, wie die Erzählerin erwähnte, sie gesehn und bewundert hatte, um ihren Anblick.

Was unser Walter, auf solche mannigfache Art gequält und beschäftigt, nach Anhörung von Matildens Geschichte für eine Nacht zubringen, und mit was für einem Gesicht er am Morgen vor seiner Pflegemutter erscheinen konnte, das läßt sich errathen. Du bist dir nicht mehr ähnlich, mein Sohn! sagte die Gräfin von Flandern, nachdem sie ihn eine Weile stillschweigend angesehn hatte, was für eine schreckliche Veränderung ist mit dir vorgegangen? –

Ach liebe Mutter, erwiederte der Tempelherr, nach der Geschichte, die ich gestern hörte, nach dem Bilde, das ich gestern sahe, lebe ich in einer ganz andern Welt, sehe ich alles aus einem ganz andern Lichte. –

Wollte Gott, versetzte Hunberga, du mögtest auch deinen Stand, dieses Kleid, das du trägst, aus dem Lichte ansehen, aus dem ich es betrachte, und Matilde es betrachten wird. –

Ich hasse es, schrie Walter, ich hasse es so sehr ich es vorher liebte und suchte! – Und was hindert dich es abzulegen? fragte Hunberga –

Walter schwieg, und man sah an den öftern Veränderungen seines Gesichts, wie sehr seine Seele von innerlichen Kämpfen bestürmt ward. –

love was impressed on his heart in the same characters as on those of other men, and that he was not even exempt from the foibles which ordinarily accompany that passion.

Walter experienced that slight degree of jealousy which was consistent with perfect esteem: he envied Lord Clifford the enjoyment of the presence of his mistress; he envied Prince Richard the advantages he had displayed to Matilda, and which doubtless had not escaped her exquisite discernment; he envied even Blondel the unrestrained felicity of her society, by which he had confirmed the friendship formed in their infancy.

After having passed the night with a heart agitated by a thousand different sentiments, it may easily be imagined that Walter could not present himself before the Countess with a calm and serene countenance.

„What has happened to you, my son?" said she, after having regarded him for some moments in silence; „what is the matter? You no longer appear the same person. What dreadful change is manifested in your whole appearance!"

„Ah, my dear mother!" replied the Templar, „after the history I heard yesterday, after the portrait you gave me, I behold every object in a different point of view."

„Would to God!" said Blanche, „you could contemplate in the same light I do, your profession, and the habit you wear! Matilda is actuated by the same wish."

„I hate it!" exclaimed Walter. „I detest it at much as ever I loved it!"

„What then prevents your renouncing it?" said the Countess.

Walter was silent, and it was easy to perceive, by the different changes on his countenance, how much his soul was agitated.

Nein, rief er auf einmal, indem er mit Ungestüm aufsprang, nein, ich hasse es nicht, wie sollte ich das Gelübde hassen, das ich meinem Gott that, dieses Schwerd hassen, das ich so oft zum Besten der Christenheit entblößte und noch entblößen will, und dieses Kreuz, das höchste Ehrenzeichen, das ein Sterblicher tragen kann. –

Und Matilde? fragte die Gräfin von Flandern. –

O Mutter, rief Walter, indem er Hundbergens Hände mit einem Ungestüm faßte, das sie nie an ihm gekannt hatte, was bewegt euch meine Seele durch solche Qualen zu zerrütten, eine Hölle in meinem Herzen anzuzünden! – Sollte dieses Kleid, das ihr an mir seht, euch nicht bewogen haben, Matildens Bild auf ewig vor mir zu verbergen? oder wollt ihr, daß der Sturm, den ihr in meinem Innersten erregt habt, mich aufreibe? –

Beruhige dich, Walter, sagte Hunberga, indem sie sich bestrebte ihre Hände aus den seinigen loszumachen, und ihre Augen von seinen wilden Blicken wegwandte, beruhige dich, und höre, was ich dir sagen will. Bedenke Matildens Herz, das so fest an dem Deinigen hängt, und das, wenn sie deinen Stand erfährt, aufs grausamste zerrissen werden wird; du weißt, wie ich sie liebe, du kannst dir vorstellen, wie sehr ich nach allem, was sie litt, wünsche, daß sie endlich einmal glücklich werden mag.

Du selbst liebst sie zu sehr, als daß du es ohne sie seyn kannst. Dein Gelübde ist nicht unauflöslich, und du brauchst weder das Kreuz noch das Schwerd zu hassen, das du trägst, wenn du, so wie viele deinesgleichen thaten, das verhaßte Kleid ablegen willst, das ich, so schön es in deinen und in aller Menschen Augen seyn mag, doch nicht ohne Entsetzen an dir sehen kann. Ach Gott! es raubte mir einst das Liebste, was ich auf der Welt hatte, es stürzte mich in alle das Unglück, das ich seit meiner frühesten Jugend ausgestanden habe! Soll ich meine Tochter, meine Matilde, gleichen Qualen ausgesetzt sehen? Ists nicht genug an der Standhaftigkeit, mit welcher ich die Meinigen ausdauerte, ohne zu murren, ohne einen Versuch zu thun, sie von mir zu wälzen? –

So beschäftigt auch Walter mit seinen eigenen Gefühlen war, so reizten doch die letzten Worte der Gräfinn von Flandern seine Aufmerksamkeit

„No!" he suddenly exclaimed with vehemence, „no, I do not hate it! How can I repent the solemn vow I have made to my God? How can I despise this sword, which I have so often employed in the cause of Christianity, and which I hope again to employ in the same service? How can I contemn this cross, the most honourable distinction a man can wear!"

„But", said the Countess, „what are your sentiments respecting Matilda?"

„Ah, Madam!" replied Walter, clasping her hand with an impetuosity she had never before remarked in him, „how can you resolve to rend my soul which such cruel torments! You have raised a tempest in my mind! Ought no the dress I wear have urged you for ever to have concealed the portrait of Matilda from my eyes? But, alas! you have shewn it me, and my whole soul is on fire!

„Be calm, my son", said Blanche, endeavouring to withdraw her hand from his, and turning aside, „be tranquil, and reflect on what I have to say to you.

– The heart of Matilda is so strongly attached to your's, that it will be dreadfully afflicted when she is informed of your situation. You know how I love you, and, from what I have suffered for your sake, you may be assured how much I wish to see you happy.

You love her too well yourself ever to be happy without her. You vow is not indissoluble, and, without renouncing the cross or the sword, you may quit the habit you wear, as others have done. However honourable it may appear in your eyes, I hate it, and cannot contemplate it without affright and horror. –

Ah, my God! he formerly ravished from me all I held dear in the world! he has overwhelmed me with the series of misfortunes I have experienced from the age of fifteen years! How can I bear to see my daughter – my Matilda exposed to the same torments!"

However occupied Walter was with his own sentiments, he was too much struck by the last words of the Countess not to put a question, which

zu sehr, als daß er sie nicht hätte mit einer Frage erwiedern sollen, die meine Leser errathen können, weil sie solche vielleicht in diesem Augenblick selbst gethan haben. – Erinnere dich, antwortet Hunberge, indem sie die Thränen trocknete, welche während ihrer Rede häufig geflossen waren, erinnere dich, wie oft du mir in der kurzen Zeit, da du wieder in meinen Armen bist, alles, was deinen Freund, den große Odo von St. Amantis, angeht, hast erzählen müssen; erinnre dich an die Art, mit der er, wie du selbst sprichst, meiner zu gedenken pflegte, an die Mühe, die er sich mir zum Besten bey unserm gemeinschaftlichen Feinde Philip gab, um die Beweise meiner Unschuld von ihm zu erhalten, die er eigentlich mir, nicht dir in seinem letzten Willen hinterließ; rechne dieses alles zusammen, und du wirst merken, daß wir beyde einander nicht so fremd waren, als du denkst.

Walter hörte seiner Pflegemutter mit Erstaunen zu, und die Gräfin von Flandern fuhr fort: Ja, mein Sohn, Odo, mein ewig unvergeßlicher, ewig geliebter Odo war es, der mich verließ, um das Ordenskleid, das ich an dir so sehr hasse, anzunehmen, der an mir eben das that, was du an Matilden thun willst, nur mit dem Unterschiede, daß du keine Ursach hast in dem Entschluße zu verharren, den du ehmals aus jugendlichem Unverstand und weniger Kenntniß deines Herzens faßtest; er hingegen, durch Verleumdung und tausendfältige Ränke von derjenigen abgebracht wurde, die ihn mehr liebte, als ihr Leben. –

Es würde zu weitläuftig fallen, dir meine Jugendgeschichte umständlich zu erzählen, und du bist heute zu wenig im Stande, auf dieselbe zu achten, wisse also nur das Vornehmste.

Odo liebte mich und stand auf dem Punkte mein Gemahl zu werden; ein französischer Ritter von Tremlai, eben der Terrikus der seine gewöhnliche Rolle in deiner Geschichte spielte, eben der, der den unglücklichen Odo nicht aufhörte zu verfolgen, bis er ihn ins Grab gestürzt hatte, liebte mich gleichfalls, neidete Odos Glück, und wandte alle ihm eigene Arglist an uns zu trennen; so schlecht ihm seine Tücke bey mir gelang, so wohl glückten

doubtless the reader has anticipated.

„Remember", said she, drying her tears, which during her observation had flowed abundantly, „remember how many times you have been restored to me, you have reprobated the details which regard your worthy friend, the great Odon de Saint Amans; remember also with what ardour he thought of me, and occupied himself in my behalf; remember also the zeal with which he endeavoured to draw from Philip the proofs of my innocence. He addressed these proofs not to you, my son, but to me. Recollect all these circumstances, and you will perceive that we were not such strangers to each other's fortune as you may suppose."

Walter listened to his mother with astonishment. The Countess continued: –

„Yes, my son, I shall never forget Odon; yet Odon, whose memory I love so dearly, abandoned me to assume the habit of your order. Judge, then, if I have not sufficient reason to hate this habit. Odon formerly acted towards me as you have towards Matilda – with this difference, that you have no sufficient reason for renouncing the connection, you formed in the innocence of your heart, but which he, from the effect of calumny, thought disengaged from his. He was insensibly detached from her he loved more than his life, by a thousand artifices, which his sincere and ingenuous heart could not avoid being made the dupe of. It would be too tedious to relate to you, in detail, the whole history of my youth; and at present you are not in a proper state of mind to attend to it. However learn the principal circumstances of it.

„Odon was my professed lover for more than a year. He was on the point of becoming my husband. A French Knight, Theodoric de Tremelay, who has performed so important a character in your history, also, to my misfortune, loved me. After having in vain endeavoured to obtain a preference, which Odon had so many titles to pretend to, he employed all the artifices of his character to separate us. His schemes were, with regard to myself,

sie ihm bey meinem Geliebten, er wußte ihn erst auf kürzere, denn auf längere Zeit von mir zu entfernen, und was er seinem Herzen in diesen Tagen der Trennung für Gift einflößte, ist mir unbekannt. Ich habe von meinem Bruder, welcher, als es schon zu spät war, hinter alles kam, nur so viel erfahren, daß er es that.

Odo war, als er von einer seiner Reisen zurück kam, nicht mehr derselbe; bleich, von Gram abgezehrt, immer noch mein Liebhaber, aber nicht mehr mein Bräutigam. Er trug das Kleid, das du trägst. Wir trennten uns; denn du kannst wohl denken, daß ich mir nicht die Mühe geben durfte, ihn wieder zu mir zurück zu bringen, wie ich zu deinem und Matildens Besten bey dir anwende.

Wie hätte sich dieses für die stolze, damals überall angebetete Hunberga geschickt? und ach, keine Mittelsperson, unsere Misverständnisse aufzuklären, keinen rathenden Freund, der Liebenden so nöthig ist, hatten wir! – Ich hielt sein Gelübde für unauflöslich, welches ich nachher ganz anders erfuhr; und war zu gewissenhaft ihm die Haltung desselben durch etwas zu erschweren. –

König Henrichs Liebe, und die Verfolgungen der Königin, nöthigten mich bald darauf, dem alten Grafen von Flandern meine Hand zu geben, und die Treue, die ich ihm schuldig war, verbot mir nunmehr vollends alle weitere Gedanken auf meinen untreuen Liebhaber; wiewohl nein, nicht die Gedanken; wie wär ich stark genug gewesen, sie von dem loszureißen, an dem noch mein ganzes Herz hieng! – Mein Bruder Andreas hütete sich wohl in Briefen oder Gesprächen irgend etwas vorzubringen, das meiner noch nicht ganz getilgten Leidenschaft hätte Nahrung geben können, aber wie entzückte es mich, wenn ich ohngefehr ein Wort auffassen konnte, aus welchem sich schließen ließ, daß ich in Odos Herzen doch noch nicht vergessen war, und daß er Terrikus falsche Anklagen einzusehen anfieng. Terrikus, der sich vergeblich etwas vortheilhaftes für sich von unserer Trennung eingebildet hatte, und dem ich allemal mit dem Abscheu begegnete, den er verdiente, ergrif bey meiner Vermählung mit dem

attended with no success; but they had their full effect with respect to my lover. He at first abandoned me under plausible pretexts, and attempted to justify his desertion by an appearance of sincere and disinterested friendship. I am ignorant of the nature of the poison infused into his soul during the long interval of his absence; but I learned from my brother that he was not undeceived till it was too late. Odon was no longer the same character: gloomy and desponding, he appeared the victim of sorrow and despair. His paleness and dejection expressed the sufferings of his soul. He still loved me, but he appeared as if he wished to combat or repress the sentiments of affection which inspired him. In order to overcome his passion entirely, he assumed the habit you wear. Our connection was thus broken, and our hearts were for ever disunited without any explanation.

Whatever chagrin I might have experienced at his absence, be assured I took no pains to justify myself; for as he did not deign to accuse me, I thought it would degrade me to invite him back to my arms. Haughty, and conscious of my innocence, would it have become Blanche de Monbary to have made the slightest advances? We had no common friend, whose good offices could explain the motives of our misunderstanding, or who could promote that reconciliation which I am so desirous of effecting between you and Matilda. I did not, till long after, learn that it might have easily been effected; and therefore, as I conceived myself injured, I increased on my side the obstacles which separated us. The love of the King, and the persecutions of the Queen, shortly after urged me to give my hand to the old Earl of Flanders. The fidelity I vowed to him for ever prevented my returning to my lover, however happy he might have been to have received me. But how could I banish from my thoughts the man to whom my heart was so solely attached? I did not, however, allow myself to enquire concerning him, and my brother André carefully avoided mentioning any thing that might have revived a passion so unhappy, but still so ardent. What was my joy when, from a few words which by chance escaped him, I learned that I was not entirely effaced from the memory of Odon, and that he had even some reason to suspect the conspiracy laid by Theodoric.

Grafen von Flandern den Entschluß, ebenfalls den den Tempelorden anzunehmen; wie er sagte aus Verzweiflung, aber wie ich glaube, um meinem Odo immer nahe zu seyn, und seine Rache an ihm ausüben zu können, die er meinetwegen gegen ihn in seinem Herzen hegte, eine Sache, die er nur gar zu gut ausgeführt hat.

– Hunberga beschloß ihre Erzählung mit einem Strom von Thränen, und Walter, der durch die Theilnehmung an den Leiden Anderer, und durch die Erinnerung an seinen Freund Odo von seinen stürmischen Gemüthsbewegungen ein wenig zurück gebracht war, fühlte sich, nachdem er mit Hunbergen noch vieles über ihre traurige Geschichte gesprochen hatte, gefaßt genug, seine Bitte um die Nachricht von seiner Geburt zu wiederholen. Die Gräfin hätte es zwar lieber gesehen, wenn er sich über die Wahl zwischen Matilden und seinem Gelübde deutlich erklärt hätte; aber sie fürchtete, wenn sie zu heftig in ihn dränge, seine vorigen kaum gestillten ungestümen Empfindungen zurückkehren zu sehen, und willigte in sein Begehren; und dieses zwar um so viel lieber, weil sie hoffte, die Nachricht von dem Stande seines Vaters, und von der Rolle, welche er in der Welt zu spielen bestimmt war, würde vielleicht etwas dazu beytragen, ihm die Niederlegung des Ordens zu erleichtern.

Walter richtete seine Augen schon mit der größten Aufmerksamkeit auf seine Mutter, und diese machte sich nach einem kleinen Eingange eben gefaßt, Rosemundens Geschichte anzufangen, als eine Klosterfrau hereintrat, und Waltern anzeigte, sein Waffenträger hätte sich an der Pforte gemeldet, und verlangte mit einer ängstlichen Eilfertigkeit mit ihm zu sprechen.

Mit Eilfertigkeit? wiederholte Hunberga. Ja, versetzte die andre, die Pförtnerin hat ihn gefragt, was der Lärm bedeute, den man wohl schon seit

„I never met without horror the wretch who, after having separated us, hoped to derive some advantage from his machinations, and I avowed that contempt for him he so justly merited. Shortly after my marriage, he formed the resolution of becoming a Templar, actuated, as he pretended, by despair; but, as I believe, only to have a better opportunity of making Odon feel the effects of his hatred: and I am but too well convinced by your recital, he never ceased persecuting him till he succeeded in a plunging him into the tomb."

Blanche terminated this discourse by a torrent of tears, and Walter, whose mind was distracted by the sensations he experienced at the history of Matilda, by the lively interest he took in that of the Countess, and by the remembrance of his friend Odon, was some time before he could recover sufficient presence of mind to entreat her to relate the history of his mother, and of his own birth.

Blanche would much rather have continued the same subject: she wished that her example might induce her son to sacrifice his vows to the happiness of Matilda; but she feared, by urging him too much, to arm him against his own heart. „Let me", thought she, „leave it to Matilda and to time to vanquish the scruples by which he is actuated. Perhaps the history of his mother, the knowledge of the rank he ought to occupy, and the character and station he was born to fill, will contribute to restore him to that society of which I wish to see him the ornament."

„I will proceed then, my son", said she, „to relate to you the history of Rosamond, and to inform you of her fate."

Walter regarded his mother with the greatest attention, and appeared to read in her features the interesting events she was about to detail.

Blanche prepared herself, by a short silence, and was just commencing when a Nun entered, and informed Walter that his Esquire was at the door, and earnestly demanded to speak to him for a moment.

„Earnestly!" exclaimed Blanche.

„Yes", replied the Nun. „The porter enquired of him what news he had

einer Stunde in der Stadt wahrgenommen hat, aber er hat sich auf keine Antwort eingelassen,sondern nur darauf gedrungen, mit seinem Herrn zu sprechen, und so viel zu verstehen gegeben, daß sein Anbringen mit der allgemeinen Unruhe in Verbindung stehe.

Hunberga erschrack, der Ritter legte stillschweigend sein Schwerd an, umarmte seine Mutter und entfernte sich.

heard in the city within the last hour, to which he returned no answer, but seemed eager to speak with his master. We could only collect that his commission has some relation to the general inquietude."

Blanche trembled. Walter seized his sword, embraced his mother, and departed.

Zweites Kapitel.

Folgen von Nureddins Gefangenschaft.

Nicht anders als ob der Himmel mit der Welt um Walters Herz rechten wollte, schickte er ihm allemal, wenn Matildens Liebe zu stark in ihm zu werden begunte, Geschäfte von solcher Wichtigkeit in den Weg, die seinen Gedanken eine ganz andere Wendung gaben, und das irdische Feuer, wenn es zu sehr überhand genommen hatte, wo nicht auslöschten, doch auf lange Zeit dämpften, bis es durch einen Zufall mit neuer Stärke angefacht ward.

Unzählige mal, wenn im gelobten Lande bey einiger Muse Matildens Andenken bey ihm erwachte, war dasselbe auf diese Art getilgt worden; und in dem gegenwärtigen Augenblicke, zu einer Zeit, da unser Held, wie wir aus dem vorigen Kapitel gesehen haben, nur noch mit halben Herzen an seinem Gelübde hieng, warf ihm das Schicksal abermals Dinge in den Weg, die seine Aufmerksamkeit auf ganz andre Gegenstände lenkten, als ihn, seit er zu Brignolle war und Hunbergens Umgang genoß, beschäftigt hatten.

Die Pförtnerin hatte Recht; das Gewerbe des Waffenträgers an seinen Herrn und der Auflauf, den man in der Stadt wahrgenommen hatte, standen in genauer Verbindung, und beyde hatten eine Sache zum Gegenstande, die Waltern nicht gleichgültig seyn konnte. Eilet mein Herr, sagte der Knappe unsers Helden, als er seinen Gebieter erblickte, eilet in eure Wohnung, ihr werdet einen alten Bekannten finden, den ihr nicht vermuthet, und der nebst noch einigen eurer Freunde gekommen ist, eure Hülfe anzuflehen.

Walter eilte durch die Gassen, um seine Wohnung geschwind zu erreichen, ohne daß er sich erlaubt hätte, seinen Begleiter um nähere Erklärung zu fragen, oder die Dinge, die ihm auf dem Wege vorkamen, genau zu beobachten. Er sah überall auf den Straßen Gedränge von Leuten, hier und da

CHAP. II.

Sequel of the Captivity of Noureddin.

As if Fate wished to dispute the heart of our hero, whenever his love for Matilda began to acquire too much force, Walter was sure to find himself engaged in important occupations, which gave a new turn to his ideas, and which, if they did not extinguish the fire of love, stifled it for some time, till some new circumstances revived it.

During the whole of his stay in the Holy Land, when the remembrance of Matilda engaged his mind, he had continually had his thoughts distracted and interrupted in a similar manner; and now, when he was on the point of yielding to the dictates of his passion, Destiny, jealous of his happiness, urged him to direct his attention to other objects.

The porter was perfectly right: the commission of the Esquire, and the tumult which had arisen in the city, both proceeded from the same cause, and that cause could not be indifferent to our hero.

„Hasten, Sir" said his Esquire, the moment he perceived him, „hasten to your lodging: you will there find many of your former friends whom you do not expect, and who implore your assistance."

Walter used the utmost diligence to arrive at his lodging, and the first person he saw was the good and faithful Paul, who, with some of the Monks of the Convent of the Isle of Stocad, approached him with an air expressive of the most profound grief.

zusammengetretne Haufen von Personen, welche mit erschrockenem Gesicht, die Worte Ueberfall, Mord, Brand, Gefahr, aussprachen, auch begegneten ihm einige Leute mit verweinten Augen, welche ihn mit Namen grüßten, mit ihm schienen sprechen zu wollen, und nur durch die Eile, mit der er seinen Weg fortsetzte, davon abgehalten zu werden schienen; er erinnerte sich, sie sonst gesehen zu haben, er wußte, daß sie nicht nach Brignolle gehörten, woher er sie aber kannte, darauf war es ihm unmöglich, sich zu besinnen. Endlich langte er in seiner Wohnung an, und das erste, was er erblickte, war sein alter Bekannter Paul aus dem Kloster auf den stöchadischen Inseln, der sich nebst noch einigen von den dasigen Mönchen ihm mit einer Miene nahte, in welcher der tieffste Schmerz ausgedrückt war.

Was denkt ihr? Ritter! fragte er, daß ihr uns auf so eine Art wieder seht? Und was werdet ihr denken, wenn ich euch sage, daß unser liebes Kloster nichts mehr ist, als ein rauchender Steinhaufen? –

Walter, dessen gesetztes Gemüth sonst über nichts leicht zu erschrecken pflegte, konnte diese Rede nicht ohne die Merkmale des größten Entsetzens anhören, er foderte von Paulen nähere Erklärung seiner Worte, und da dieser sowohl als seine Gefährten zu bewegt war, sie geben zu können, nahm Walters Waffenträger das Wort.

Mein Herr, sagte er, ihr waret diesen Morgen kaum nach dem Kloster gegangen, als sich eine seltsame Unruhe in der Stadt erhub. Zu den südlichen Thoren sahe man eine zahlreiche Menge Volks hereinstürzen, welche von feindlichem Ueberfall mit gebrochenen Worten sprachen, und wie sie vorgaben, eben erst gelandet wären, um Hülfe bey uns zu suchen. Man hielt diese Flüchtlinge anfangs für unsere nächsten Nachbarn, für Marseillaner; aber wir erfuhren bald, daß sie aus den stöchadischen Inseln kamen, welche von den Sarazenen sind angefallen, und auf die Art behandelt worden, wie die ehrwürdigen Väter eben von ihrem Kloster erzählten. – Ich gieng aus, um mich selbst von dem zu überzeugen was das Gerücht in der Stadt ausstreute, und ich hatte das Glück, auf diesem Gange dem

„What must you think, Sir Knight", said they, „at seeing us appear before you in this manner? and what must be your feelings when we inform you that our Convent is only a mass of ruins?"

Whatever firmness Walter possessed, and however difficult it was to agitate him, he could not hear these words without expressing the greatest marks of concern and surprise. He demanded more circumstantial details; but as Paul and his companions were too much afflicted to enter upon the subject, the Esquire spoke for them.

„You had scarcely left the Convent, than the village was in the utmost alarm and consternation. A number of persons arrived at the southern gate, who spoke confusedly of the sudden invasion of enemies, and said they came for assistance. It was at first thought that these fugitives were from our neighbours, the Marseillese; but it soon appeared that they came from the Stocad Islands, which had been taken by the Saracens, and laid waste in the manner the venerable Fathers have related to you.
I went out to convince myself of the truth of those tidings public report had spread, and I had the happiness of meeting Father Paul and his companions, who, knowing that you was at Brignole, took flight to implore your aid, or rather your vengeance."

ehrwürdigen Vater Paul und seinen Gefährten aufzustoßen, welche euren Aufenthalt hier zu Brignolle wußten, und hierher geflohen waren, um euch zu ihrer Hülfe, oder vielmehr zu ihrer Rache aufzumahnen.

Paul, welcher sich nun ein wenig erholt hatte, nahm nunmehr das Wort, und erzählte Waltern den Ueberfall der Sarazenen umständlicher; meine Leser aber werden mir verzeihen, daß ich es nicht thue. Was würde dem sanftern und gefühlvollern Theil derselben mit der Beschreibung von ausgeübten Grausamkeiten gedient seyn? Was für Freude könnten sie daran haben, wenn ich ihnen ausführlich schilderte, wie die Gegenden, die ich ihnen so oft als die schönsten der Welt beschrieben habe, nun zu Schauplätzen des Schreckens gemacht wurden, und wie so manche von unsers Walters alten Freunden unter dem Mordschwerd der Barbaren fallen mußten? – Paul nebst seinen Gefährten und einige wenige von den Einwohnern des Dorfs waren entkommen, und hatten das Glück gehabt, die Einäscherung des Klosters und ihrer Wohnungen nur von weitem, nur alsdenn erst ansehen zu dürfen, als sie schon eine halbe Meile in der See zurückgelegt hatten. –

Und meinen alten ehrwürdigen Freund, euren Abt, habt ihr in den grausamen Händen der Feinde zurücklassen können? schrie Walter mit zusammengeschlagnen Händen. Gott, was wird aus ihm geworden seyn! – Ihn hat Gott vor dem Unglück hinweg genommen, sagte Paul. Die Freude, euch wiedergesehen zu haben, hätte seine schwachen Lebensgeister gewaltig angegriffen. Bald nach eurem Abschiede nahmen seine Kräfte merklich ab, er fühlte es, und wünschte mit Aengstlichkeit eure nochmalige Wiederkunft auf die Insel, die ihr uns versprochen hattet, erleben zu können; aber auf einmal änderte sich sein Sinn, und er fieng an die Beschleunigung seines Todes eben so sehr zu verlangen, als er sie kurz zuvor gefürchtet hatte. – Laßt mich ins Grab eilen; sagte er noch kurz vor seinem Ende zu mir, als ich traurig an seinem Lager stand, beweint mich nicht, gönnt mir das Glück, das nicht erleben zu dürfen, was ihr vielleicht in wenig Tagen sehen werdet. – Diese Worte: Laßt mich ins Grab eilen, und andre auf unser bevorstehendes Unglück zielende Dinge

Paul, who had somewhat recovered himself, proceeded minutely to relate to Walter all the circumstances of the sudden invasion of the Saracens, and the effects of their rage; but the reader will pardon me for sparing his sensibility the description of the ferocious cruelty and destructive ravages of the Infidels: the country, before decorated with every beauty Nature could bestow, was become the theatre of horror; the industrious and peaceful cultivator had been torn from his labours by a cruel death; many of the friends of Walter had fallen by the swords of the Barbarians.

Paul, his companions, and a few others, had the happiness of escaping, and of finding their safety in flight: they had not proceeded above half a league to sea, before they witnessed the sad spectacle of their houses and the Convent reduced to ashes.

„And my friend, the respectable Abbot!" exclaimed Walter, clasping his hands, „have you left him in the power of the Saracens? Heavens! what has become of him?"

„God withdrew him from the world", said Paul, „before this misfortune reached us. After your departure his strength visibly decreased. He was sensible of it, yet often hoped his existence might be prolonged till your return. Suddenly, however, he wished for death as much as he had appeared to dread it. – 'Suffer me to die,' said he, a few moments before he breathed his last, observing me afflicted by his bedside; „do not lament my loss! Do not envy me the happiness of avoiding being witness of the events which perhaps you will experience in a few days.' – He several times repeated the words – 'Let me die!' – and others which, though scarce audible, seemed to prophesy some dreadful misfortune. We thought it was the effect of a disordered imagination; but the sequel announced to us that doubtless he had a presentiment of what was to happen."

wiederholte er sehr oft mit gebrochener Stimme; wir hielten es für Phantasie, aber der Erfolg hat ausgewiesen, daß es wohl etwas mehr seyn mogte.

Walter schätzte das Andenken des frommen Abts so hoch, daß er gern noch mehr von ihm gehört hätte, wenn ihn nicht höhere Pflichten von müßigen Zuhörern abgehalten hätten. Hülfe oder Rache war es, was ihm oblag, und diese zu leisten, durfte er nicht säumen.

Ein Glück war es, daß ein Theil der Völker, welche König Philip, saumselig genug, zum bevorstehenden Kreuzzuge werben ließ, in den Gegenden von Brignolle vertheilt lagen; er zog sie eilig zusammen, vereinigte sie mit der wenigen Mannschaft, welche die Stadt zum Besten ihrer Nachbaren aufbringen konnte, und gieng mit diesem kleinen Heer so eilig zu Schiffe, daß er sich nicht einmal Zeit nahm, von seiner Pflegemutter Abschied zu nehmen, und wie man wohl denken kann, in dem Eifer die Pflichten seines Standes auszuüben, Matilden und Rosemunden, und alles vergaß, was seinem Herzen auch noch so nahe war.

Keine von den nächsten stöchadischen Inseln war von den Barbaren verschont geblieben, doch hatte die Insel des Klosters am meisten gelitten, und es ist unmöglich, den kläglichen Anblick zu beschreiben, den Walter hatte, als er auf derselben ans Land trat. Die rauchenden und noch glimmenden Trümmern des Klosters, das in einen Aschenhaufen verwandelte Dorf, die verheerten Felder, die Leichname der Ermordeten, welche die wenigen Ueberlebenden, die der Wuth der Feinde entgangen waren, noch bey weiten nicht alle hatten begraben können, die tiefe Todtenstille, welche überall herrschte, und welche nur selten durch das Zwitschern eines einsamen Vogels, oder durch die Seufzer eines Menschen unterbrochen wurde, welcher etwa unter der allgemeinen Verheerung umherirrte, um die Ueberbleibsel eines seiner ermordeten Freunde zu suchen. –

Walter so much cherished the memory of the pious Abbé, that he would willingly have listened to all the details which concerned him, if more sacred and imperious duties had not deprived him of leisure to satisfy his curiosity. Assistance and vengeance were demanded of him, and he would have blushed to have retarded either the one or the other.

Happily, at this conjuncture, a part of the troops which King Philip had so negligently enrolled, were still in the country of Brignole. Walter hastily assembled them, adding to them the small levies he could raise in the city; and he embarked with this little army without allowing himself time to take leave of his mother. Anxious to fulfil the duties of his profession, he for a time forgot Matilda, Rosamond, and whatever was dearest to his heart.

None of the Stocad Islands had been spared by the Barbarians, but that in which the Convent was situated had experienced most damage. It is impossible to describe the sad spectacle which presented itself to Walter the moment he landed. The ruins of the Convent were still burning; the village was reduced to a heap of ashes; the fields were laid waste; the bodies of the slain were scattered about; the silence of death reigned over the desolated scene, and was interrupted only by the mournful cry of ill-omened birds, or by the sighs of the few wretched mortals who were seeking their friends among the dead.

Kein Feind war weder auf dieser noch auf den andern Inseln mehr zu sehen, sie hatten dieselben schon des vorigen Tages verlassen, und unser Held sahe wohl, daß er zur Rache zu spät kam, und daß die Hülfe, die er leisten konnte, nur darinn bestand, daß er den wenigen überbliebenen Einwohnern der Inseln einen Zufluchtsort verschafte. – Die Mönche, welche zu ihm nach Brignolle geflohen waren, hatte er durch Vorbitte der Gräfin von Provence und seiner Pflegemutter, denen er sie schriftlich empfahl, in einem dasigen Kloster untergebracht, und die kleine Anzahl von Leuten, die er aus den sämtlichen Inseln zusammenbrachte, nahm er sich vor nach Marseille überzuführen, und sie seiner Freundin, der schönen Grasende und ihrem edlen Gemahle zu empfehlen. Dieser Vorschlag wurde von den unglücklichen Einwohnern, die sich hier nicht mehr sicher glaubten, mit Freuden angenommen. Man machte sich zur Abreise fertig, und Walter hielt sich nur noch auf der Insel auf, um die Spuren einiger Orte zu suchen, die ihm wegen dieser oder jener Ursach, noch von den Zeiten seiner ersten Jugend merkwürdig waren, aber wo sollte er sie suchen? Wo sollte er Ufos Grab, wo die Stelle, da er so oft das Lied von König Alfred, und den traurigen Gesang von Fredegundens Stiefsohn zur Harfe sang, wo sollte er den Rasenplatz, auf dem die Mönche und die Landleute das Fest des Wiedersehens feyerten, und so manche andre Gegend finden, da alles rund umher durch Schutt, Asche und Blut entstellt, und unkenntlich gemacht war? –

Traurig gieng er zu Schiffe, warf noch einen Blick auf die verödete Insel, und würde wahrscheinlich die ganze Zeit der Ueberfahrt in düstern Stillschweigen, ohne Achtsamkeit auf das, was um ihn vorgieng, zugebracht haben, wenn nicht das Gespräch zweyer seiner Mitreisenden einerley Gegenstand mit seinen Gedanken gehabt hätte. –

Es war etwas seltnes, beynahe etwas unerhörtes, seit man den Sarazenen im gelobten Lande genug zu thun gab, daß sie es wagten, sich mit ihren Streifereyen bis nach Europa zu verirren; führten sie ja so einen kühnen

Enemies there were none, either on this island or the others: they had abandoned them the preceding day. Our hero perceived he had arrived too late for the exercise of vengeance, and that therefore nothing remained for him to do but to afford the few who had escaped the fury of the Saracens, a convenient asylum. He had already procured one for the Monks who had come in search of him at Brignole. He had placed them in a Convent of that city, under the protection of an Abbess, to whose particular care he had recommended them. He proposed to conduct to Marseilles the small number of islanders he had assembled, relying on the generosity of his fair friend Grazende and her husband.

The proposition was received with joy by the wretched inhabitants, who despaired of their safety; and they accordingly prepared for their departure. Walter suspended their impatience while he explored those scenes which had amused and captivated his youth. But amidst the general ruin, how could he find the spot where he had so often sung the sad Romance of King Alfred, and the still more sorrowful History of Prince Clodomir, and his cruel Stepmother! How could he distinguish the verdant lawn, where the Monks and the villagers had so solemnly celebrated their happy meeting! How could he discover the sacred tomb which his friendship had raised to the memory of Uffo! The whole was covered with ruin – every object was indistinguishable!

He returned therefore to his vessel, cast a mournful look on the desert island, and would probably have long preserved a mournful silence, had not the conversation of two of his companions referred to objects which occupied his mind.

„It is an extraordinary and unexpected event", said one, „that the Saracens, who have so much employment in the Holy Land, should come with their warriors to Europe. So bold and hazardous an attempt is only to be

Streich aus, so geschah es gewiß aus Hofnung großer Beute. Aber was konnten sie von ihren feindlichen Unternehmen wider die stöchadischen Inseln erwarten, welche außer den einfachen Gaben der Natur, außer ihrer glücklichen Lage und ihrer Fruchtbarkeit, keine Schätze hatten, die die Raubgier der Barbaren hätten reizen können? Wollten sie sich vielleicht dieser Inseln bemächtigen? Wollten sie vielleicht festen Fuß auf denselben fassen, um den reichen Marseillanern von da aus Schaden zu thun? Aber wenn dieses war, warum hatten sie dieselben fast so bald verlassen, als sie sie betreten hatten? Diese und ähnliche Zweifel beschäftigten das Gemüth unsers Helden, und waren auch zugleich der Gegenstand des Gesprächs, das Walters Aufmerksamkeit auf sich zog.

Die Sprechenden hielten sich jetzt vornehmlich bey der Frage auf: Warum die Insel des Klosters unter allen das traurigstes Schicksal gehabt? Warum die Feinde sie am ersten betreten und am letzten verlassen hatten? Der eine von beyden schien über diesen Punkt gewisse Muthmaßungen zu haben, die er seinem Gefährten nicht mittheilen wollte, und die er, wie er sagte, niemand zu entdecken gesonnen sey, als dem Ritter von Montbarry. – Mir? fuhr Walter auf, dessen Gegenwart von den Sprechenden nicht wahrgenommen worden war, mir? – Und was hält euch ab, mir euer Geheimnis sogleich zu entdecken? – Nichts, antwortete der andre, der über Walters plötzliche Erscheinung nicht sonderlich zu erschrecken schien, nichts, als die Gegenwart meines Gefährten; unser Held gab diesem einen Wink sich zu entfernen, und der andre nahm nach einem kurzen Stillschweigen das Wort auf folgende Art:

Ihr wundert euch vielleicht, Ritter, sagte er, daß ich so wenig Worte machte, euch für die Mühe, die ihr euch unsertwegen gabet, für die Sorgfalt, mit welcher ihr auf die Vergütung unsers Schadens denkt, zu danken; aber ihr müßt mir verzeihen, wenn ich euch sage, daß alles, was ihr thatet und noch thun werdet, nicht mehr als eure Schuldigkeit ist, da wir um euretwillen gelitten haben. – Um meinetwillen? wiederholte Walter mit Entsetzen. – Ja, versetzte der andre, ihr allein waret es, den die Barbaren suchten. Sie wußten, daß ihr vor kurzer Zeit bey uns gewesen waret, und glaubten euch

accounted for by the expectation of booty. But what booty could they look for in the Stocad Islands, which, independent of their situation and the simple gifts of Nature, possess nothing capable of tempting the cupidity of the Infidels? Could they have had it in contemplation to have formed an establishment by which they might have been enabled to have placed the rich inhabitants of Marseilles under contribution? If such was their design, why have they laid the islands waste, and quitted them almost as soon as they landed?"

These questions, and others of a similar nature, engaged the attention of our hero, and became the objects of his earnest curiosity. The two speakers afterwards demanded why the islands on which the Convent was situated, had been treated with more hostility than the others.

One of them, who appeared to possess information upon this subject, which he did not wish to communicate to his companion, declared he would only detail it to the Chevalier de Monbary.

„To me!" said Walter to the man, who did not perceive he was present: „to me! What prevents you from confiding your secret to me this very instant?"

„Nothing", replied he, without appearing disconcerted at the sudden interrogation of Walter; „nothing but the presence of my comrade."

Our hero made a sign to the latter to retire; and, after a short silence, the man addressed him in the following terms: –

„You will perhaps be astonished, Sir, that I should have been so remiss in expressing my gratitude for the trouble you have taken, and the kind attention you have shewn to repair our losses; but pardon me, I entreat you if I observe that you have only performed an act of justice towards us, for it is to you alone our sufferings are to be attributed."

„To me!" exclaimed Walter, with surprise.

„Yes", replied the other; „for it was you alone whom the barbarians were in search of. They knew you had been in our island, and they expected to find you.

noch bey uns anzutreffen; da ihre Bemühungen umsonst waren, so hielten sie uns, vornehmlich die Klosterherren, in Verdacht, daß wir eure Anwesenheit verhelten, und die Unmöglichkeit euch in ihre Hände zu liefern, zog uns das schreckliche Schicksal zu, das wir erfahren haben. Ihr werdet am besten wissen, was die Barbaren auf euch zu sprechen haben; ich weis nur so viel, daß ihr Anführer Assad hieß, wie einige behaupten wollen, ein Bruder des Sultans Saladin und ein Vater des Nureddins, dessen Name bey seiner großen Jugend seiner Tapferkeit wegen doch schon so berühmt ist. Eine Sache, welche ich kaum glauben kann; wie sollte Saladins Bruder sich unter so geringer Begleitung aufmachen, in diesen weitentlegenen Ländern einen einzelnen Mann aufzusuchen, und einige geringe Beute von armen Landleuten zu machen. –

Assad? fragte Walter, und was konnte diesen so wieder mich aufbringen? Und hatte er Ursach wider mich zu zürnen und mich zu verfolgen, wie nicht ganz zu leugnen ist, woher wußte er mit solcher Genauigkeit meinen Aufenthalt zu muthmaßen? Daß unser Held auf diese Fragen keine befriedigende Antwort erhielt, läßt sich errathen, da der Befragte das was er wußte, Waltern bereits gesagt hatte, und auch dieses Wenige nur durch Zufall erfuhr; denn Assad war zu stolz, seinen Namen und Stand nicht aufs möglichste zu verhelen, und zu klug, die Hauptabsicht seiner Unternehmung ohne Vorsicht an den Tag zu legen. –

Die Fragen unsers Helden waren also umsonst; sollten aber unsre Leser an uns die nämlichen thun, so könnten wir ihnen vielleicht etwas bessere Auskunft geben, wenn wir sie nur an einige Theile von Walters vergangner Lebensgeschichte erinnerten. Walter war der, der Assads Sohn in der Schlacht bey Belfort gefangen nahm; eine Sache, die zwar, wie wir wissen, Saladins Bruder lange verborgen blieb, die ihm aber von Walters Feinden, die er unter seinem eignen Orden hatte, und die gern alle Welt wider ihn aufgehetzt hätten, durch die dritte, vierte Hand zeitig genug zu verstehen gegeben ward. – Assad wußte dieses nicht sobald, als er Waltern als die Ursach alles seines Unglücks ansah, und ihn mit der grimmigsten Rache zu verfolgen beschloß. –

When their researches were vain, they suspected the islanders, and particularly the Monks, of having concealed you. Our refusal, and indeed the utter impossibility of delivering you into their hands, drew down upon us the dreadful fate we experienced. You know better, Sir Knight, than any one, what those barbarians could have to do with you. I only know that Azad, their Chief, was the brother of Saladin, and the father of Noureddin, whose name has been so much praised for his virtue and bravery. But I can scarce believe that the brother of the great Saladin would have hazarded himself with such a handful of men, in a distant part of the world."

„Azad!" exclaimed Walter. „What can have irritated him against me? what reason could he have had for that hatred which has urged him to pursue me? How has he conjectured, with such accuracy, the period of my visit at this island?" Our hero received no satisfactory answer to his question. The speaker had merely informed him of what he had heard by chance. Azad was too proud not to have concealed with care his name and his rank, and was too prudent to have unnecessarily published the principal motives of his voyage.

The questions of Walter were consequently useless; but if the reader be desirous of an answer to them, we may perhaps inform him by referring to some anterior events in the life of our hero.

It was Walter who, as we have already stated, had made Noureddin prisoner at the battle of Belford. This circumstance had been long concealed from Azad; but he at length heard of it from some of the secret enemies of Walter. He was no sooner informed of it than, regarding him as the cause of all his misfortunes, he resolved to pursue him; and he swore his destruction.

Wir wissen, wie aufgebracht Saladin über die Grausamkeit seines Bruders gegen den edlen Odo war, auch wird es meinen Lesern vielleicht noch erinnerlich seyn, wie rührend dieser große Mann für seinen Feind bat, aber Saladin, ob er ihm gleich, um ihn nicht zu kränken, nicht widersprach, war doch nicht gesonnen, Assads Unmenschlichkeit ungestraft zu lassen; er schenkte ihm zwar das Leben, aber er verbannte ihn auf zehn Jahr von seinen Augen, und schloß ihn von allem Antheil an Reichs- und Kriegsgeschäften aus. Nureddins Vater wußte, wie viel Saladin auf Waltern hielt, wie gnädig er ihm begegnete, so oft er in seine Hände kam, und was er ihm oft für Vorschläge thun ließ, um ihn von den Christen ab auf seine Seite zu ziehen, diese Gnade des Sultans, welche Walter, wie wir wissen, wenig achtete, erfüllte den vom Hofe verstossenen Assad, welchem alles durch dienstfertige Schmeichler hinterbracht wurde, nicht allein mit Neid, sondern sie erregte auch den Gedanken in ihm, daß unser Held, um seinen Freund Odo an ihn an Assad zu rächen, Saladins Ungnade gegen ihn zu unterhalten und seine Verbannung zu verlängern suchte; Muthmaßungen, welche seine Wuth gegen ihn vergrößerten, und ihn zu tausenderley Versuchen veranlaßten, ihn in seine grausamen Hände zu bekommen.

So lange Walter im gelobten Lande blieb, war es Assad unmöglich ihm zu schaden, und auf seiner Reise nach Europa würde es ihm noch weniger geglückt seyn, wenn nicht Walters christliche Feinde, die ihn, um ihre heiligen Hände nicht mit seinem Blute zu beflecken, gern durch Hülfe der Ungläubigen gefällt hätten, immer bemüht gewesen wären, Assad unter der Hand in seinen Nachforschungen auf die rechte Spur zu helfen, und ihm Walters jedesmaligen Aufenthalt so genau als möglich zu bestimmen. Auf diese Art kam es, daß Assad, welcher um nicht müßig zu seyn, während der Zeit seiner Verstoßung von Saladins Hofe unter erborgtem Namen das Seeräuberhandwerk trieb, Waltern auf den stöchadischen Inseln suchte, und ihn, wär er nur einige Tage eher gekommen, gewiß in seine Hände bekommen haben würde, denn was hätten die eilf Ritter und ihre Diener,

We have seen how Saladin was irritated against Azad, on account of his inhuman conduct towards Odon. Though he had granted him his life, at the intercession of the Grand Master, he would not allow his cruelty to go unpunished; and he banished him his presence for ten years, at the same time excluding him from all share of the booty and the prisoners of war.

Notwithstanding his exile, Azad learned from some of his creatures the protection and distinguished esteem which the Sultan granted Walter, the flattering reception he had given him at Court, and the offers by which he sought to retain him. Jealousy and fear took possession of his ferocious soul: Walter, the friend of Odon, would inflame the resentment of Saladin, and prolong his disgrace.

This suspicion was sufficient to animate his vengeance, and he sought every means of carrying it into execution.

The abode of Walter in Europe appeared to him a favourable opportunity. He promised him to profit by the jealousy of the young Knight's enemies, and to take advantage of his rash security to surprise him. He gained over to his interest several of those envious wretches who, though they desired his death, were not sufficiently wicked to imbrue their hands in innocent blood.

Informed, by their means, of the different proceedings of our hero, Azad followed him to the Isle of Stocad, where he was on the point of finding him. Had he done so, our hero must inevitably have perished.

die er, wie wir wissen, bey sich hatte, als er das Kloster besuchte, wider die zahlreiche Macht der Sarazenen ausrichten können?

Der Tempelherr entließ den Erzähler dieser seltsamen und für ihn so traurigen und räthselhaften Sache, weil er ihm dieselbe nicht so gut aufzuklären wußte, als wir sie unsern Lesern aufgeklärt haben, und versenkte sich in tiefen Gram, daß er, der jedermann zu helfen, jedermann glücklich zu machen wünschte, die Ursach an dem Elend und dem Tode so vieler Unschuldigen gewesen seyn sollte, zwar die unschuldige Ursach, aber welch ein schlechter Grund der Beruhigung für ein Herz, das so fühlte wie das edle Herz unsers Walters!

Drittes Kapitel.

Wichtige Nachrichten aus Palästina.

Unter Bekümmernissen von dieser Art legte unser Held den Weg nach Marseille zurück, und sein natürlicher Hang zur Schwermuth, der durch so manche Widerwärtigkeiten genährt worden war, machte ihn sehr geneigt in den Fehler zu verfallen, den so manche Seelen seiner Art an sich haben; er glaubte dazu bestimmt zu seyn, daß alle seine aufs beste gemeynten, aufs klüglichste angelegten Handlungen, durch eine Art von unhintertreiblichen Schicksal, eine unvorhergesehene unglückliche Wendung nehmen müßten. Er musterte so viele Auftritte seines Lebens, und fand in denselben so manche Bestätigung dieser unglücklichen Meynung, daß es kein Wunder gewesen seyn würde, wenn er durch dieselben ganz muthlos, ganz unfähig gemacht worden wäre, seinem Charakter gemäß zu handeln. Besonders hielt er sich bey seinem Entschlusse auf, den Tempelorden zu ergreifen, den er zwar zu sehr liebte, um ihn zu bereuen, von dem er aber wohl einsah, wie wenig er ihm bis jetzt noch zu Erreichung seiner vorgesetzten Endzwecke geholfen hatte, und wie nachtheilig er seiner persönlichen Glückseligkeit gewesen war.

The man to whom Walter had addressed himself, was ignorant of all these facts, and the secret motives of the expedition of the Infidels; consequently he could not give any information upon the subject to Walter, who quitted him to reflect on this strange and mysterious adventure. It was dreadful to him, who was ever occupied in promoting the happiness of others, to be the cause of the miseries and deaths of so many men. Doubtless he was the involuntary cause; but the consciousness of innocence was not sufficient to console a heart like his.

CHAP. III.

Important News from Palestine.

It was during this period of deep affliction our hero crossed over to Marseilles. The natural tendency he had to melancholy, augmented by so many misfortunes, threw him into the natural error of sensible minds. He imagined himself the victim of an inevitable destiny. Whatever prudence ha had observed in his plans, they had uniformly taken an unfortunate and unforeseen turn: all his undertakings were frustrated by circumstances, which seemed purposely to have occurred in order to render his designs abortive. He contemplated the whole of his past life, and found every event so fully justified and confirmed his fatal opinion, that it would not have been extraordinary if his enterprising soul had been discouraged, and rendered incapable of acting conformably to the greatness of his character. He particularly reflected on the choice he had made of his profession, and the earnest desire he had of entering into the Order of the Templars. He still loved that profession: but, had his reception in the Order procured him any of those advantages he had hoped for? Had it not, on the contrary, destroyed all that happiness he might otherwise have promised himself?

Das zweite, was sein trauriges Nachdenken jetzt besonders beschäftigte, war die Gefangenschaft Nureddins, welche er um Odos Befreyung willen beförderte, und die doch, wenn er es genauer betrachtete, zu nichts gedient hatte, als diesen besten unter seinen Freunden noch unglücklicher zu machen, und ihn dem Tode entgegen zu führen; Assad ward durch dieselbe so aufgebracht, daß Odo damals in ein abscheuliches Gefängniß gehen mußte, seine Auswechselung ward durch dieselbe mehr erschwert als erleichtert, und die üblen Folgen dieser kühnen Heldenthat, dieser Gefangennehmung Nureddins, erstreckten sich noch bis auf den gegenwärtigen Augenblick, sie war es, die Assads rachgierige Wuth bis nach Europa zog, und eine ganze Menge Unschuldiger um Walters Willen in Tod und Verderben stürzte.

Unglücklicher Walter! wehe dem, der so wie du den Erfolg seiner schönsten Handlungen muß verkehrt und zum Bösen gelenkt sehen!
Unser Held langte zu Marseille an, und fand bey dem Vicomte von Barral und seiner schönen Gemahlin die beste Aufnahme. Die Flüchtigen aus den stöchadischen Inseln wurden um seinetwillen gleichfalls mit offenen Armen empfangen, und ein jeder bestrebte sich, ihnen das, was sie verlohren hatten, zu ersetzen. Walter erhielt freye Macht ihrentwegen alle Anordnungen zu machen, die ihm am besten dünkten, und er hatte die dahin abzielenden Geschäfte nicht sobald zu Ende gebracht, als er sich wieder zur Abreise nach Brignolle rüstete; weniger aus Begierde nach der Geschichte, die ihm seine Pflegemutter versprochen hatte, und durch einen unvorhergesehenen Zufall hatte schuldig bleiben müssen, als weil ihm bey der tiefen Schwermuth, die über seine ganze Seele verbreitet war, Grasendens fröhlicher Hof weniger als jemals gefiel, und weil er sich sehnte, in Hundbergens Schoß seine neuen Bekümmernisse auszuschütten.

Allein, recht als ob unser Tempelherr allemal da, wenn er Ruhe und Trost am meisten nöthig zu haben glaubte, in einen neuen Strudel von Unruhe und Geschäften geworfen werden sollte, so zeigte sich noch am nämlichen Tage, den er zu seiner Abreise nach Brignolle bestimmt hatte, eine

The captivity of Noureddin was also the subject of his reflections. The detention of that prince who had been destined to procure the liberty of Odon, had added to the chains which oppressed the unfortunate Grand Master, and caused his unhappy catastrophe.

Were not the afflicting consequences of that daring action at present felt in the vengeance of the Saracens?

Wretched Walter! how much are you to be pitied! You are doomed to see your wisest projects and most generous actions productive of nothing but misfortunes!

Our hero was received at Marseilles with transport. He obtained the liberty of adopting such regulations as he thought proper with regard to the refugees from the Stocad Islands.

He had no sooner taken the necessary measures concerning them, than he proposed to return to Brignole. He was impatient to learn the history, the narration of which had been suspended by so unfortunate an event: besides, it was necessary for him to avoid the seductive gaiety of the Court of Grazende. His heart was filled with melancholy, and he was anxious to repose his griefs in the bosom of Blanche.

But Fate, jealous of his repose and consolation, involved him in new difficulties. On the day fixed for his departure, a fresh obstacle presented itself, which overthrew all his plans, and prevented his return to Brignole, and journey to England, which he was so desirous of visiting, and obliged

Hinderniß, welche ihn nötigte, nicht allein den Besuch bey der Gräfin von Flandern, sondern auch die Reise nach England, die ihn um mancher Ursachen willen so sehr am Herzen lag, aufzugeben und den Rückweg nach Palästina eher anzutreten, als er geglaubt hatte.

Ich habe im vorigen Theile erwähnt, daß Walter seine Ritter nach Barcellona abschickte, um bey den dasigen Tempelherrn gewisse Geschäfte des Ordens auszurichten; diese hatten ihren Auftrag aus Ursachen, die wir bald hören werden, schleunig ausgerichtet, und waren nach Beendigung ihrer Angelegenheiten eilig nach Brignolle gegangen, wo sie unsern Helden noch bey der Gräfin von Flandern vermutheten, um ihn von da abzuholen; sie fanden ihn nicht. Sie ließen sich bey Hunbergen melden, erfuhren von ihr den Ort seines gegenwärtigen Aufenthalts, erhielten noch einige Aufträge von ihr an ihn, und langten, wie ich schon gesagt habe, zu Marseille an eben dem Tage an, da Walter von da abgehen wollte.

Wir bringen euch seltsame Nachrichten, sagte Konrad von Staufen zu unserm Helden; gebet eure europäischen Angelegenheiten vor jetzt auf, und macht euch gefaßt, uns nach unsern Brüdern in Palästina zurückzuführen, die unsrer Hülfe theils von nöthen haben, theils vielleicht geneigt seyn mögten, dieses und jenes wider uns in unserer Abwesenheit anzuspinnen, das sich nur durch unsere Gegenwart hintertreiben läßt. – Die Ausrichtung des uns von unserm Orden Aufgetragenen werdet ihr in diesen Schriften nebst dem guten Erfolg, den wir gehabt haben, verzeichnet finden, das Uebrige ist mündlicher Auftrag von dem ehrwürdigen Oberhaupte unserer Brüder in Barcelona, von dem euch wohl bekannten Robert Burgundio. –

Robert Burgundio? wiederholte Walter, der zweyte Großmeister unsers Ordens? ist es möglich, daß dieser noch am Leben ist? –

Ja, erwiederte Konrad, eben dieser Robert, der zweyte nach Hugo dem ersten Stifter unserer Brüderschaft. Ihr wißt, daß er wegen häufiger Verdrüßlichkeiten seine Würde niederlegte, ohne das Gelübde aufzugeben, und er hat sich alle diese Zeit über zu Barcellona aufgehalten, wo er die Stelle bey den dasigen Tempelherren vertritt, die er ehmals in Palästina verwaltete.

him to hasten his departure for Palestine sooner than he expected.

I have already observed that Walter had sent the Knights to Barcelona to arrange certain affairs relative to the Order, with the Templars who resided there.

Having speedily terminated them, they were returning to Brignole, where they expected to find our hero and his mother; but Blanche having informed them of the reasons for his sudden departure, and of the place in which they might find him, they hastened to join him, and arrived at Marseilles the day he had fixed for his departure.

„We bring you tidings of the most singular nature", said Conrad de Stauf. „Suspend for the present all your projects in Europe, and prepare to return with us to Palestine. Part of our brethren are in want of our assistance; and perhaps the rest are disposed to turn against us in our absence. These misfortunes can only be prevented by our immediate presence. There is the paper which contains the instructions we have received from the Order, and the results of our mission. I am further charged with several verbal commissions to you, on the part of the respectable Chief of our brethren of Barcelona, whom you will certainly recollect when I name Robert de Burgondio."

„Robert de Burgondio!" replied Walter; „the second Grand Master of our Order! What! is it possible that he can be still living?"

„Yes; that same Robert who first governed our Order after Hugues, still lives. You know he laid aside his dignity, without breaking his vows; and from that time he has always resided at Barcelona.

Ich hätte gewünscht, daß ihr uns begleitet hättet; die Bekanntschaft eines solchen Mannes hätte euch nicht anders als angenehm seyn können; auch beklagte er es selbst, daß er euch diesmal nicht kennen lernen sollte, doch meynte er, dies könnte bey eurer nächsten Reise nach Europa geschehen, welche nicht lange anstehn würde. –

Stellet euch einen Mann von den Jahren eures Abts auf den stöchadischen Inseln vor, denkt euch statt den Zügen der Frömmigkeit und Andacht, welche auf dem Gesicht des letztern herrschten, den vollen Ausdruck von Größe und Heldenmuth, und statt der hinwelkenden Schwäche, die ihr bey dem Abte bemerktet, noch tausend Spuren von jugendlicher Stärke und Munterkeit, so habt ihr das Bild des Greises von Barcellona, von dem wir jetzt herkommen, und der uns unterschiedliches an euch aufgetragen hat, davon ich nicht weis, ob es die Folge einer Gnade der Weissagung, oder einer genauen Kenntniß aller Dinge, die in Palästina vorgehen, ist, und die er vielleicht durch natürliche Mittel, durch Briefwechsel, oder auf andere Art erlangen kann. Er war von allem bis auf die kleinsten Umstände unterrichtet, was bisher im gelobten Lande vorgefallen ist.

Von Terrikus und Philips Anschlägen wider euch, und einer gewissen geheimen Verbindung, in welcher sie mit Assad stehen sollen, entdeckte er uns mehr als wir glauben konnten. Wir äußerten unsere Zweifel, aber er lachte, und sagte, wir sollten nur euch fragen, wenn wir wieder zu euch kämen, denn ihr würdet in unserer Abwesenheit nachdrückliche Beweise von der Wahrheit seiner Rede erhalten haben. – Walter seufzte, und bat Konrad weiter zu reden. –

Robert Burgundio, fuhr der Ritter von Staufen fort, bittet euch also, das, was ihr von euren Feinden wisset, zu erwegen, und sogleich nach Palästina zurück zu kehren, wo sich erstaunliche Veränderungen zugetragen haben. Der König von Jerusalem, Balduin der vierte, ist todt, sein unmündiger Sohn, der junge Balduin, soll zwar unter der Vormundschaft seiner Mutter, der Königin Sibille, und des Grafen von Tripoli der Nachfolger seines Vaters seyn; aber die Königin hat selbst Lust zu herrschen, und weil

I should have been happy if you had accompanied us: you would have been delighted to have formed an acquaintance with that great man.

He regretted his disappointment at not seeing you; but he hopes to be gratified the first time you return to Europe.

Represent to yourself a man about the age of the good Abbot; but instead of the air of weakness and dejection observable in the former, imagine you behold on the countenance of Robert the expression, vivacity, and vigour of youth, and the masculine and noble features which characterize heroism and courage, tempered by wisdom and piety. Such is the sage Robert of Barcelona. He is as well informed of all that has passed in Palestine as if he had been present.

He has desired us to advise you of the evil designs of Theodoric and Philip against your life, and of the secret connection formed between them and Azad – 'Demand' said he, 'of Walter, whether he has not too many proofs of the truth of what I tell you!'"

Walter, surprised, requested Conrad to continue.

„Burgundio then entreats you", said the Chevalier de Stauf, „to be upon your guard against your enemies, and to return directly to Palestine, where you will find there have been great changes. Baldwin IV. King of Jerusalem, is dead. His son, the young Baldwin, who ought to succeed him, under the guardianship of the Queen Sybilla and the Count de Tripoli, is a minor. Sybilla, jealous of his authority, wishes to reign alone; and it is much to be feared that, in order to support her pretensions, she will make a

sie keine Freundin von der Einsamkeit ist, so soll sie stark darauf denken, sich einen Gehülfen zu schaffen. Ihr mögt nun vielleicht denken, was uns dieses angienge, da unser Orden nie gern viel mit den Königen zu Jerusalem zu theilen hatte, aber Robert bittet euch, zu bedenken, daß ihr nicht allein für das gemeine Wohl der Christenheit, sondern auch dafür zu sorgen habt, daß unsere Feinde nicht zu mächtig werden. Der Patriarch ist, da, wie ihr wisset, der Pabst gestorben ist, eilig nach Palästina zurückgekehrt, und vermuthlich schon wieder in den Armen seiner lieben Sibille. Terrikus, der nach der Nachricht von Arnolds Tode zum Großmeister erwählt worden ist, hält sich beständig zu Jerusalem auf und beschäftigt sich nebst dem Patriarchen und der Königin und Philip von Flandern den Grafen Raimund von Tripoli zu unterdrücken, der euch doch wenigstens als der Vater eurer Matilde nicht gleichgültig seyn kann. Gerhard von Ridesser, fast der einige unsers Ordens, der die gute Seite ernstlich hält, ist nicht mehr allein im Stande sie aufrecht zu erhalten; unsere Feinde, welche es nicht wagen dürfen uns den Tod unsers vorigen Großmeisters, Arnold von Torregio, Schuld zu geben, da wir vom Pabste und einer ganzen Kirchenversammlung darüber freigesprochen worden sind, fangen um doch etwas wider uns zu haben an, uns unsern langen Aufenthalt in Europa zur Last zu legen, und der Greis von Barcellona ermahnt euch also, eilig so viel ihr von des Königs von Frankreich geworbenen Völkern zusammenziehen könnet, einzuschiffen, die Ankunft der Hospitaliter aus England nicht zu erwarten, von niemand Abschied zu nehmen, sondern lieber heute als morgen nach Palästina abzugehen, und bey eurer Ankunft daselbst euch geradewegs nach Jerusalem zu wenden, wo ihr darauf denken müsset, euch, jedoch ohne weitern Anlaß zu Feindseligkeiten zu geben, durch die Völker, die ihr mit euch führet, und durch euer eigenes Ansehn furchtbar zu machen. —

Dieses sind fast die eigenen Worte des alten Robert Burgundio, und er setzte hinzu, dieses Verfahren, wenn ihr es genau in Acht nähmet, würde das einige Mittel seyn, der Sache der Christenheit aufzuhelfen; denn Saladin habe in Palästina fast überall die Oberhand, und diejenigen, welche daselbst sich ihm widersetzen sollten, wären nicht im Stande das

choice unfortunate for the country. You must be sensible how interesting these circumstances are to our Order. The most wise and prudent among us are fearful of treating with the Queen; because we know the wicked will not fail to avail themselves of her authority. Robert therefore entreats you to consider that, as you are charged with the interest of Christianity, you ought to prevent its enemies from increasing. You know that, after the death of the Pope, the Patriarch immediately returned to Palestine, probably to throw himself into the arms of Sybilla. Theodoric was elected Grand Master on the arrival of the news of the death of Arnaud: he constantly resides at Jerusalem, and in concert with the Queen, Count Philip, and the Patriarch, excludes from all share of public business Raymond de Tripoli, who, as father of Matilda, cannot be indifferent to you.

„Gerard de Ridese, the only one of our Order who, by his sincerity, loyalty, and influence, could make head against this hostile cabal, is not sufficiently supported to resist it.

Envy and malevolence, reduced to silence by our justification in full council, and by the absolution of the Pope, impute to us a crime our long abode in Europe.

Robert of Barcelona therefore advises you forthwith to assemble as many of the troops the King of France has levied as you possibly can, and, without waiting for the Hospitallers of England, or taking leave of any one, to march with your army to Jerusalem. – 'You ought to make it a system,' said he, 'to render yourself dreaded by your enemies, either by the troops you lead, the numbers of associates in arms who surround you, or by your own personal valour.'

„I state to you, word for word, the advice of Robert. He added, that he should regard the execution of it as the only means of succouring the Christians in Palestine. Saladin, he says, is daily extending his conquests. Of those who ought to resist him, some are blinded by their folly, others sunk

Beste der orientalischen Kirche einzusehen, wären wie mit Blindheit geschlagen, und theils in Wollüsten ersoffen, theils mit ihren Privatangelegenheiten zu sehr beschäftigt, als daß sie an etwas anders denken könnten. –

So schloß der edle Konrad von Stauffen seine Rede, und Walter, welcher wohl sahe, daß hier keine Zeit zu versäumen war, eilte alles so ins Werk zu richten, wie es ihm der weise Greis von Barcellona vorgeschrieben hatte. Er trennte sich ohne viel Umstände von seinen Freunden zu Marseille, lies Hunberga seinen Abschied mündlich durch einen Waffenträger ansagen; schickte einen Boten an den Bischof von Tyre, um ihn zu ermahnen, die französischen Werbungen fleißig bey König Philipen zu treiben und ihm die Völker nachzuschicken, zog das kleine Heer, das schon vorhanden war, zusammen, und trat darauf seine Rückreise nach dem gelobten Lande in einer Zeit an, die ich meinen Lesern nicht nennen will, weil sie es für unmöglich halten würden, in so wenig Tagen Angelegenheiten von solcher Wichtigkeit genau und ordentlich zu besorgen, und gleichwohl war es wahr, unser Held hatte nichts vergessen, sogar hatte er Nachricht und Entschuldigung an die Hospitaliter wegen seiner schleunigen Abreise zurück gelassen.

Viertes Kapitel.

Etwas wider die Langeweile auf dem Meere.

Es war zu beklagen, daß Wind und Wellen so wenig mit der feurigen Eilfertigkeit, die unsern Walter beseelte, übereinstimmten, sonst müßten sie ihn im Fluge nach dem gelobten Lande gebracht haben; aber nie ist wohl die Fahrt eines Abentheurers auf dem stillen Meere, der keinen andern Zweck seiner Reise kennt, als neue Südländer auszuspähen, lästiger und schläfriger zugegangen, als diese, bey welcher doch auf die Geschwindigkeit so vieles ankam. Walters Begebenheiten in Konrads Abwesenheit, die Aufträge des alten Ritters Robert Burgundio, und die genaue Ueberlegung ihres klüglichen Verfahrens, wenn sie nun in Palästina angekommen

in luxury and voluptuousness, and others too much occupied with their own private affairs, to think of the general welfare. No one dares oppose him, and Christianity is oppressed."

The noble Conrad thus concluded his discourse; and Walter, convinced he had no time to lose, hastened to follow the advice of Robert of Barcelona.
He quitted, without ceremony and without regret, the Court of Marseilles; sent his Esquire to Blanche, to take leave of her, and a message to the Bishop of Tyr, to entreat him to forward the assistances promised, and to send him new levies without loss of time. He assembled the little troop which was already around him, and prepared for his departure.
It is not easy for those who undertake projects in haste, to adopt important dispositions with order and sagacity. However, Walter omitted nothing material. Having left letters, excusing himself to the Knights Hospitallers for his sudden and unexpected departure, he immediately set sail for the Holy Land.

CHAP. IV.

Tediousness of a Sea Voyage.

Walter was driven to despair at finding the winds and the waves so ill second the activity of his foal. Had they been favourable, his voyage would have resembled a rapid course; but the navigation of an adventurer, who has no other object than to discover new countries, was not more insupportable than that of our hero.

During the first days, his mind was occupied in reflecting upon the events that had lately taken place: the advice given him by Robert, the state of Palestine, and the wise and vigorous conduct he proposed to adopt on his arrival.

seyn würden, gaben unserm Reisenden Anfangs Stoff genug zu Unterhaltungen, und liessen sie keine Langweile fühlen; als aber alle diese Dinge so oft abgehandelt waren, daß sich wenig neues mehr darüber sagen ließ, und man gewahr wurde, daß man ungeachtet der langen Zeit doch erst die Hälfte des Wegs zurückgelegt hatte, so wurde man ungeduldig, und niemand ungeduldiger als Walter und Konrad, die zu viel Feuer in ihrem Temperamente hatten, um die Langsamkeit zu lieben.

Himmel, sagte unser Held eines Tages, da er nebst dem Ritter von Stauffen auf dem Verdeck saß, und den hellen wolkenlosen Himmel, die spiegelglatte durch kein Lüftgen gekräuselte See, das langsame Schweben des Schiffes und die schlaffen Segel mit Unmuth ansahe, Himmel! wenn ich eine von diesen unnütz verlebten Stunden an dem Tag gehabt hätte, da ich so plötzlich von der Gräfin von Flandern gerissen ward, oder wenn ich mich jetzt zu ihr wünschen könnte, wie viel würde ich von Dingen wissen, an denen mir so viel gelegen ist, und über welche ich jetzt übrige Muße nachzudenken hätte. –

Konrad fuhr beym Ende dieser Rede plötzlich auf, verließ das Verdeck, und kehrte bald zu Waltern, der sich über seine jählinge Entfernung wunderte, mit einem Packet Schriften zurück, das er ihm mit diesen Worten überreichte: Verzeihet, Ritter! sagte er, daß ich euch dieses so lange vorenthielt; zwar gebot mir die Gräfin von Flandern, welche es euch schickt, es euch nicht eher als bey völliger Muße auf dem Schiffe zu überreichen, damit ihr nicht, wenn ihr es läset, von wichtigern Geschäften abgehalten würdet. Aber wie lange ist nicht schon diese Muße gekommen, da ihr es der Länge und Breite nach hättet beherzigen können? – Walter hatte, während sein Freund auf diese Art sprach, angefangen das Packet zu öffnen, aber er besann sich, daß er das Durchlesen desselben auf eine einsame Stunde versparen müsse, weil es vielleicht Dinge enthalten könnte, welche seinem besten Freunde verborgen bleiben müßten; er ließ also ab, drückte Konraden dankbar die Hand, und dieser, welcher merkte, daß sein Freund gern allein seyn wollte, entfernte sich, nachdem er ihn mit

All these subjects diverted the tediousness of the voyage; but when they were exhausted, and the journey not yet half performed, the whole of the crew became impatient: but none more so than Walter and Conrad, who were anxious to reach the place of their destination.

„Heavens!" exclaimed our hero, one day as he was sitting on the deck by the side of Conrad, and contemplating the serene sky and calm and tranquil sea, „why did I not, when I was with the Countess, whom I was compelled so suddenly to leave, profit by the opportunity, to learn those events which so deeply interest me? Alas! why cannot I transport myself to her presence?"

Conrad, at these words, hastily rose, and quitted him; but immediately after returned, and delivered a packet of manuscripts to Walter, who was astonished at his sudden disappearance.

„Pardon me, Knight", said he, „for having so long retained these writings. They were confided to me by the Countess of Flanders. She prohibited my delivery of them till you were perfectly at leisure, fearing lest the perusal of them should divert you from more important occupations; but at present you seem to enjoy that degree of repose which justifies the execution of my commission.

While Conrad was speaking, Walter began to open the packet; but reflecting on the different emotions he should doubtless experience, he resolved to defer the reading of the contents till a moment of solitude. He therefore suspended the opening of the packet, and affectionately pressed the hand of Conrad. The latter, smiling, said he hoped he would not refuse to impart

einem kleinen Lächeln erinnert hatte, nicht zu geizig mit seinen Geheimnisse gegen den zu seyn, der an allem, was ihn angienge, den lebhaftesten Antheil nähme.

Unser Held war viel zu begierig nach dem Inhalte des Packets, als daß er Konrads Rede hätte beantworten sollen, er entriß ihm auch die letzte Hülle, und es fiel ihm eine mit einem grünen Band umwundene Rolle Papiere, und ein von der Gräfin von Flandern überschriebener Zettel entgegen. Er öffnete den letzten zuerst und fand folgende Worte:

„Reise glücklich, mein Sohn! wohin dich deine Pflichten rufen. Vergiß Matilden, und alles, was ich ihrentwegen mit dir sprach, so lange bis du ohne Verletzungen höherer Obliegenheiten an sie denken kannst, so lange bis sich dein Schicksal ändert. – Die Nachricht von deiner Geburt, welche ich verhindert ward dir zu geben, ist zu wichtig, als daß ich sie dir länger vorenthalten könnte, auch ist sie von der Beschaffenheit, daß sie deinen Trieb zu großen Thaten gewiß nicht mindern, eher erhöhen wird. – Die Blätter, die du hier vor dir siehst, sind von deiner Mutter eigenen Hand geschrieben, und enthalten ihre Geschichte, so wie sie mir dieselbe von der Zeit an, da ich in meinem und ihrem fünfzehnten Jahre nach Hofe kam, in kurzen Briefen mitzutheilen pflegte. Das Ende, ach Gott, das traurige Ende derselben fehlt freylich; aber wir werden uns wiedersehen, und denn sollst du es aus meinem Munde hören. – Um dein Andenken an die theure, unvergeßliche Rosemunde, deine Mutter, meine Freundin, desto lebhafter zu machen, habe ich ihr Bild beygelegt; du wirst es in dem innersten des Packets in einer kleinen goldenen Kapsel finden, sie gab mir es für dich, als sie dich meiner Sorge überließ, es stellt sie in ihrem sechs und zwanzigsten Jahre vor, denn so alt war sie, als sie dich zum letzten Mal umarmte. Mancherley Gram und vielleicht auch Ahndung dessen, was sie hernach betraf, hatte ihr damals schon einen Theil ihrer Reize genommen, stelle dir also vor, was sie in der Blüthe ihrer Schönheit seyn mußte, da man sie auf dem Bilde, das du vor dir hast, schon nicht ohne Entzücken ansehen kann."

Hunberga.

the secrets it contained to one who was so interested in whatever concerned him. ⌡

Our hero was too curious to know the contents of the packet, to be able to answer the compliment of his friend; he tore open the last envelope, and found a letter in the hand-writing of the Countess, which he read as follows: –

––––––––––

„May you arrive happily, my son, at the place to which your duty calls you! Forget Matilda, and all I have said to you respecting that amiable person, till you can think of her without neglecting more important duties. The knowledge of your birth is too essential to your designs for me to delay informing you of it. Nothing is more calculated to inspire you with a desire to accomplish great and glorious actions, than to inform you that Nature destined you to achieve them.

„The papers which are now before you, are the hand-writing of your mother, and contain her unfortunate history. With regard to her fate –alas, her cruel fate! the account is silent; but you shall learn it from myself, that you may form an idea of the features of that mother, whose memory you are bound to cherish – of that amiable and unhappy Rosamond; whom no one who ever knew, can forget! I send you her portrait, and you will find it enclosed in a golden box, which will be delivered to you with these papers. She gave it me for you when she first entrusted you to my care. It represents her in her twenty-eighth year, which was precisely her age when she embraced you for the last time. A thousand sorrows, and perhaps some presentiments of her sad destiny, had already withered her charms. Judge, however, what must have been her beauty in the flower of her age, when even the portrait before your eyes conveys such an idea of it."

––––––––––

Walter hatte kaum so viel Geduld diesen Brief zu Ende zu lesen, so begierig war er diejenige zu kennen, welche ihm das Daseyn gab. Er suchte, und fand ein Bild, das ich meinen Lesern lieber hier gemalt mittheilen, als mit Worten beschreiben mögte. – Wer kennt die Partheylichkeit des Liebhabers nicht, welche geneigt ist den Reizen, die er anbetet, den höchsten Rang unter allen beyzulegen? Walter hatte keinen geringen Antheil von dieser Partheylichkeit in Ansehung Matildens, und doch war er sehr zweifelhaft, als er ihr und Rosemundens Bild zusammenhielt, welcher von diesen beiden Schönheiten er den Vorzug geben sollte; vielleicht weil er zu beyden durch verschiedene gleich starke Bande, zu der einen durch Leidenschaft, und zu der andern durch heiße kindliche Liebe hingerissen ward; vielleicht auch, weil jede von beyden zu einer besondern Klasse von Schönheiten gehörte, in welcher sie, ohne der andern zu schaden, gar wohl die Oberstelle einnehmen konnte.

Matilde war, ungeachtet ihres stillen sanften Charakters, der den blonden Mädchen eigenthümlicher ist als den braunen, die schönste, feurigste Brünette, die man sich denken kann. Ihre Augen waren groß und schwarz, ihr Haar dunkle Kastanienfarbe, und ihre Gesichtsfarbe, wie es ihr Vaterland mitbrachte, mehr bräunlich als weiß. Rosemunde hingegen versammelte alle Schönheiten in sich, die man nur bey einer Blondine finden kann. Ihre Augen waren die höchste Farbe des Himmels, und würden vielleicht fast zu groß gewesen seyn, wenn der sittsame Blick, den sie hatten, und die langen Wimpern, die sie beschatteten, sie nicht immer zur Hälfte bedeckt, und ihr Feuer gleichsam gemindert hätten, die blendende Weiße ihrer Haut fiel darum doppelt auf, weil sie nur durch ein ganz schwaches Rosenroth schattirt wurde. Auf dem Bilde, das Walter vor sich hatte, war ihr lockigtes bräunliches Haar mit nichts als mit einem dünnen Schleyer bedeckt, der auf ihren Busen herabfloß, ihn halb verhüllte, und an demselben so wohl als auf der Locke, die auf ihre hohe gewölbte Stirne herabfiel, mit einer natürlichen Rose befestigt war. Ihre Augen waren niederwärts wie auf einen in ihren Armen liegenden Gegenstand gesenkt, vielleicht auf ihren Walter, den sie auf dem Schooß hatte, als sie sich malen ließ, und ihr Mund zu einem kleinen halbtraurigen Lächeln gezogen, wie denn überhaupt

Walter had scarce patience to read this letter to the end, curious as he was to know the person to whom he was indebted for his existence. He sought for, and found the portrait of his mother.

We regret we cannot give a just description of it: Walter, comparing it with Matilda, doubted to which of the two he ought to give the praise of beauty; inclined to one by a sincere and constant passion, and to the other by filial tenderness – attached also to both by ties equally strong, though differing in their natures, he referred to each the different charms by which they were peculiarly distinguished.

Matilda was what is denominated a brunette: her large black eyes full of expression, her dark brown hair flowing in graceful ringlets, and the roseate tint of her animated countenance combined to form a beauty truly enchanting.

Rosamond united every perfection of which a fair face is susceptible.

Her beautiful blue eyes would have appeared too large, if her long eyelashes had not half shaded them; the dazzling whiteness of her complexion was relieved by the most lovely carnation; her hair was covered with a light veil, which was drawn on her forehead, while the ends fell negligently on her bosom; her eyes were cast down, and she appeared to be contemplating a child which was reposing in her arms.

It was perhaps Walter she held at the time her portrait was painted. She seemed to have assumed a forced smile; and in general her countenance exhibited a kind of settled melancholy.

auf ihrem ganzen Gesichte ein gewisser Ausdruck von feyerlicher Schwermuth lag, der durch ein scharfes Licht und dunkeln Schatten vermehrt wurde, den der Maler dem Gemälde gegeben hatte, und das dem Ganzen das Aussehen gab, als ob es in Mondenglanz da stünde. –

Walter war im Anschauen dieses Zauberbildes ganz verloren, die Reize, die er sah, wurden durch den Gedanken: Dies ist deine Mutter, durch die Deutung, die er jedem ihrer Züge, jeder ihrer Mienen gab, und durch tausend Empfindungen, die sich besser denken als beschreiben lassen, unaussprechlich erhöht. Er verlor sich in ihrem Anschauen, grif oft nach den Papieren, um diejenige, die er sah, die ihm so nahe angieng, näher kennen zu lernen, und legte sie wieder hinweg, um das Bild von neuem zu betrachten, bis die Dämmerung anbrach, die Seeluft kälter zu wehen anfieng, und er mit einem tiefen Seufzer seine Schätze zusammen nahm, und in sein Zimmer gieng, um nun endlich das zu lesen, wornach er so sehnlich verlangte, und was meine Leser im nächsten Kapitel finden werden, wenn sie etwa mit ihm gleiches Verlangen haben sollten.

Fünftes Kapitel.

Briefe.

Rosemunde Klifford an Hunbergen von Montbarry.

I.

Daß ich Dich vermisse, Hunberga, daß ich Dich, ach wie gern wieder an meine Seite wünschen, mir Deine Gegenwart mit dem liebsten

Walter, lost in the contemplation of this enchanting portrait, could scarce exclaim – „It is then my mother – that mother whom I have irrevocably lost?"

His imagination gave expression to her features, and action to her faculties: he thought he heard her speak, and complain of her sad destiny, and he vowed to revenge her. Agitated by different sentiments, he examined the papers a hundred times, to see which most interested him; then returning to the portrait, he contemplated it till the evening set in.

The sea-breeze blowing fresh, he retired to his chamber, to read those papers, the contents of which we shall find in the following chapter.

CHAP. V.

Letters.

————

Letter I.

Rosamond Clifford to Blanche de Monbary.

„How much, my dear Blanche, do I regret your absence! how desirous I am of having you near me! With what sacrifices would I not purchase your

meiner kleinen Schätze erkaufen mögte, das ist wahr; aber meine Einsamkeit mit dem Hofe, an welchen Du glänzest, zu vertauschen? – Nein, behalte Deine Feste, Deine Bewunderer, und alle deine Glückseligkeiten für Dich, und laß mir meine ländliche Ruhe, die ich nie zu verlassen gedenke, für welche ich, ich fühle es, geboren bin.

Mein Vater dringt in mich mir eine Lebensart zu wählen, denn so, spricht er, könne es nicht bleiben; ich soll entweder einen von meinen hiesigen Anbetern die Hand geben, oder Dir nach Hofe folgen. Was mich anbelangt, so habe ich schon gewählt; Du kennst doch das Marienkloster, das in dem schönen Thale nicht weit von meines Vaters Schloße liegt? – Unsere Freundin, Lady Marie Klifford, hat mich nun auch verlassen, und ich bin ganz einsam. Gott welch ein Abschied war das!

II.

Ich bin wieder bey meiner lieben Aebtissin im Marienkloster zu Godstow gewesen. O wie liebt sie mich! Wie bewundert sie meinen kleinen Vollkommenheiten! Wie freut sie sich, wenn sie deren neue entdeckt! – Sie fragte neulich nach Deinem Ergehen bey Hofe, und ich zeigte ihr einen von Deinen letzten Briefen; Sie erstaunte über Deine Schreibekunst, aber noch mehr erstaunte sie, als ich ihr sagte, daß ich auch eine Schreiberin sey. Ich mußte ihr etwas von meiner Schrift zeigen, und sie meynte, sie würde sich glücklich schätzen, wenn eine von ihren Fräuleins meine Geschicklichkeit besäße. – Ich habe ihr ein Geschenk mit drey von meiner Hand geschriebenen Psalmen gemacht, und sie hat mir ein lateinisches Buch gegeben, aus welchem ich ihr etliche Stellen abschreiben soll, der Bischof von Lincoln, hat es ihr geliehen. Was mich anbelangt, ich verstehe es nicht,

presence! But for me to quit my solitude for the Court in which you shine, is an event that can never happen. Enjoy the pleasures of admiration and the happiness that attend you, but leave me to my solitary repose, for which I was born, and do not attempt to deprive me of it."

Letter II.

„My father is continually pressing me to make the choice of my future life. He proposes two alternatives: either to attend the Court, and to seek my fortune as one of the Ladies of Honour; or to present my hand to one of the gentlemen by whom I am addressed. My choice, however, is already made. The tranquillity of religious seclusion is better suited to the timidity of my nature, than either the splendours of a Court, or even the activity of domestic life. I have thus fixed upon the beautiful Convent of St. Mary as my refuge from the storms of life. Again farewell!"

Letter III.

„I have this moment returned from a visit to the holy Abbess of the neighbouring Convent of Woodstock. How lovely, how surpassing all perfection of exterior form is the beauty of holiness, and the charms of religion! My imagination is so strongly impressed with this object of my choice, that I do not think I could survive the refusal of my father's consent to embrace it. The Abbess is equally pleased with me as I am with her. She says that I am almost the only female in the country who possesses the art of writing. It is indeed astonishing that the greater part of the daughters of our Nobility are so ill instructed.

aber sie ist sehr gelehrt, ob sie gleich nicht schreiben kann.

III.

Nun habe ich meinem Vater meinen Entschluß, in das Marienkloster zu
gehen entdeckt; er erschrack, und will durchaus, daß ich es bis in mein
zwanzigstes Jahr aufschieben soll. Ach, mein Gott, bis dahin sind noch
fünf lange Jahre, so lange kann ich meinen Vorsatz nicht aufschieben. – Ich
habe meinen Vater gebeten, daß er mir wenigstens vergönnen soll, die Zeit
bis dahin als Kostgängerin zu Godstow zuzubringen. – Unter den Einwen-
dungen, die er wider meinen heiligen Vorsatz hat, ist, kannst Du es denken,
auch meine Schönheit; aber ich denke, wenn etwas außerordentliches an
mir ist, so hat es mir der Himmel darum gegeben, damit ich es ihm wieder
aufopfern soll. – Ich sagte diesen Gedanken meiner Aebtissin. Sie lobte
mich sehr darum, und nannte mich eine Heldin. O was für ein Triumpf,
von so einer heiligen Frau gelobt zu werden!

IV.

Ich habe schon seit vierzehn Tagen die Erlaubniß von meinem Vater als
Kostgängerin in das Marienkloster zu gehen, und kannst Du es Dir vorstellen, daß ich demohngeachtet noch zu Klifford bin? – Aber ich besuche
meine Aebtissin sehr fleißig. – Ich glaube daß mir es so schwer wird mich
von meinem Vater zu trennen; ich wüßte doch sonst nicht, was mich
abhielt, mich seiner Erlaubniß zu bedienen. Vor zehn Tagen, als ich der
Aebtissin die Einwilligung meines Vaters in meine Wünsche mittheilen und
ihr ansagen wollte, daß sie mich in wenig Tagen unter ihre Jungfern würde
zählen können, hatte ich ein recht seltsames Abentheuer, das mir seit der
Zeit fast so oft als ich nach dem Kloster gehe, ich gehe aber täglich dahin,
begegnet ist. – Ich gehe allemal allein, wie du weißt, das ich immer auf
meinen Spaziergängen zu thun pflegte, wenn Du keine Lust hattest mich
zu begleiten, und wie ich so in Gedanken an Dich und an das Kloster
vertieft vor mich dahin gieng, so hörte ich hinter mir das Traben eines

---

Letter IV.

„My father, my dear, still refuses his consent that I should immediately enter the Convent of Woodstock. He commands me to remain at home, and in my present condition, till my twentieth year – that is to say, for nearly four years yet to come. But, alas! how can I so long delay the accomplishment of a project which my imagination has thus ardently adopted! Can you believe it – amongst the objections which he opposes to my wishes, he mentions my superior beauty! But if Heaven has given me this singular beauty, it has doubtless given it to me only that I may thus sacrifice it. It renders me a victim more worthy of the purity of the altar. Such is my opinion. – Adieu, my Blanche!"

Letter V.

„I obtained from my father, though with some difficulty, his permission to enter as a pensionary in the Convent of Woodstock. I have been scarcely a month in the Convent, and have already met an adventure which has somewhat surprised me. I was walking in the valley in which the Convent is situated, when I was passed by a young cavalier of the most noble air and most interesting deportment I have ever seen. He regarded me with much earnestness. I have since met him almost daily, and he continues to regard me with an air which much embarrasses me."

welches auf dem einsamen Wege zwischen dem Fluße und dem waldigten Gebirge, der nach dem Thale des Klosters führt, etwas seltnes ist. Ich trat ein wenig an die Seite, und es ritt ein Jüngling bey mir vorbey, der mich sehr ehrerbietig grüßte, und sich, nachdem er vorbey war, noch einigemal nach mir umsah. Von diesem Tage an blieb das Traben des Pferds und die Erscheinung des Jünglings nie außen, ein paar mal ist er auch zu Fus gekommen, und hat mir steif in die Augen gesehen, ich habe aber seit der Zeit immer den Schleyer getragen, er ist sehr dünn, und die Klosterfrauen meynten, er ließ mir überaus wohl, ich würde eine schöne Nonne werden.

V.

Die Erscheinung des Jünglings dauert noch immer fort, und macht mich ganz furchtsam. Ich habe es immer auf der Zunge gehabt der Aebtissin etwas davon zu sagen; aber ich getraue mich es nicht, denn ich besorge, sie mögte mir die einsame Spaziergänge nach dem Kloster verbieten, oder darauf dringen, daß ich meine Wohnung gänzlich daselbst nehmen mögte, wozu ich, seit ich es heute so wohl als morgen thun dürfte, weniger Lust habe als jemals. Mein Vater läßt mir meinen freyen Willen, und sagt nur zuweilen: Ein Mädchen sei eins der eigensinnigsten launigsten Geschöpfe unter der Sonne.

Aber ich wollte ja vorhin von dem Jünglinge noch etwas sagen. Die Pförtnerin, die mich allemal, wenn ich nach Hause gehe, einige tausend Schritte zu begleiten pflegt, und der ich neulich von meiner Erscheinung erzählte, kreuzte sich und meynte, weil es allemal sich auf die nämliche Art zeigte und niemals spräch, so müsse es ein Geist seyn; vielleicht der Geist König Arthurs, welcher sich zuweilen in dem Walde des Gebirgs, wo er bey seinem Leben zu jagen pflegte, sehen läßt. – Ich weis nicht was ich davon denken soll; für ein Gespenst dünkt mich diese Gestalt zu schön; denn glaube mir, Hunberga, wenn ich schön bin, so ists dieser Jüngling, in noch viel höherm Grade. So eine Miene! Solche Augen! So ein Gang! – Ich hoffe es ist nichts Böses, daß ich meine Freude an seiner Schönheit habe; freute ich mich doch auch über die Deinige, freue ich mich doch, wenn ich

Letter VI.

„You must pardon me, my Blanche, that my letters are so short. The Abbess has thought proper to prohibit me from a too frequent or too long use of my pen. She says it attaches me too much to the world, of which it is my duty, as a pensionary, to become gradually indifferent. The young man still continues to meet me in my walks. I know not why, but I cannot persuade myself to inform the Abbess of this incident. I am careful, however, to go always veiled.

„Farewell, dearest Blanche!"

mein Gesicht im Spiegel sehe, ob ich gleich häßlich gegen König Arthurs Geist bin.

VI.

Ich habe Dir sehr lange nicht geschrieben, denn ich bin sehr oft nach dem Kloster gegangen. Die Aebtissin fragt, ob ich nicht bald meines Vaters Schloß verlassen will, und die Pförtnerin, ob ich noch immer von König Arthurs Geist beunruhigt werde, ich antworte beyden Nein. Bey der ersten wende ich, ich weis nicht, was für Entschuldigungen vor, und mit der andern lasse ich mich gar nicht mehr über das Kapitel von meinen Er-scheinungen ein, denn − ich weis selbst nicht, - aber ich wollte niemand wüßte um dieselben als Du und ich. Zuweilen wünschte ich sogar, Dir nichts davon geschrieben zu haben. Du könntest vielleicht gar denken, ich verzögerte meinen Auszug aus meines Vaters Hause darum, weil König Arthur nicht kommen wird mich im Kloster zu besuchen. − Höre, ich glaube ganz gewiß, daß diese Gestalt ein wirklicher Mensch ist; neulich war es als ob er den Mund aufthäte, mit mir zu reden, aber ich flohe, ich weis nicht aus was für Furcht, davon, und seit der Zeit habe ich ihn nicht wieder gesehen, ob ich gleich mehr als viermal im Kloster gewesen bin. − Es ist mir einsam, wenn ich ihn nicht sehe.

VII.

Ich bin ganz krank und traurig. Ich muß Arzeney nehmen, und mich fleißig baden, aber nicht etwa, wie Du mir von Eleonorens Hofdamen schreibst, in warmer Milch, oder gar in Wein, sondern in kalten, kalten Flußwasser; ich habe mir eine Stelle dazu ausersehen, in dem kleinen Gehölze, das an unsern großen Garten stößt. Der Strom hat sich zwischen dem kurzen Gesträuch, an welchem Du und ich immer so gern zu sitzen pflegten, weil es dort so einsam war, recht wie ein Becken ausgespült, welches aber einen Abfluß haben muß, weil es immer rein und frisch ist. Die fünf alten Ulmen, in welchen Du unsre Namen einschnitztest, bilden einen halben Zirkel um den Ort, wo ich bade, und bedecken ihn mit so dichten

---

Letter VII.

„I have now returned home to my father. Can you believe it, my dear, the young cavalier has followed me, and still passes me in every walk! He never, however, addresses me, except indeed I must thus construe his salute. What will be the end of all this, my dear? Indeed I know not; but I know that I return peevish and disconcerted when I do not meet the cavalier. Do not reproach me for this avowal. –

Adieu!“

Letter VIII.

„I have been some days labouring under ill health, and the physician of the family has recommended to me the use of the bath. I mean to follow his advice, but shall not imitate the practice of Queen Eleanora, and bathe myself in milk and water of roses. A river, as you may remember, runs at the bottom of our garden. By gradually wearing away the bank, it has formed itself a creek. It has been the care of my father, and lately of myself, to deck this pleasing spot; and I have chosen it as my private bath. An arbour of the thickest wood encircles it, and separates it from the garden. I have caused an entrance to be cut trough the interwoven branches, and a door to be made, of which no one is permitted to have the key but myself.

Schatten, daß mich selbst die Sonne da nicht finden könnte; aber Du könntest mich finden, da ich Dir die Gegend so genau beschrieben habe.

Auf die andre Seite des Waldes, da man nach dem Kloster geht, komme ich gar nicht mehr. Die Aebtissin ist nicht mehr freundlich; ich glaube nicht, daß ich zu ihr ziehen werde. – Ich glaube, sie zürnt, daß ich so langsam mit dem Abschreiben bin, das sie mir aufgetragen hat; aber es fehlt mir an Lust und Zeit, Du weißt, daß ich so gar Dir nicht mehr so fleißig schreibe.

VIII.

Ach Hunberga, König Arthurs Geist! So ist er mir noch nie erschienen! – und an so einem Orte! – O ich vergehe vor Scham! – Nur das tröstet mich, daß er ganz gewiß der Geist ist, von dem mir die Pförtnerin sagte, er selbst nennte sich mir einen König, nun weißt Du, daß kein lebendiger König in diese Gegend kommen wird – und also. Vor einem Gespenste, denke ich, hat man sich so groß nicht zu schämen, die sind ja überall, und sehen alles, wenn sie auch nicht allemal gesehen werden.

Aber ich wollte Dir die Erscheinung erzählen. Heute gegen Abend, als es begunte ein wenig kühler zu werden, gieng ich in mein gewöhnliches Bad, ich hielt mich, weil es sehr angenehm war, länger daselbst auf, als ich gewohnt bin, und nur die Dämmerung, die in dem Gebüsche eher anbricht als anderswo, scheuchte mich aus dem Wasser. Ich legte mein leichtes weißes Unterkleid an, denn wer wird sich in dieser Hitze mit vielen Kleidern beladen, flocht meine Haare wieder ein, indem ich bey mir selbst ganz leise sang; die Vögel rund umher, die ihren Abendgesang begannen, reizten mich dazu an. – Nun war ich mit meinem Anzug fertig und gieng, mir von einem der wilden Rosensträuche ein paar von meinen Lieblingsblumen zu pflücken. Der Mond spiegelte sich im Wasser, ich bückte mich über das Ufer, um sein Bild deutlicher zu sehen, ich blickte rund herum, um den Ort auszuspähen, wo sein Strahl in die Dämmerung herein fiel, und wie ich nun so meine Augen hier und dahin wandte, so sahe ich – ach Hunberga – den Jüngling, von dem ich dir schon mehr gesagt habe, ihn, den ich, ach! so lange nicht sahe, leibhaftig hinter einer von unsern Ulmen stehen.

It is here that I fit and peruse the letters which I receive from my Blanche. I have not seen the stranger the two last days."

Letter IX.

"Blanche, my dear, I know not what I write; but I will endeavour to explain the cause of my emotions. He has at length spoken to me: I need not say that I mean the stranger. I will endeavour to resume my composure, and, if my pen refuse not its office, relate to you the whole of this occurrence. The beauty of the evening tempted me to my favourite recess, the arbour at the bottom of the garden. The heat of the preceding hours of the day rendered it more peculiarly pleasing. The increasing gloom of the approaching night compelled me finally to retire. I arranged my hair, and was about to execute my purpose of withdrawing when gazing around me upon the mild beauty of the scene, I discovered the stranger behind an adjacent elm.

Mit zusammengeschlagnen Armen, wie ganz außer sich stand er da, und hatte seine feurigen Augen fest auf mich geheftet; wo mußte ich meine Augen gehabt haben, um ihn nicht längst gewahr worden zu seyn. – Ich that einen lauten Schrey, und sank halb ohnmächtig am Ufer nieder. – Als ich mich wieder besann, kniete er an meiner Seite, küßte meine Hände und meinen Mund, und sagte mir vieles, wovon ich nur die Worte behalten habe, die er mit einer Stimme sagte, mit einer Stimme! Unmöglich ist mirs sie zu beschreiben! – Rosemunde, sagte er, meine Rosemunde, erwache! Dein Liebhaber, dein König - - König? unterbrach ich ihn, König Arthur? Und mit diesen Worten riß ich mich loß und flohe nach dem Schlosse zu, wohin er mich lange verfolgte, endlich mir aber doch aus den Augen kam und verschwand. – Ach Hunberga! so ein Schrecken! Ich glaube, es kann mir das Leben kosten.

IX.

Wie viele Monate sinds nunmehr, daß ich Dir nicht geschrieben habe? Und wie wird mir es möglich seyn, Dir alles zu sagen, was sich in dieser Zeit begeben hat? – Ach daß Du nur eine Stunde bey mir wärest! – Doch der Wunsch ist vergebens, und ich muß mich entschließen, dir es zu schreiben, es mag auch noch so viel seyn. Ich glaube meine Feder wird dabey nicht so leicht ermüden, als bey den lateinischen Büchern der grämlichen Aebtissin. Der Schrecken, den mir seine Erscheinung – Du weist schon wen ich meyne – machte, zog mir wirklich eine Krankheit zu, und hielt mich länger als eine Woche im Bette. – Meine Phantasien mochten seltsam und ver-rätherisch gewesen seyn, denn mein Vater fragte mich, als ich es besser ward, ob ich einen Liebhaber hätte? Er fragte mich mit einer so liebreichen Miene, und versicherte mich so väterlich, daß er keinem meiner Wünsche, wenn sie nur nicht ganz unmöglich wären, entgegen seyn wollte, daß ich ihm alles gesagt haben würde, wenn ich damals etwas gewußt hätte; aber ich wußte von nichts als von einem Gespenste, und sowohl mir als auch König Arthurs Geist gefiel, so kannst Du doch wohl denken, daß ich mir ihn nicht von meinem Vater zum Gemahl ausbitten konnte. Ich zitterte, wenn ich an ihn dachte, und doch verfolgte mich sein Bild wachend und

I exclaimed aloud with surprise and terror, and fell senseless to the ground. When I recovered myself, the young cavalier was upon his knees before me.

„My Rosamond!' said he: „sweetest Rosamond, awake! -- your lover – your
– – „

„He now heard the voice of my attendants in search of me, and abruptly disappeared. Farewell!"

Letter X.

„How many months is it, my Blanche, since I last wrote to you, and how much have I now to relate! Let me begin then, without further preface.

„My terror, upon the last appearance of the young stranger, threw me into a fever, which detained me upwards of a week to my bed. There must have been doubtless something rather singular in my appearance; for my father demanded of me if had a lover, and promised me, with his usual tenderness, that if I would confess the true state of my affections, nothing should be wanting, upon his part, to accomplish my happiness.

im Traume. Da mein Vater sahe, daß ich schwieg, wollte er nicht weiter in mich dringen, er drückte meine Hand und bat mich Zutrauen zu ihm zu haben, ihn als meinen Freund anzusehen. Mit diesen Worten verließ er mich, und ich versenkte mich in ein Meer von Gedanken, die zu verwirrt und zu zahlreich waren, als daß ich sie Dir jetzt, da ich wichtigere Gegenstände habe, sollte noch erzählen können, nur so viel muß ich Dir sagen, daß es mir je länger je unwahrscheinlicher vorkam, daß mein Unbekannter ein Gespenst sey, und daß ich vor Verlangen starb, ihn wieder zu sehen und ihn näher kennen zu lernen. Mein erster Ausgang geschahe seinetwegen, ich hofte ihn wieder zu erblicken und ihm tausend Fragen vorzulegen, die ich wohl schwerlich Kühnheit genug gehabt haben würde, vorzubringen, wenn er wirklich vor mir gestanden hätte. Meine Zaghaftigkeit zeigte sich, ehe ich ihn noch zu sehen bekam. Plötzlich fiel mir die Art ein, wie er mich zuletzt gefunden hatte, und es überfiel mich bey dieser Vorstellung eine solche Beschämung, daß ich mein Gesicht verhüllte, schnell umkehrte, und mir vornahm, seinen Anblick auf das sorgfältigste zu meiden. So gieng es mir noch unterschiedlichmal; wenn der Gedanke an ihn recht lebhaft in meiner Seele wurde, so gieng ich aus, ihn aufzusuchen, und schnell trieb mich Furcht und Beschämung in mein Zimmer zurück, so daß ich anfieng wie eine wahre Einsiedlerin zu leben, und die Gedanken an das Kloster oft wieder in mir erwachen fühlte.

Du weißt, wie sehr mein Vater die Jagd liebt, und wie geneigt er ist, sie für die beste Aufheiterung des Gemüths zu halten; er sah meine zunehmende Schwermuth, und wünschte sie auf diese Art zu zerstreuen. Unmöglich war mir es ihm zu folgen. Was für Vergnügen hätte ich, die gern jedem Geschöpf Leben und Glückseligkeit im verschwenderischen Maaße mittheilen mögte, an dem Tode unschuldiger Thiere finden können, und jetzt vollends, da mein erweichtes Herz durch alles doppelt gerührt wurde. Zudem, wie leicht wär es möglich gewesen, auf der Jagd meinen Unbekannten anzutreffen, und was für eine Miene würde ich in seiner und meines Vaters Gegenwart haben annehmen können? – Mein gütiger Vater sah meinem Eigensinn, wie er es nannte, nach, und überließ mich meiner Einsamkeit, die ich mehrentheilsmit Thränen zubrachte, welche,

„I was silent; for what could I say?

My father pressed me no more; but added, that he flattered himself I would not deny him my confidence if he should again demand it.

„With this he left me. I am really embarrassed with my own emotions. Is it possible that I can love a stranger, who has never addressed three words to me? Yet it is certain that I am miserable at not having seen him. – – – – – – –

„You will easily perceive that this letter is written at different times. – I have at length seen my cavalier. *My* cavalier! – but I will not erase the word. You need not be told that my father is passionately attached to the chace: you have often expressed a similar astonishment with myself that he can find any pleasure in this pursuit of the most innocent of animals. One evening he returned accompanied by another; – by whom? – by my cavalier! You may conceive my surprise, but you cannot conceive the nature of my mingled emotions.

ich wußte selbst nicht über was, flossen, und die ich nur am Abend trocknete, um meinen Vater bey seiner Rückkunft von der Jagd, mit heiterm
Gesicht empfangen zu können. – Eines Abends – Himmel wie wird mir es
möglich seyn, diesen Abend zu beschreiben – eines Abends kam er nach
Hause, aber nicht allein, sondern in Begleitung dessen, den ich so sehr zu
sehen wünschte und fürchtete. Weis der Himmel wo ich Fassung hernahm,
mich bey diesem Anblick mit leidlichem Anstand zu betragen. –
Hier, meine Tochter, sagte er, indem er mir den Fremden vorstellte, ich
habe heute einen heißen Tag gehabt, und ich weis nicht, ob Du Deinen
Vater wiedergesehen haben würdest, wenn dieser Jäger nicht gethan hätte,
dessen Gleichen, wie ich glaube im ganzen Königreiche nicht ist. Ich war in
solcher Verwirrung, daß ich vergaß zu fragen, worin die Gefahr meines
Vaters bestanden hatte, und erst nachher erfuhr, daß ein fürchterlicher
Eber, der den beyden Jägern nachgeführt wurde, mir meinen besten
Freund hätte entreißen können, wenn ihn nicht der geliebte Unbekannte
gerettet hätte. Mit Empfindungen, die von Dankbarkeit, Freude, Erstaunen, und ich weis nicht, was allen zusammengesetzt waren, nahte ich mich
ihm, wollte sprechen und konnte nicht, indessen er sich in der nämlichen
Verwirrung befand, und mein Vater über die stummen Verbeugungen, die
wir einander machten, sich des Lachens nicht enthalten konnte. – Doch
was halte ich mich bey solchen Kleinigkeiten auf? Laß mich es kurz machen. Der Fremde, welcher kein Geist, sondern ein wirklicher Mensch war,
auch nicht Arthur, sondern Henrich hieß, hielt sich länger als eine Woche
zu Klifford auf, suchte beständig um mich zu seyn, und wovon seine
Gespräche mit mir handelten, kannst Du errathen. Er liebte mich, und ob
ich ihn liebte, das würdest Du mich nicht fragen, wenn Du ihn kennen
solltest; doch Du kennst ihn ja! Zu ungeübt in den Regeln des Wohlstan-
des, von denen Du mir immer schreibest, daß sie bey solchen Gelegenheiten in der großen Welt in Acht genommen werden, ließ ich ihn mein Herz
unverhohlen sehen. Er versicherte mich, daß er ohne mich nicht leben
könnte, und ich scheute mich nicht, ihm das nämliche zu gestehen, ja ich
setzte noch hinzu,daß mein Vater mich zu sehr liebte, als daß

„My daughter", said my father to me, introducing the stranger, 'I have had a dangerous day, and perhaps should never have seen you again, had it not been for the generous courage of this stranger. I was attacked by a wild boar: this young man threw himself between us, and saved me. You must thank him, my child."

„This incident might doubtless have robbed me of the most affectionate of fathers and the best of friends, had not the stranger exposed his own life to save that of my parent. I approached him with a mingled emotion of gratitude and surprise: it was in vain, however, that I endeavoured to address him. My father smiled at our mutual embarrassment. But why do I thus dwell upon this detail of my misfortunes? Pardon me that I abridge a narrative, which recalls only the most afflicting images.

„The stranger informed us that his name was Henry. My father detained him at Clifford some weeks. It is needless to add that nothing further was wanting to my happiness. Henry availed himself of every opportunity of entertaining me alone; – it is unnecessary to mention what was the subject of our conversation. I knew nothing of those restraints, which a false sense of decorum has imposed upon the world: my lover was ever repeating to me that he could not live without me – I confessed that, upon my own part, I had no wish to put him to the trial. I did not hesitate to add that the affection of my father would not suffer him to oppose our wishes.

er daran denken sollte, unserer Liebe entgegen zu seyn. Hättest du diese Kühnheit wohl in der blöden Rosemunde gesucht?

Mein Vater, der uns dem Anschein nach völlige Freyheit ließ, aber demohngeachtet unser Betragen immer genau beobachtete, und unserer Liebe also gar bald inne ward, nahm mich eines Tages vor, entdeckte mir seine Muthmaßungen, und beschwor mich, ihm nichts zu verheelen, was in meinem Herzen wär. Das Bekenntniß, das hierauf von meiner Seite erfolgte, kannst Du errathen. Mein Vater erfuhr alles, von der ersten Erscheinung König Arthurs an, bis auf die fatale Ueberraschung im Bade; er belachte unsere Abentheuer, und dachte darauf, wie er ihnen noch diesen Abend eine glückliche Wendung geben wollte. – Junger Mensch, redete er meinen geliebten Henrich an, ihr seyd zu blöde, ihr wißt was ich euch zu danken habe. Ihr liebt dieses Mädchen, und wißt, wie sie euch wieder liebt, und ihr schweigt, und habt keine Bitte an ihren Vater zu thun? – O mein Vater, erwiederte Henrich, der Himmel weis, wie sich mein Herz sehnt, euch diesen Namen mit Recht geben zu können, aber wie soll ich zu diesem Glück gelangen? Kennt ihr die Schwierigkeiten, die sich demselben vielleicht auf meiner Seite entgegen setzen können? Wißt ihr, ob ich eines Standes mit euch, wisset ihr, ob ich nicht vielleicht bereits verheyrathet bin? Was den Stand anbelangt, erwiederte mein Vater, so dürft ihr euch nur entdecken, um mir allen Zweifel zu benehmen, oder vielmehr, da es wider brittische Sitten ist, einem Gaste seinen Namen abzunöthigen, mich nur überhaupt versichern, daß ihr edel seyd. Für die frühere Verheyrathung bürgt mir eure Jugend; ein etwas wichtigerer Zweifel mögte vielleicht der seyn, ob nicht eine frühere Liebe, als die Liebe zu meiner Tochter - - Liebe? unterbrach Henrich meinen Vater, nein, beym Himmel und bey dem, der darinnen wohnt, und bey allem, was einem Ritter heilig und theuer ist, Rosemunde ist die Einige, die ich liebe, ich würde sagen können, die Erste, wenn ich nicht eine flüchtige Neigung für eine gewisse Hunberga von Montbarry gefühlt hätte, aber sie achtete dieselbe nicht, sie steht auf

My father, in appearance; left us both to an entire liberty: it was only, however, in appearance; for he observed us with equal care and secrecy. Our mutual attachment therefore could not escape him. He summoned me to his apartment, and at length demanded that confidence which my timidity had hitherto withheld: in a word, I confessed every thing. He smiled with his usual benevolence, and promised me that I should never accuse him of having neglected to promote my happiness.

'My young friend,' said he to Henry, the same day, 'whence this timidity? I am not blind to the mutual attachment of my daughter and yourself. As I owe to you the preservation of my life, I can refuse you nothing. Why, then, are you thus silent? Have you nothing to ask?'

'Ah, my father!' said Henry, 'Heaven alone knows with what ardour I aspire to the possession of my Rosamond! But may there not be obstacles to our most fervent wishes? Perhaps an inequality of rank, or a previous marriage may –'

'With regard to the first obstacle, your appearance is to me a sufficient argument that you are not of mean birth. Your youth is an equally satisfactory proof that I have nothing to fear from the latter. Perhaps, indeed, there is an obstacle, but of another kind – another attachment perhaps has – –'

'No, by my honour!' replied Henry. 'It is true that I was inspired with an infant passion by Blanche de Monbary; but her immediate marriage with the Count of Flanders extinguished the flame almost as soon as kindled. That this victory of my reason over my passion might be more complete,

dem Punkte, sich mit dem Grafen von Flandern zu vermählen. Ich verließ den Hof, um in der Einsamkeit meine Leidenschaft zu vergessen, und sah Rosemunden, um bey ihrem Anblicke zu erfahren, daß ich nur für sie ein Herz habe, und daß meine Neigung für Hunbergen kaum den Namen Liebe verdiente. – Henrich sagte dies mit einem kleinen Unwillen, und mein Vater faßte freundlich seine Hand. Ritter, sagte er, das ist eine edle Offenherzigkeit, ich will sie belohnen, und noch diesen Abend soll Rosemunde eure Frau seyn; auch setze ich in euren Rang keinen Zweifel, denn wer seine Augen zu Hunbergen erheben darf, kann es gar wohl wagen an Rosemunden zu denken.

Siehe, Hunberga! so bin ich hinter Deine Geheimnisse, hinter deine verschmähten Liebhaber und hinter deinen Brautstand gekommen. Dein Graf von Flandern muß wohl sehr schön seyn, daß du ihn meinem Henrich hast vorziehen können. O wie danke ich Dir, daß Du mir ihn überlassen hast! Verzeihe mir, wenn ich unüberlegt schreibe; der Gedanke meines Henrichs Braut zu seyn, entzückt mich so, daß ich nicht weis, was ich sage. Aber kannst Du es denken, daß er etwas gethan hat, das mir bedenklich vorkommen könnte? – Er wollte schlechterdings nicht eher meine Hand annehmen, bis er, wie er sagte, meine Gesinnungen gegen ihn etwas besser geprüft hätte; und Du kannst Dir die seltsamen Fragen, die er mir in diesen Tagen vorgelegt hat, gar nicht vorstellen; ich kann von manchen gar nicht absehen, was er damit haben will. Heute konnte er mich ja fragen, ob ich ihm auch meine Hand geben würde, wenn er ein König wäre. – Ich habe nach einigen Bedenken ja geantwortet, aber mir schlechterdings ausbedungen, daß ich dann nicht Königin, sondern nur seine Frau seyn wollte, eine Erklärung, die ihn in ein solches Entzücken versetzte, als ich fast noch nicht an ihm gesehen habe. Seit der Zeit ists immer, als wenn er mir etwas entdecken wollte, aber er hält zurück, und ich verlange nichts zu wissen, was er mir nicht freywillig sagt. – Unsere Hochzeit soll auf sein Bitten nicht länger aufgeschoben werden; wir erwarten meinen Bruder von London, aber auch nicht einmal bis dahin, will Henrich unsere Vermählung aussetzen.

I withdrew from Court, and retired to that solitude which has introduced me to my Rosamond.'

'Chevalier,' said my father, 'your candour merits my full confidence. I can no longer doubt of the nobility of your birth: he cannot be unworthy of Rosamond Clifford, who could enter the lists as the rival of the Earl of Flanders. It shall be your own fault, or Rosamond shall be your wife this evening!'

„How great must have been the merit of the Earl of Flanders, that Blanche could thus prefer him to my Henry!
„Pardon me the disorder of my style, and the confusion of my thoughts – I know not what I say: the reflection that I am soon to become his wife, involves my imagination in a pleasing confusion. Even at this period, however, there is something which not a little embarrasses me. Though equally ardent as assiduous in his attentions, he does not press our nuptials. Under the pretext of being better assured of my attachment, he interposes a needless delay.

He surprised me one day by a question equally abrupt and singular.
'What if I were a King,' said he: 'would my Rosamond still love me?'
'Yes,' replied I, 'though I have little wish to be a Queen.'
„My surprise was increased by beholding him overjoyed with this distinction. From this moment he has appeared to me under the embarrassment of one who has something to confess, but, from some cause or another, knows not how to disburden himself. He at present appears equally eager as he was but a few days since reluctant, to hasten our union. Nothing delays us but the expectation of my brother's arrival. He is in London, or rather is now on his journey thence, to be present at the ceremony of our marriage."

X.

Ach Hunberga! Was für eine sonderbare Wendung meines Schicksals! Wie wird mir das Glück, meines Henrichs Frau zu seyn, verbittert! Seine Frau? Bin ich das auch wirklich? – Sollte ich nicht Gewissenswegen ihn verlassen? ihn nie wieder sehen? – Nein nimmer nimmermehr will ich mich von ihm trennen! – Ich bin sein, und weder göttliche noch menschliche Gesetze sollen mich von ihm reißen! – Ach Hunberga! was habe ich geschrieben? – ich fühle es, sie sind gottlos diese Gedanken, aber noch einmal, ich kann sie nicht wiederrufen, ich kann mich nicht von ihm trennen. Du wirst denken, ich rase, wenn du Dieses liesest. Du hast Recht, ich weis selbst nicht, wie es mit mir ist, die Welt kehrt sich mit mir um, ich bin nicht mehr, die ich war, fühle und denke nichts, als daß ich Henrichs bin und es ewig bleiben will – –

Nach langer Zeit habe ich mich endlich so weit erholt, daß ich Dir diese schreckliche Geschichte, die mich so ausser mich setzte, erzählen, daß ich Dir sagen kann, wer mein Gemahl ist. Doch das weißt Du schon, Du weißt wer mein Henrich ist; Du verschmähtest seine Liebe nur darum, weil Du wußtest, Du könntest sie nicht mit Recht besitzen; aber ich? – Hunberga Du weißt, und mein Gewissen und der Himmel weis es, es war mir unbewußt, daß Henrich mein König, daß er der Gemahl einer andern war; ich erfuhr es erst, da ich schon den heiligen unwiderruflichen Eid geschworen hatte, sein und keines andern zu seyn, den Eid, den ich nicht brechen will, und wenn! –

Ach, ich bin schrecklich getäuscht worden, und doch kann ich nicht wünschen, daß es nicht geschehen wäre. Freylich wenn mein Henrich mir seinen Stand, seine frühere Verbindung mit Eleonoren gestanden hätte! – – Gottlob, daß er es nicht gethan hat; entweder ich hätte ihn geflohen und wär zeitlebens unglücklich geworden, oder ich hätte mich wider mein Gewissen ihm doch ergeben, und hätte nicht wie jetzt die Entschuldigung, daß ich ohne mein Wissen gefehlt hätte, nicht die Unwiederruflichkeit meines Eides, mich in dem Entschlusse zu stärken, ewig sein zu seyn, und ihm nie die Hand zu entziehen, die ich ihm einmal gab. – Ich bin Henrichs

Letter XI.

„Alas, my Blanche! the happiness of being the wife of my Henry is not without a bitter alloy. His wife! – and am I indeed his wife? Ought I not – to fly from him, to avoid his presence for ever? No, never, never will I separate from him, with whom I have thus lately united myself for ever! I am his; and neither human nor divine laws shall ever sever us asunder! – But what am I am writing? I know that I cannot defend it; but I know, at the same time, that I cannot refuse my emotions their vent. – Indeed I never will sever myself from the husband of my heart! – You will think that I have lost my reason: – you will not err in your conjuncture; every thing has changed around me, and I can no longer consider myself as the same. I am insensible but to one image, that of my Henry: – to him I belong! – from him the united powers of earth and heaven shall never sever me! Pardon me, Heaven, the blasphemy to which love has hurried me! –

But I will endeavour to recover myself from a confusion which must render me unintelligible; I will endeavour to relate to you what has thus confused me; I will endeavour to inform you who I really am. But you knew him before me – you knew him, and, with your usual prudence, rejected his offered love.

Alas, I have too late discovered that my Henry and my King are the same! I have found him, too late, to have been the husband of another! I did not learn this fatal truth till the ceremonies of the Church had united us; and I confess that I have neither the wish nor the power to break so beloved a tie. Remember my sex, and pardon my weakness.

„Though thus cruelly deceived, I have not the virtue (I confess it with a blush) either to fly, and still less to hate my deceiver.

No, I am the wife of my Henry – Eleanora is but his Queen; nor do I envy

rechtmäßiges Weib, mag Eleonore Königin seyn, ich verlache diesen elenden Titel, gegen den Rang und das Glück, das mir das erste giebt.

XI.

Ich habe Dir so viel geschrieben, seit ich aus meinem Traume erwacht bin, und immer weißt Du noch nicht, was mich aus demselben erweckte. Ich will versuchen, ob ich Dir heute etwas davon sagen kann, ich bin ja jetzt ruhiger. Wochen und Monate sind seit dem Sturm vergangen, den mein Herz ausgestanden hat, ich bin aus allen meinen vorigen Verbindungen gerissen, bin allein in der Welt, allein mit meinem Henrich; vergesse, daß es noch andere giebt, die auf mich, oder ihn ein Recht haben, und bin in dieser Täuschung so glücklich, Hunberga!

Aber zu meiner Erzählung; doch nein, ich kann Dir es nicht umständlich erzählen, wo wollte ich Muth hernehmen, alles das, was mich so unglücklich machte, was ich mit Mühe überwand noch einmal zu durchdenken, es gleichsam noch einmal zu erleben? Also nur kurz.

Mein Bruder kam den Tag nach meiner Vermählung mit Henrich – König soll er in meinem Munde ewig nicht heißen – Man stellte ihm meinen Gemahl vor, er zitterte, ward bleich, und rief mit zusammengeschlagenen Händen! Der König? Eleonorens Gemahl? Henrich lächelte, nannte mich seine Gemahlin, und schwur mir die Krone aufzusetzen, und sich heute noch von Eleonoren zu trennen. Mein Bruder, der seine Hand an den Degen gelegt hatte, und meinen Gemahl mit einem wüthenden Blicke ansah, nannte dieses die einzige Bedingung, unter welcher er ihm seine Schwester gönnen würde. Was Henrich darauf sagte, was mein Vater dachte, der nie am Hofe gewesen war, und nun erst meinen Gemahl kennen lernte, das alles weis ich nicht, denn nicht so bald war ich im Stande, alles zu begreifen, was um mich vorgieng; so sank ich empfindungslos zur Erde. – Ich erwachte nur, um von allen Seiten von neuen bestürmt zu werden. Mein Bruder drang in mich, die Krone anzunehmen, die mir Henrich anbot und die ich verabscheute, da ich sie mit der Verstoßung einer andern hätte erkaufen müssen. Mein Vater quälte mich,

her that title, so that I possess his heart."

Letter XII.

„I have written much to you since the discovery of the fatal truth which must give the colour to my future life; but you are still ignorant to what circumstances I owe this discovery. I will now relate them.

„I have in some degree recovered my tranquillity - some months have now elapsed, and the storm has subsided: I have released myself from all other ties, and yielded myself up wholly to the dear delusion of being the wife of my Henry; I have endeavoured to eradicate from my mind the reflection that there are others whose claim to him is superior to mine. – – But let me now resume my history.

„My brother arrived the day after my marriage. He no sooner saw my husband, than he exclaimed, with equal terror and surprise – 'The King!'

„My husband smiled, addressed me as his wife, and promised my brother that he would seize the first opportunity of obtaining a divorce from Eleanora, and acknowledging me as his Queen.

„My brother, who had at first regarded the King with an emotion of anger, and whose hand was already upon his sword, was appeased by this promise. I do not know what immediately successed; my terror, and my confusion of my thoughts, had reduced me to a state of insensibility.

When I recovered myself, I was assailed upon every side.

My brother endeavoured to inflame my ambition, and to persuade me to accept the crown of which Eleanora was to be deprived; my father considered my marriage and the proposed divorce of the Queen as equaly criminal; my Henry threw himself at my feet, confessed his crime, but,

meinen Gemahl zu verlassen, und ins Kloster zu gehen, da in seinen Augen Eleonorens Verstoßung und meine Ehe mit ihrem Gemahl gleich unrechtmäßig waren. Mein Henrich bat mich mit jedem seiner Blicke, mich nicht von ihm zu trennen, er nannte mich seine Königin und betheuerte, daß niemand als ich ins künftige diesen Namen führen sollte. Mit Abscheu verwarf ich diesen Vorschlag, und willigte nur mit der Bedingung ein, seine Frau zu bleiben, daß er mir nie mehr etwas von demselben sagen mögte. Es ist unglaublich, was ich in dieser Zeit von meinem Vater und von meinem Bruder erlitten habe. Beichtväter und Aebtissinnen, auch die aus dem Marienkloster sind über mich geschickt worden, aber keins von ihnen hat mich davon überzeugen können, daß ich meinen Eid brechen dürfe, oder daß es meinem Henrich nicht so wohl erlaubt sey, als den heiligen Patriarchen, zwo rechtmäßige Frauen zu haben. – Endlich hat mein Gemahl sein königliches Ansehn gebraucht, mich aus meines Vaters Hause geführt und hieher nach Woodstock gebracht. Mein Vater war erweicht bey unserm Abschied und gab mir seinen Seegen; aber mein Bruder blieb unerbittlich, er hat Klifford verlassen und ist nach Frankreich gegangen. Ich hoffe, er wird zu schwach seyn, meinem Gemahl Unruhe zu verursachen.

XII.

Das fehlte noch, Hunberga, daß auch Du mich bestürmst, und mir sagst, was mir so in manchen trüben Stunden einfällt, - deren ich viel habe, wenn mein Gemahl nicht bey mir ist – daß ich mich mit süßen Träumen und ausgekünstelten Spitzfindigkeiten täusche, die weder vor dem göttlichen noch menschlichen Gericht gültig sind. – Ich bin also nicht Henrichs rechtmäßige Gemahlin? – Würde ichs denn mehr seyn, wenn ich eingewilligt hätte, wie ich noch täglich könnte, denn mein Gemahl wiederholt, ungeachtet meines Bittens, diese Vorschläge noch immer – würde ichs mehr seyn, wenn ich seine Königin von seiner Seite verdrängte, und mich an ihre Stelle setzte? Ja, dann würde jedermann die Königin Rosemunde anbeten, und die arme verstoßne Eleonore verachten. – Siehe, so seyd ihr Weltleute,

imputing it to the violence of his passion, solicited my forgiveness: be entreated me to accept his crown, but I refused to consider myself as his wife, unless he engaged to speak no more upon the subject.

„Endeavour to conceive what I suffered in this contest with my father, brother, and husband! The victory however, as you may readily imagine, remained with the latter. He availed himself of it to withdraw me from my paternal house to the shades of Woodstock. My father did not refuse his blessing upon our departure: my brother remained inflexible, and withdrew in disgust to France."

Letter XIII.

„Is it possible, my Blanche, that you can thus unite against me, and again call up those images which I have so long endeavoured to repress! What, must I consent to one of two conditions, the first of which is beyond the strength of my sex's weakness, and the latter a selfish preference of a slight interest of my own, to the very being perhaps of another? Must I either fly from my Henry, or, at the certain ruin of the happiness of Eleanora, become his Queen?

euren Gedanken nach läßt sich manches Unrecht wieder gut machen, wenn man nur das Herz hat, es mit neuen größern Vergehungen zu häufen; wiewohl ich Dir nicht zutrauen will, daß Du mir so etwas zumuthest, Du willst nur, ich soll meinen Gemahl verlassen und eidbrüchig werden – nur so eine Kleinigkeit, welches ich aber – ich wiederhole jetzt den Schwur, den ich meinem Henrich vor dem Altar leistete – nimmermehr thun werde.

XIII.

Du beschwerst Dich, Hunberga, daß ich Jahre habe hingehen lassen, ohne Dir zu schreiben; aber ich habe es nicht gewagt, ich habe mich vor Deinen Antworten gefürchtet; denn wäre jemand im Stande, mich von meiner Schuldigkeit abzubringen, so wärst Du es noch am ersten. – Nunmehr hoffe ich wirst Du von solchen Versuchen abstehen, da meine Rechte auf meinen Gemahl verjährt, und durch mancherley Leiden, die ich um seinetwillen ausgestanden habe, bestätigt sind.

Die grausame Eleonore! Du weißt, wie ich gegen sie gehandelt habe, da ich ihr schaden konnte; Du weißt, daß ich ihr nichts raubte, als das, was sie nie besaß, das Herz ihres Gemahls, und doch fehlt es mir nicht an täglichen Beweisen, daß sie mir Unschuldigen nach dem Leben trachtet. Meuchelmord und Vergiftung sind mir in diesen Jahren oft mehr als nahe gewesen; aber ich habe meinem Gemahl so viel davon verhehlt, als möglich war, um ihn nicht wider seine Königin zu erzürnen. Meine Leute müssen indessen nicht so verschwiegen gewesen seyn, denn ich sehe, daß er außerordentliche Sorge für meine Sicherheit trägt; er sagt mir die Ursach davon nicht, und ich frage nicht nach derselben. Ich glaube wir verstehen uns beyde, und hüten uns nur von unangenehmen Dingen zu sprechen, um uns die süßen Stunden häuslicher Glückseligkeit nicht zu verbittern. – Ich bin sehr glückselig, Hunberga! Ich bin die Mutter zweyer schöner Knaben, der eine, mein Gottfried, von fünf Jahren, das lebendige Ebenbild seiner Mutter, spielt hier an meiner Seite, und der andre, Walter, der noch an der Brust liegt, läßt eben seine Stimme hören, und fodert meine Hülfe. – Ich habe ihn befriedigt, aber ich werde die Feder niederlegen, denn Gottfried

I know, indeed, that according to the practice of the world, a greater injustice is not unfrequently the most effectual means of sinking a lesser into oblivion: but this cannot be your opinion; still less, as a woman, can you be capable of the advice that I should fly from my Henry. Alas, it is impossible! It is but death can sever those whom love has united!"

Letter XIV.

„You accuse me of this long neglect of writing to you: in a word, my friend I fear you – I dread your remonstrances – your advice! No one but yourself has the power to make me change what I have adopted as the maxim of my future life. You must have seen, my friend, how useless every effort has hitherto been, let me entreat you to abstain from any future remonstrance – my love and my rights to my husband are now confirmed by time, beyond the reach of any human power.

„Alas! what have I suffered since I last wrote! – You may remember, my friend, how I abstained from any injury to Eleanora, when the greatest was in my power. How cruelly has she returned my forbearance! Every day produces a new attempt against my life! Her instruments are sword, poison, and the corruption of my attendants. I have concealed these attempts from Henry, lest the Queen should become the victim of his indignition. But I fear my attendants have been less discreet than myself; for I can perceive that he takes every precaution to render all such efforts fruitless. He conceals, however, his knowledge or his suspicions. In a word, I am happy: you will believe me, when I add that I am the mother of two beautiful children. Godfrey is the perfect resemblance of his mother; Walter is his father in miniature."

fragt nach seinem Vater, und Walter verdoppelt seyn Geschrey, als ob er ihn gleichfalls vermißte. – Seyd stille, meine Kleinen! bald wird er bey uns seyn, nicht in dem königlichen Glanze, in dem er die arme Eleonore besucht, sondern in der Gestalt des Gemahls und Vaters, die ihn weit schöner ziert als seine Krone.

XIV.

O Hunberga! wie soll ich Dir danken für diese Ueberraschung! Was waren das für selige Tage, die ich in Deiner Gesellschaft zubrachte! – Was sagst Du zu meinem Zustande? Bin ich nicht glücklich? Ist mein Gottfried nicht schön, wenn seine Mutter es jemals war? Und Walter, ist er nicht das lebendige Ebenbild seines Vaters? – Und mein Gemahl, ist er nicht so gut als wenn er kein König wär? – Mag mich doch die jetzige und die Nachwelt mit den gehäßigsten Namen brandmarken, mag sie mir den süßen Namen der rechtmäßigen Frau meines Henrich ganz entreißen, mag mich die Königin verfolgen, und vielleicht endlich gar hinrichten; für so eine Glück-seligkeit, als ich geniese, läßt sich schon etwas aufopfern. – Ich schreibe Dir diesmal nicht blos, um Dir für Deinen Besuch zu danken, sondern um Dir zu klagen, daß Eleonore anfängt, auch meinen Kindern nachzustellen. Ich hatte sie neulich mit ihren Wärterinnen ins Freye geschickt, da gesellt sich ein Mann zu ihnen, der die Kinder bewundert, liebkoset und nach ihrem Namen fragt, meinen Walter nimmt er auf den Arm, und läuft als sich die Wärterin nur ein wenig umsieht, mit ihm ins dicke Gebüsch, wo er ihn, als er sieht, daß er verfolgt wird, hinwirft und verschwindet. Eben so ist mirs beynahe auch schon mit Gottfrieden gegangen, und meine Leute haben die Räuber gekannt, daß sie von der Königin Bedienten, und zwar keine von den geringsten gewesen sind. – Ich werde die Kinder nicht mehr dürfen allein ausgehn lassen. –

XV.

Ich könnte Dir viel von den boshaften Anschlägen dieser Eleonore auf mich und meine Kinder sagen, aber was hilft das Klagen? – Wissen mögte

---

Letter XV.

„How shall I express my gratitude for the pleasing suprise you have given me! You now know my happiness, and can no longer suspect me of a too fanciful description. Let public calumny pursue me – let posterity repeat my name but with a blush – let me be refused the name of wife, and branded with that of mistress – I am still happy; and in the midst of such bliss as mine, must not repine that it is not without alloy.

But the enmity of the Queen still continues, and extends itself to my children. They were walking the other day under the care of a domestic: – a fellow approached them, and, under the pretext of admiring and caressing them, took Walter in his arms. The attention of the domestic being diverted elsewhere, he seized the opportunity to fly with the child. Being immediately pursued by some peasants, he threw the infant to the ground, and disappeared.

Letter XVI.

„Alas, the hatred of the Queen still pursues myself and my children! – But whence this passionate enmity to infants, from whom she has received no injury?

ich nur,was sie wider uns, vornehmlich wider die letzten hätte. Denkt sie vielleicht, sie werden ihren Söhnen dereinst Eintrag thun? – Es müßte durch ihre Tapferkeit geschehen, durch ihre Macht gewiß nicht, denn der König hat bereits alle seine Länder unter Eleonorens Kinder ausgetheilt, so daß er den meinigen fast nichts mehr zu geben hat. Ich zürne nicht darüber; ich könnte es vielleicht mit einer einigen Bitte ändern, denn was würde mir mein Henrich wohl abschlagen, aber nein; mögen doch andre alle Herrlichkeiten der Welt hinnehmen, wenn uns nur die Liebe unsers Gemahls und Vaters bleibt.

Henrich liebt Eleonorens Söhne auch von Herzen, und ich misgönne es ihnen nicht, ob ich gleich zuweilen denke, daß sie es nicht so verdienen wie die meinigen. Von den drey jüngsten, welche er einmal zu mir gebracht hat, ohne daß sie wußten wo sie waren, gefällt mir keiner, als der einige Richard, zwar ein störriger wilder Knabe, der meinem Gottfried tausenderley kleinen Verdruß anthat; aber er gefällt mir doch nicht übel, er hat etwas großes und edles an sich, und sieht seinem Vater sehr ähnlich. Die beyden andern, deren der eine auch Gottfried und der andere Johann heißt, könnte ich nicht ausstehen. Der erste ließ es nicht in seinen Spielen bey kleinen Neckereyen bewenden, seine Possen arteten oft in Bosheit aus, und der andere, dem Anschein nach still und gedankenlos, zeigt manchmal unvermerkt so einen heimlichen Tück, daß ich mir nicht viel gutes von ihm versprechen könnte. Mein Gottfried, welcher, wie du weist, still und fromm ist, war froh da er diese unruhigen Spielgefährten los ward, und der kleine Blondel von Nesle, der immer bey meinen Kindern ist, kann nicht aufhören von den Untugenden der drey fremden Knaben zu sprechen.

Mein Gemahl hat noch einen Sohn, der schon ziemlich erwachsen ist, den er sehr liebt, und den er neulich auf Verlangen der Königin zu seinem Nachfolger hat salben lassen. Er soll sehr große Eigenschaften, und vornehmlich viel Witz und Lebhaftigkeit besitzen. Mein Gemahl, dessen Namen der junge Prinz führt, erzählte mir neulich einen, seinen Gedanken nach, sehr artigen Einfall von ihm, den ich Dir hersetzen will, damit Du ihn beurtheilen kannst.

Alas, I know not! She has nothing to dread from the rival claims of the children of Henry and Rosamond, with those of Henry and Eleanora: the King, under my immediate influence, has dstributed his domains amongst the latter; the children of Rosamond shall seek their fortune by their merit.

„The royal children have visited me, but without knowing with whom they were. The young Richard alone pleases me: the martial spirit of his father is visible in every trait of his countenance. The two others, Godfrey and John, more nearly resemble their mother. The former exhibits a sure presage of his future character in the cruelty of his sports; the latter has an air of greater innocence, but I am mistaken if hypocrify be not his more prominent trait in riper life. The little Blondel de Nesle, the constant companion of my children, was eraptured at their departure.

„My husband has still another son, the eldest of all, and thus the heir apparent of his father. He is not without great merit; though I cannot deduce it from a saying of his, which his father himself related to me.

Um die Salbungsfeyer des jungen Henrich zu verherrlichen, ließ sich der König, sein Vater, herab, ihm den ersten Trunk zu überreichen, und sprach lächelnd zu ihm: Ob er wohl glaubte, daß je ein junger König so königlich sey bedient worden? – Ich finde es nicht ausserordentlich, antwortete der junge Henrich, daß der Sohn eines Grafen, dem Sohne eines Königs aufwartet! – (Du weißt Hunberga, daß mein Gemahl kein Königsohn ist.) – Der König hat über diese Antwort gelacht, und seinen Sohn gelobt, daß er stolz auf seine Herkunft sey; aber ich finde etwas kühnes, rebellisches in derselben, das meinen Gedanken nach nicht hätte ungeahndet bleiben sollen.

Was geht mich übrigens, dieses an, wenn nur meine Söhne ihren Vater nie betrüben. Andre zu beurtheilen, ist mir nicht erlaubt, wenn ich nicht das Ansehen von Neid und Eifersucht haben will; auch hüte ich mich wohl, meinem Henrich mit solchen Anmerkungen zu kränken.

XVI.

Eile, Hunberga! eile zu mir, ich habe Deine Hülfe nöthig. Wenn ich meinen Walter retten will, so muß ich ihn Deinen Händen anvertrauen, wozu ich auch schon von meinem Gemahl Erlaubniß habe. – Die böse böse Königin hat mir meinen ältesten Sohn geraubt; sie ist selbst bey mir gewesen, hat mich mit Schmähungen überhäuft, und meinen Gottfried mit sich genommen. Zum erstenmal habe ich meinen Gemahl um Rache wider sie angefleht; aber er kann nichts thun, die Hände sind ihm gebunden, und Eleonorens Macht ist durch die Gewalt, die er nur gar zu unvorsichtig in die Hände ihrer Söhne gegeben hat, so verstärkt, daß er sich selbst vor ihr fürchten muß.

Mein Henrich hat mir indessen heilig versprochen, für meine Kinder zu sorgen, für Gottfrieds Leben zu wachen, und ihm, dafern er, wie sein stilles Wesen fast vermuthen lässt, wenn er erwachsen ist, Neigung zum geistlichen Stande zeigen sollte, eines der besten Bißthümer im Lande zu geben. Dein künftiger Pflegsohn, mein Walter, soll die Grafschaft Anjou haben, und mein Gemahl will Dir, als seiner Vormünderin, die nöthigen Versicherungen darüber in Deine Hände liefern. – Ach mein Walter,

At a late feast the King presented the cup to his son.

'What say you to this, my son?' said he: 'has ever Prince had a more digni-fied cupbearer?'

'There is nothing in this,' replied the Prince: 'where is the singularity that the son of a King should be served by the son of Count!'

„It is needless, I suppose, to inform you that Henry was not born a Prince."

Letter XVII.

„Hasten, my Blanche, and save my Walter! It is the wish of your friend, and the command of your King. It is only to your fidelity that I can con-sent to entrust my child. The Queen has been with me, has loaded me with reproaches, and robbed me of my eldest son. For the first time I com-plained to Henry: – he is indignant at the outrage, and has sworn to repair it.

„The power of Eleanora is so great, from the union of those with which the King has so imprudently entrusted her children, that Henry has more cause to fear than herself.

He has sworn, however, that he will protect the life of Godfrey. He re-serves for him in his manhood one of the richest prelacies in the kingdom: Walter is to have the Earldom of Anjou. But lose no time, for I require your immediate assistance."

armes, kleines fünfjähriges Kind! wirst du das jemals erlangen, was dein Vater dir zudenkt, und deine Mutter dir so heiß, so herzlich wünscht?

*) XVII.

Ich danke Dir, Hunberga! für alles was Du in diesen Jahren an meinem Walter gethan hast. Mit Ungeduld sehe ich dem Zeitpunkte entgegen, da ich dieses theure Kind, und Dich, seine zweyte Mutter wiedersehen soll; ob ich ihn doch erleben werde? – Ach, mein Herz ist jetzt allen traurigen Ahndungen offen. – Meinen Gemahl werde ich jetzt in langer Zeit nicht wieder sehen; er zieht nach Frankreich, um Eleonorens ungehorsame Söhne zu züchtigen, o daß doch nie die meinigen ihrem Vater solches Herzeleid machen! Mein Fluch müsse sie treffen, wenn sie je ihren Vater und König beleidigen! Eine fröhliche Zeitung hat mir mein Gemahl doch beym Abschiede gebracht. Mein Sohn Gottfried ist nach so vieljährigem fruchtlosen Nachsuchen wiedergefunden. Die Königin hat ihn in einem Kloster erziehen lassen, und mein Gemahl hat ihn nicht so bald entdeckt, welches durch einen Zufall geschehen ist, als er ihn herausgenommen und zu meinem Vater gebracht hat, welcher alles weis, was der König mit ihm im Sinne hat. – In wenig Tagen soll ich diese beyden lieben Personen, meinen Vater und meinen Sohn wiedersehen. Stelle dir vor, wie ich mich nach diesem Augenblicke des Wiedersehens sehnen mag!

XVIII.

Es ist unmöglich Dir zu beschreiben, was ich fühlte, als ich die Beyden in meine Arme schloß, welche mir nach meinem Henrich die liebsten auf der Welt sind. Meinen Vater, o diesen theuren ehrwürdigen Greis, der mir alle meine Vergehungen vergiebt, mich segnet, und wie er sagt, am Rande des Grabes nicht mehr zürnen kann, und meinen Sohn, von dem ich Dir indessen doch gestehen muß, daß er mir nicht ganz gefällt;

---

*) Wir laßen hier unterschiedliche von Rosemundens Briefen aus, welche sie in den ersten Jahren von Walters Aufenthalts zu Montçon an Hunbergen abließ, weil sie nichts von Wichtigkeit enthalten.

Letter XVIII.

„I thank you, my Blanche, for the anxious tenderness with which you execute the trust I have committed to you. I rejoice to hear that my Walter is equally happy as secure under your protection. How much do I wish to see you both! But my heart is the prey of the most dreary presentiments. My Henry departs for France, to subdue the rebellious children of Eleanora. He brought me most pleasing intelligence upon his final visit.

After so many useless searches, he has discovered the retreat of Godfrey. The Queen had concealed him in a Convent. Henry has seized him from it, and delivered him to my father. Within a few days e expect the arrival of both. Judge how eagerly I count the minutes.“

Letter XIX.

„It is impossible to describe my sensations upon finding myself once more within the embraces of my lost son and my venerable father. My father was all tenderness, and appears to have forgotten the language of reproach in his paternal emotions.

My son – But whence ist it, Blanche, that the heroic ardour of my Walter renders him more dear to me than his brother? Godfrey is now in his

ich glaube, mein feuriger, heldenmüthiger Walter, wird mehr nach meinem Geschmack seyn. Gottfrieds Aehnlichkeit mit mir, hat sich in dem Alter von achtzehn Jahren, das er nunmehr erreicht hat, völlig entwickelt, und ich mögte fast sagen, daß er für eine Mannsperson zu schön ist; aber so angenehm auch sein Aeusserliches seyn mag, so bin ich doch nicht mit seinem Geiste zufrieden. Sie haben das wenige Feuer, das er besaß, im Kloster vollends ganz unterdrückt. Er hat ein Herz wie ein Engel, aber er taugt, was seine übrigen Talente anbelangt, meines Erachtens in keinen Stand als in den geistlichen, gut, daß sein Vater hierinnen für ihn gesorgt hat; das Bißthum von York oder Lincoln wird ihm nicht entstehen. Lebe wohl, Hunberga! und mache Dich gefaßt, auf die erste Nachricht von meines Gemahls Wiederkunft aus Frankreich, mit unserm Walter nach England zu kommen, damit ihm das, was ihm sein Vater bestimmt hat, zu Theil werde. Wie werde ich mich freuen, wenn ich den Liebling meines Herzens als Grafen von Anjou werde umarmen, und ihn vor den Nachstellungen seiner Stiefmutter völlig werde gesichert sehn können. – O, daß die Stunde des Wiedersehns schon geschlagen hätte; Noch einmal, ob ich sie doch erleben werde!

XIX.

Du schreibst mir in vorigen Zeiten, unter andern kleinen Anecdoten, von meinem Walter, daß er so sehr in die Geschichte von Fredegundens Verfolgungen gegen ihren Stiefsohn verliebt wär, und Du weist, was ich damals für Vergleichungen zwischen dieser alten Tradition, und Eleonorens Nachstellungen wider meine Kinder machte. Jetzt schwebt mir diese Geschichte unaufhörlich in den Gedanken; oft habe ich sie sogar geträumt, nur mit dem Unterschiede, daß in meinem Traume, die Person, welche unter Fredegundens Grausamkeiten erliegt, kein Klodowig, sondern eine Rosemunde ist. Ja gewiß, Hunberga! mehr als einmal habe ich im Traume mich selbst unter Fredegundens Dolchstichen fallen, oder von ihr mit Ketten beladen, an einem Gifttrunke sterben sehen. Wunderliche Träume! Wenn sie mir Eleonoren als meine Verfolgerin vorstellten, so wüßte ich es zu erklären; aber die Träume mahlen alles nur halb, und wer weis was diese bedeuten. – Du wirst diesen Brief für eine Einladung halten mit unserm

eighteenth year, and is a model of manly beauty. His mind, however, is still more pleasing to me than his faultless exterior: his piety, his gentleness of natural disposition, are well suited to the station for which he is intended.

„Adieu, my Blanche! Upon the return of my Henry, you must come to England, and bring my Walter with you.
„Adieu, my friend! Embrace my child for me."

––––––––––

Letter XX.

„You have written to me, my Blanche, that Walter is ever engaged in reading the History of Fredegonde, and her persecutions against her step-children. You know the comparison which I have made between this ancient history and the persecutions of Eleanora. You can scarcely imagine, my friend, how much this thought dwells upon my mind. The dream every night presents her figure, and the images of the history, to my imagination. Me thinks I am loaded with the chains of Fredegonde, pierced with her daggers, or poisoned by her hand! What can this mean? If my dream represented Eleanora as my murderess, should I not be justly be terrified? But why does Fredegonde thus dwell upon my fancy? Am I to understand it as the warning voice of the genius who watches over my fate? – or is it one of those idle thoghts to which my present melancholy gives birth, and which owes its impressive force upon my imagination, to the present weakness of my health? I know not, but it is beyond my strength to expel it from my mind.

Walter nach England zu kommen; aber es ist noch zu zeitig, mein Gemahl ist noch nicht aus Frankreich zurück, und ich kann mich kaum selbst vor meinen Verfolgern schützen, wie viel weniger meinen Walter. Bleib also noch zur Zeit wo du bist, komme aber auf meine erste Anforderung.

Noch eine traurige Neuigkeit: des jungen Blondels Vater, mein alter Beschützer und Aufseher, der Ritter von Nesle, ist diese Nacht plötzlich gestorben; siehe, so wird mir eine Stütze nach der andern entrissen. Ach, daß mein Henrich wieder bey mir wäre!

Sechstes Kapitel.

Der Ritter von Staufen weckt Waltern aus seinen Träumereyen.

Entzückt, erstaunt, gekränkt, und bis in das Innerste seiner Seele erschüttert, durchlas der Sohn der schönen Rosemunde diese Blätter. Diese theuren Züge einer Hand, die er nie hatte küssen können; dies Ausbrüche der edelsten Mutterliebe, die er nie mit kindlichen Gefühlen hatte erwiedern können; diese Tugenden die einer Heiligen würdig waren, und die hier keine Belohnung fanden, versetzten ihn in einen Sturm von Empfindungen, unter denen er fast erliegen mußte, und die durch das Bild der unglücklichen Rosemunde, welches ihm die Schreiberin dieser Blätter wie gegenwärtig vorstellte, bis auf den höchsten Grad getrieben wurden. Niemand kann begreifen, was Walter in diesen feyerlichen Stunden empfand, welcher nicht in einer ähnlichen Lage mit ihm gewesen ist, und wie schwer ists, sich eine ähnliche zu denken! – Er las die Denkmale von den Empfindungen seiner Mutter und von ihren Schicksalen, er las sie wieder, und der Mond war schon lange ins Meer gesunken, die Dämmerung fieng schon an die Sterne zu verjagen, als er noch immer sich nicht von seinen Betrachtungen, welche ihm fast eben so viel Zeit hinwegnahmen als das Lesen, losreißen konnte.

„Do not forget to prepare yourself for a voyage to England upon the return of the King. I cannot, however, give you any information as to the time his return.

„P.S. – Alas, my friend! I must close my letter with intelligence which will grieve you scarcely less than myself: – the father of the young Blondel, my friend, my guardian, and my protector, died suddenly last night! It is thus that, one after another, all my supports are removed! Would that my Henry was near me!"

CHAP. VI.

Arrival at Jerusalem.

With such emotions did the son of Rosamond peruse the characters which had been traced by the hand of his mother, his mind was alternately agitated with the several passions of admiration, pity, and astonishment. The expressions of maternal tenderness, and her anxiety for the safety of his infant years, augmented his regret to the bitterest grief. Thus virtuous, thus gentle in nature, and amiable in manners, did she not deserve to be happy? These thoughts excited that emotion, which his reason in vain endeavoured to tranquillize. The portrait of his mother, lying open before him, rendered her as it were present before his eyes. In this moment of illusion, he almost imagined she was by his side, that he saw her, that he spoke to her, and that she solicited his protection from the violence of her enemy. His memory, however, returned in the same moment.

„Alas", said he, „she no longer lives! She has finished her life under the hand of a murderess!"

Von so mancherley Gefühlen ermattet, warf er sich endlich auf sein Lager; aber unmöglich war es ihm ein Auge zu schließen, oder überfiel ihn ein leichter Schlummer, so ergänzten seine Träume den Schluß, der an Rosemundens Geschichte fehlte, so zeigten sie ihm seine Mutter, wie sie untern den Streichen ihrer Feindin fiel, oder sie wiederholten ihm die Worte, die Hunberga zu ihm sagte, als sie ihn nach den stöchadischen Inseln schickte, und die ihm seit der Zeit immer unauslöschlich in den Gedanken geblieben waren: **Deine Mutter ist grausam ermordet, o wenn du jemals ein Schwert führen lernst, wenn ein Funken vom Muthe deines Vaters in deiner Seele glimmt, so räche, räche sie!**

Voll Schrecken fuhr er dann aus seinem halbwachenden Schlummer auf, und sank in denselben zurück, um seine Hände in Eleonorens Blute zu baden; aber immer wars, als wenn seine Mutter ihm den, über ihre Feindin gezuckten, Dolch entriß, und um Schonung für sie flehte – Auf diese Art verträumte er nicht allein diese, sondern auch viele folgende Nächte.

Die Tage waren dem Lesen von Rosemundens Briefen gewidmet, und man kann wohl nicht fragen, ob bey Beschäftigungen von dieser Art, ihm die letzte Hälfte seiner Seereise so lang ward, als die erste. Wie viel fand er in der Geschichte seiner Mutter noch zu beherzigen, als der erste Sturm der Empfindungen, welche bloß diese Theure zum Gegenstande hatten, ein wenig gestillt war. Sein Vater war nun der erste, der seine Aufmerksamkeit auf sich zog. Er war zwar nicht in allem mit ihm zufrieden, er meinte, was viele meiner Leser auch meinen werden, daß er in vielen Stücken hätte anders handeln sollen; aber sein Herz ward doch durch den süßen Vaternamen ganz zu ihm hingezogen, er brannte vor Begierde sich zu seinen Füßen zu werfen, und den Seegen von ihm zu fodern, den er mehr als die meisten seiner Kinder zu verdienen glaubte. – Der Gedanke, der Sohn eines großen Königs, und der Erbe eines mächtigen Landes zu seyn, kam nach und nach auch an die Reihe; er verweilte mit Vergnügen bey demselben, und konnte sich nun Hunbergens Widerwillen gegen seinen jetzigen Stand besser als jemals erklären. Mischte sich in solche Vorstellungen nun vollends das Bild seiner Matilde, so gerieth er in einen Wirbel von gefaßten und verworfnen Entschlüssen, von Wünschen, von Planen für sein künftiges Leben, deren Ende er oft nicht absehen konnte, und von

The moon had already sunk beneath the ocean, and the morning was about to dawn before he could persuade himself to give up his repeated perusal of these letters of his mother. Fatigued, however, by his contending emotions, he at length sunk into a broken sleep. The image of his mother, and the fatal conclusion of her history, presented itself to his sleeping fancy: he imagined he beheld her under the sword of her enemy – he imagined that she addressed him in the words of Blanche –

„Your mother, Walter, has been assassinated! If ever you know how to use a sword – if a spark of the courage of thy father exist in thy nature, revenge her!

From such dreams as these, he awoke with affright: again he sunk to sleep – again the same images presented themselves to his fancy; he raised his sword to plunge it in the bosom of Eleanora – but his mother appeared to arrest his arm, and he again awoke in increased terror.

His emotion, his dreams of horror continued the greater part of his voyage: he could think of nothing but Rosamond. His tranquillity, however, gradually returned; and as the end of his voyage approached, he became sensible of the happiness which it promised him – that of introducing him to the presence and knowledge of his father.

It is true, indeed, that he did not altogether approve of the mixed character of his surviving parent. He found some difficulty to forgive him the weakness with which he had suffered the crime of Eleanora. Touched, however, with the very name of his father, he eagerly anticipated the pleasure of being restored to his embraces; he burned with the desire of throwing himself at his feet, and demanding that blessing which he considered himself to merit, more than the more legitimate offspring of the King.

denen er sich mit Gewalt losreißen mußte. –

In ruhigern Stunden kam denn auch wohl der Gedanke an seine Brüder an die Reihe, die er wegen des Herzeleids, das sie seinem Vater machten, haßte, und die er doch zu kennen wünschte, weil er hofte, sie durch sein Beispiel zu ihrer Schuldigkeit zurückzubringen.

Für Richarden fühlte er etwas, das aus Zuneigung und Widerwillen zusammengesetzt war; Zuneigung wegen der großen Eigenschaften, die niemand an ihm verkennen konnte, und Widerwillen, vielleicht allein wegen der Undankbarkeit gegen seinen König und Vater, vielleicht also größtentheils, denn wer kennt die Tiefen des menschlichen Herzens, weil er ihn als seinen Mitbuhler bey Matilden kannte.

Rosemundens ersten Sohn, seinen rechten Bruder Gottfried, wünschte er vornehmlich wegen der Aehnlichkeit mit seiner Mutter zu kennen, die sie selbst ihm beylegte, und auf diese Art war er mit seinen Gedanken an dem Orte, wo er lebte, so wenig gegenwärtig, war immer so sehr mit tausend Vorstellungen von abwesenden Dingen beschäftigt, daß die Reise nach dem gelobten Lande zu Ende gieng, und sie bey Joppe landeten, ehe er nur so viel Zeit gefunden hatte, seinem Freunde Konrad, einen kleinen Theil von dem, was in seinem Gemüthe vorgieng, zu entdecken.

Der Ritter von Staufen hatte den Träumereyen seines Freundes so lange nachgesehen, als er wußte, daß er keine wichtigern Dinge durch dieselben versäumte, jetzt dünkte es ihm die Zeit zu seyn, ihn aus denselben zu erwecken, und ihn zu erinnern, daß er in einer andern Welt lebte, als in derjenigen, welche ihm seine Einbildungskraft mahlte.

Ritter! sagte er zu ihm, seyd ein Mann, reißt euch von dem kindischen Zeitvertreibe los, mit welchem ihr nun schon so manche Woche zugebracht habt. Das schöne Bild vermuthlich der Abriß eurer Geliebten, daß ihr Tag und Nacht betrachtet, und der Wust von Papieren, der euch immer umringt, und der vermuthlich von ihrer Hand beschrieben seyn mag, ungeachtet ich nicht weis wie ein Weib so viel schreiben kann,

Nor was he without a desire of seeing his brothers; for Richard in particular, he already felt a mixed emotion of admiration and jealousy; he could not refuse the former to his valour, and his apprehension that he might rival him with Matilda, excited the latter.

This succession of thoughts rendered him insensible to the duration of his voyage; and the vessel was now approaching Joppa, the place of their debarkation, before he awoke from his long reverie. The shouts of the crew upon the termination of their voyage at length awakened him to a true sense of his situation.

The Chevalier de Stauf had left him during their voyage to the indulgence of his reveries. He now addressed him with the gentle reproof of friendship.

„Come, some, Sir Knight, awake to the sense of the glory which awaits you in this new scene of friendship! The portrait and letters, which are doubtless those of your mistress, must no longer occupy your attention: a Knight of the Cross in the land of Infidels has other duties, and should indulge other thoughts. In the name of the saints, what could the Countess of Flanders mean by filling your hands and head with such frivolities!"

alle diese Kleinigkeiten schicken sich nicht für einen Ritter des heiligen Kreuzes. Noch einmal, besinnt euch, und nehmt eure alte Lebensart wieder an, wenn ihr nicht wollt, daß alle eure Ritter euch verkennen, und ich selbst weniger von euch halte als ich gern wollte. – Was für ein unseliger Einfall von dieser Hunberga, daß sie euch solch weibische Zeug in die Hände gab; und warum ließ ich mich doch mit ihren Aufträgen ein, ich hätte doch wissen sollen, daß man von Weibern nichts als Unheil und Verwirrung zu gewarten hat.

Konrad hätte gute Zeit zu dieser und noch einer viel längern Strafpredigt gehabt; denn Walter schien ihn anfangs nicht zu hören, und ließ erst am Ende seinen Worten so viel Aufmerksamkeit, daß er inne ward, was er meynte. –

Ach Konrad, rief er mit einem tiefen Seufzer, du verkennst mich! ja es ist wahr, ich liebe; aber nie ließ ich mich von meiner Leidenschaft so hinreißen, daß ich meine Pflichten darüber vergaß. – Der Zustand, in welchem du mich bisher gesehen hast, ist die Folge eines Triebes, der, wenn er auch nicht stärker ist als das, was man Liebe nennt, doch meinem ganzen Wesen so tief eingewebt ist, alle seine Kräfte so im Innersten erschüttert, daß – doch du sollst einst alles erfahren. – Jetzt – zum Beweiß, daß ich dir folge, daß ich mich von mir selbst losreißen will, um meine Pflicht zu thun, so nimm hier alle diese Dinge hin, die dir so ärgerlich sind, verwahre sie so wohl, wie du ehemals den gefangenen Nureddin verwahrtest, und gieb sie mir nicht ehe zurück, bis du selbst urtheilen wirst, das mir es erlaubt sey, mich von den Gedanken an das allgemeine Beste loszureißen, und einige Zeit, nur eine ganz kurze Zeit, mir selbst zu leben. Mit diesen Worten pakte er Rosemundens Briefe zusammen, küßte ihr Bild, vermachte es in die goldne Kapsel, und überließ beydes Konraden, indem er noch hinzusetzte: Dich an den Reizen dieses Bildes zu weiden, kann ich dir nicht verbieten; aber diese Briefe bitte ich dich nicht eher zu lesen, bis ich dirs vergönne.

Sehr wohl, erwiederte der Ritter von Staufen mit Lachen, ich kann euch um so viel besser versprechen, euer Verlangen zu erfüllen, da ich zwar sehr gut sehen, und Schönheit bewundern aber nur sehr schlecht lesen kann.

Conrad might have continued his address a still longer time, for Walter was too involved in his own thoughts to return him any immediate answer.

„Conrad", said he at length, „I do not deny that I love, but I have taught my passions to submit to my duties. Never shall my love trespass beyond the bounds in which the most rigorous honour would confine it; never shall it lead me to forget my more important duties – the obligations which I owe both to my religion, and to the illustrious stock from which I derive my birth! You must pardon me the abstraction and the absence of mind in which you have hitherto beheld me plunged. Perhaps love is not the cause of it; perhaps its origin is such as yourself would approve. But at present, to prove that your advice is not thrown away, and that I am willing to give myself up wholly to the duties of my new situation, here is the portrait, and here are the letters: take them – keep them with as much care as you formerly kept Noureddin; and should I have the weakness to redemand them, refuse them; do not return them to me till you judge that the season is such as will admit of repose."

With these words he locked his cabinet, and delivered it into the hands of the Chevalier. „I permit you", said he, „Sir Knight, to examine and admire the picture, but the letters are sacred."

„I promise", said Conrad, with a smile, „that they shall continue so; and more particularly as you have given up the picture to my curiosity. For my part, I read but little, but am a connoisseur in pictures. "

Was auf dieses Gespräch zwischen Konrad und Walter erfolgte, davon meldet meine Urschrift nichts Ausführliches, sie sagt nur so viel, daß der Sohn der schönen Rosemunde von diesem Augenblick an, ganz wieder sich selbst glich, kein Träumer mehr, sondern ein Held war. – Die Völker wurden bey Joppe ausgeschifft, und da die ganze Gegend von nichts als von dem unglaublichen Fortgang sprach, den Saladins Waffen zum Nachtheil der Christenheit hatten, die nöthigen Maasregeln der Behutsamkeit genommen, um den Feinden nicht unvorbereitet in die Hände zu kommen. Walters Absicht war es indessen nicht, sich vor Saladin zu verstecken; er hatte nicht sobald sich in die gehörige Verfassung gesetzt, als er ihm muthig entgegen gieng. –

Das Land rund umher war von der Macht der Sarazenen überschwemmt, und er mußte sich durch zwey verschiedne heimliche Heere durchschlagen, ehe er nach Akkon kam, wo er seinen Freund, Gerhard von Riedesser zu finden, und von ihm nähere Auskunft über den Zustand der Sachen im gelobten Lande zu erhalten hofte. – Er ließ ihm seine Ankunft durch Konraden melden, und ward von ihm und den wenigen Tempelherren die sich zu ihm hielten, mit seinen Völkern wie im Triumph nach Akkon eingeholt.

Mein Gott! rief Walter als er mit Konrad und Gerhard allein war, was hat immermehr unser Orden in der langen Zeit unserer Abwesenheit gemacht, und wie ist es möglich, daß Saladin die Oberhand auf so eine erstaunende Art hat erhalten können?
Gerhard zuckte die Achseln, und erzählte unsern Helden, das, was er in wenig Tagen zu Jerusalem mit eignen Augen sah, und was meine Leser mit ihm sehen sollen.

Walter verließ Akkon, und hinterließ daselbst den dritten Theil seiner Leute, damit man hier dem Einbruch der Sarazenen desto besser wiederstehen könnte. Meine Leser wundern sich, daß er hierinnen so

This conversation being terminated, the son of Rosamond banished from his mind all images of melancholy, and summoned up his native love of glory.

The vessel had by this time anchored, and the necessary boats of debarkation were prepared. Walter and Conrad leaped into one of them, and reached the coast amongst the first. The whole neighbourhood of Joppa resounded at this period with the exploits of Saladin, and the victories which he had recently gained over the Christians.

Walter and Conrad had no sooner ranged their men, than putting themselves at their head, they resolved to force their way to Ackron.

The country, owing to the victories of Saladin, was at this period overrun with the Saracens; and it was not without many skirmishes that Walter and Conrad at length gained the walls. Gerrard de Ridese, the friend of Conrad, received them at the gate in triumph. Such of the Knights Templars as accompanied him, were equally friendly in congratulating them upon their safe arrival, and added that their assistance was never more needed, as Saladin had diffused alarm throughout the Holy Land.

Our friends were no sooner alone with Gerard de Ridese, than they expressed their astonishment at the situation of the Christian affairs.

„What has our Order been doing during our absence?" said Walter; „and how has it been possible that in so short a period Saladin has acquired such an astonishing superiority?"

Gerard told him that, upon his arrival at Jerusalem, he would be no longer at a loss for the fatal cause.

Walter left Ackron upon the following day, bus strengthened the garrison with a third of his army, that it might have nothing to dread from a sudden assault of the Saracens.

eigenmächtig handeln durfte; aber er erinnerte sich an das, was ihm der alte Robert Burgundio hatte sagen lassen, und nahm sich vor, da er eine ziemlich ansehnliche Macht auf seiner Seite hatte, überall so zu handeln, wie es ihm zum Besten der Christenheit am zuträglichsten dünken würde, ohne die vielleicht zu spät kommenden, vielleicht nicht zum Besten gemeynten oder unüberdachten Befehle des Großmeisters zu erwarten. Ob sich in diesen Entschluß nicht vielleicht auch ein Funken Privathaß mischte, wer kann das errathen? – Genug, Walter handelte in diesem Stück unsern Gedanken nach nicht unrecht, seine Bewegungsgründe mogten übrigens seyn welche sie wollten.

Die ganze Gegend von Akkon bis nach Bethabara war durch die Wuth der Sarazenen verheert, und das Elend das unser Held in diesem Bezirk antraf, und dem er bey weiten nicht ganz abhelfen konnte, ist unaussprechlich. – Je näher er der Hauptstadt kam, je ruhiger und lachender wurde die Aussicht ringsumher; Die frommen und andächtigen Seelen unter seinem Volk huben die Hände auf, und behaupteten, daß Saladin keine Macht über diesen geheiligten Boden hätte, welcher durch eine ganz besondere göttliche Macht geschützt würde; aber Walter schwieg, und sahe die List des schlauen Saladins vollkommen ein, welcher seinen Vortheil in der Schlafsucht die zu Jerusalem herrschte, erkannte, und sich wohl hütete, dieselbe vor der Zeit, ehe seine Anschläge zur Reife gekommen wären, zu stören.

Unser Held konnte seinen Einzug zu Jerusalem mit seinem ganzen Heer, so groß es auch war, ungehindert halten, und er ließ seine Ankunft bey dem Großmeister, welcher wie wir wissen sich jetzt bey Hofe aufhielt, eher ansagen, ehe er noch das Geringste von derselben erfahren hatte. – Immer hatte er von Terrikus die Meynung gehabt, daß er sich weit besser zum Hofmann als zum Ritter schickte, und er hatte ihn recht beurtheilt. – Meine Leser wissen seit unsern letzten Besuch bey der Gräfin von Flandern, was diesen Ritter in den Tempelorden brachte; nicht Frömmigkeit, nicht Eifer für die Religion, nicht Trieb zu großen Thaten; verschmähte Liebe, und Wunsch, dem, den er zu schaden suchte, immer nahe zu seyn, hatte ihn damals angetrieben das Kreuz

The country around Ackron, as far as Betharabia, was covered with their forces; and the general misery was so much the more afflicting to the generous mind of Walter, as it was beyond his immediate power to relieve the oppressed inhabitants.

As he approached Jerusalem, however, the scene became more pleasing, and the country appeared in greater plenty and prosperity.

As Walter approached the walls of this holy city, the scene of the sacred mysteries of our faith, he became warmed with equal piety towards the great Author of our salvation, and indignation against the Infidels who disgraced it by Mahometanism.

As the army of Walter was so considerable, he might have forced an entry into the city of Jerusalem, in despite of any force which could have been brought to have opposed him: he preferred, however, to send a herald to the Grand Master, and request admission to join himself to the Christian Knights. Walter had always thought that Theodoric was rather suited to shine in a Court, than to govern an Order of such sanctity of manners as was required of the Templars.

The narrative of the Countess of Flanders has instructed our readers in the motive which had induced him to enter into this Order. The anger of disappointed love had more in this resolution than either zeal or true piety;

zu nehmen, das Odo damals angenommen hatte.

Erst nach und nach gesellte sich zu der Begierde, sich an diesem großen Manne zu rächen, Ruhmsucht, und Trieb nach Größe. Tapfer von Natur, war es ihm leicht Heldenthaten zu thun, um einen Rang zu erlangen, zu dessen Erreichung er nebenher es nicht an Tausend Kunstgriffen und Ränken fehlen ließ. Diesen Trieb zur Kabale hatte unser Walter längst vorher an ihm entdeckt, ehe er ihn in der Geschichte von Odos Befreyung noch deutlicher kennen lernte, und dieser Trieb war es eben, den unsers Helden edles ofnes Herz eines Ritters unwerth erkannte, und warum er von jeher geglaubt hatte, Terrikus stünde als Tempelherr nicht an seinem rechten Orte.

Nun hatte der Ritter von Tremelai endlich den Posten erreicht, nach welchem er so lange gestrebt hatte; Macht, Ruhm und Hoheit war sein, und er nahm sich vor, diese Güter in vollem Maaße zu genießen, und sie zur Erlangung eines noch größern Guts, des schwelgerischen Vergnügens zu gebrauchen, welches eigentlich die Hauptgottheit seines Herzens war.

Er war nicht sobald in seiner neuerlangten Würde befestiget, als er Gerharden, dessen Redlichkeit er traute, ob er ihm gleich als Walters Freund von Herzen feind war, die Beschützung des unruhigen Postens zu Akkon überließ, seine übrigen Ritter, so vortheilhaft er konnte, im Lande herum vertheilte, um der Macht der Sarazenen Einhalt zu thun, und nebst denen von den Brüdern, welche seine Lieblinge waren, und mit ihm einerley Göttin, das Vergnügen anbeteten, nach Jerusalem zog, wohin ihn schon lange die Einladungen Sybillens und des Patriarchen, und des Grafen von Flandern, seiner Freunde, gelockt hatten.

Schon geraume Zeit lebte er daselbst, berauschte sich in tausendfachen Freuden, verschloß seine Augen gegen die wachsende Gefahr, und brauchte für die Klagen der Bedrängten, die doch zu Zeiten vor seine Ohren kamen, Palliative, die nicht im Stande waren, das Uebel aus dem Grunde zu heben. –

but as Theodoric was not without personal courage, he soon distinguished himself sufficiently to reach the point of his wishes, the government of his Order.

Walter, as has been before related, knew the true character of this Knight, and therefore had little esteem for him.

Theodoric had attained, in the Grand Mastership of his Order, the final object of his wishes; but he valued his wealth, and its attendant power, only as means to gratify his predominant propensity, that of voluptuous gratification.

He had thus no sooner attained his dignity, than he abandoned to Gerard de Ridese the defence of the fort of Ackron.

He distributed the bravest of the Knights throughout the adjacent country, as a bulwark for the city against the progress of the Saracens.

Such of the Knights as preferred the pursuits of pleasure to those of glory, he took as his own immediate companions, and departed for Jerusalem. They were here received as they could have wished by Sybilla, the Queen, by the Patriarch, and by Count Philip.

The Court and city immediately became a scene of general luxury. Every one was equally intoxicated with this excess of pleasure. In the noise of feasts and dances the progress and even existence of Saladin were forgotten.

Er glaubte in seiner erhabenen Stelle so fest zu sitzen, daß ihn nichts aus der derselben verrücken könnte, demohngeachtet fühlte er einen kleinen Schauer, als er Walters Namen hörte, der sich bey ihm melden ließ, und noch mehr als er ihn mit einem Gefolge, und mit einem Anstand eintreten sahe, welcher ihm zeigte, daß er sich nicht vor ihm fürchtete, und daß er es nicht würde wagen dürfen, das Geringste von dem, was er sich während seiner Abwesenheit ausgesonnen hatte, öffentlich wider ihn vorzunehmen; er hielt es für das Beste, seine alte Maske der Freundschaft wieder vorzunehmen, und empfieng ihn mit offenen Armen.

Walter hatte von jeher ein majestätisches Aussehen, welches nur zuweilen durch einen Gedanken an seine unbekannte Geburt ein wenig niedergeschlagen ward; jetzt da er sich als den Sohn eines Königs kannte, da er wußte, daß er zum Beherrscher einer Landschaft bestimmt war, die er weder gegen Philips Grafschaft, noch gegen Balduins wankendes Königreich hätte vertauschen mögen, jetzt fühlte er seine Größe doppelt.

Er gieng daher wie ein König, nichts war, das seinen Muth niederschlug, und er nahm Terrikus Freundlichkeit nicht als Herablassung des Großmeisters gegen einen seiner Ritter, sondern als Huldigung an, die der Herr von Tremelai dem Sohn des Königs von England schuldig war. –

Walter setzte sich dem Großmeister gegenüber, beyde schwiegen lange, bis endlich unser Held das Wort nahm, und anstatt daß Terrikus ihn hätte über die Geschäfte, die Walter in Europa ausgerichtet hatte, befragen sollen, so foderte dieser Rechenschaft von ihm wegen des verwirrten Zustandes in Palästina.

Es wurden viele Worte über diesen Gegenstand gewechselt, bey welchen Walter aber, um den Großmeister vor seinen Rittern zu schonen, und die vorgeschriebene Ehrerbietung gegen sein Oberhaupt nicht ganz aus den Augen zu setzen, immer in gewissen Schranken der Mäßigung blieb, Terrikus hingegen sich so sorgfältig hütete, unsern Tempelherrn nicht aufzubringen, daß man ganz friedfertig auseinander gieng.

Theodoric believed himself so well confirmed in his seat, that he had no fear that any thing could affect him. He thus saw nothing or little to dread in the victories of Saladin.

The arrival of Walter was a circumstance equally unpleasant and unexpected; but as he came attended with so considerable a force, the Grand Master was compelled to assume the mask to satisfaction, and thus receive him with apparent welcome.

Walter, however, received the compliments of the Grand Master with an air of dignity: he considered as an homage which Theodoric owed to the son of the King of England.

He felt now, for the first time, the proud spirit of his father animate his mind; he felt a portion of that spirit which distinguished the illustrious and royal Henry. Whilst ignorant of his birth, the titles of Earl of Flanders or King of Jerusalem might have awed him; but now the obscurity of his birth was dissipated, he considered himself, perhaps with youthful vanity, as superior to both.

He took his seat by the side of the Grand Master. They were silent for some time; but Walter at length demanded the cause of the evident decline of affaires at that time in Palestine.

Their conservation upon this subject was long and animated; but each preserved the moderation which suited their rank and character. Theodoric, on his side, carefully avoided every thing which might excite the indignation of the young Knight.

– Terrikus lud Waltern vor dem Abschiede noch zu einem Feste ein, welches diesen Abend bey der Königin sollte gehalten werden; Denn, sagte er, es ist nöthig, daß ihr euch bey ihr vorstellen lasset; ihre Macht ist bey der Minderjährigkeit ihres Sohnes groß, und wir dürfen es auf keine Weise mit ihr verderben; ihr sehet, daß ich mich selbst mehr nach den Sitten dieses Hofes bequemen muß als mir vielleicht der strengsten Beurtheilung nach geziemet, und als mir selbst angenehm ist.

Bey Endigung dieser Worte warf er einen beschämten Blick auf seine Kleidung, welche zwar die gewöhnliche Ordenstracht, aber so unendlich verfeinert und verziert, so ganz nach höfischen, fast mögte ich sagen nach frauenzimmerlichen Geschmack eingerichtet war, daß man dem, der sie trug, die Begierde zu gefallen, - bey einer Dame würde man es Coquetterie nennen – deutlich anmerkte.

Walter warf einen Blick auf die Kleidung des Großmeisters, erröthete für ihn, und entfernte sich mit seinem Gefolge, nachdem er auf wiederholte Bitte des Großmeisters versprochen hatte, diesen Abend bey Hofe zu erscheinen.

Siebentes Kapitel.

Der Hof zu Jerusalem.

Es kostete Waltern viel Ueberwindung sein Versprechen zu halten, und sich einer Person vorstellen zu lassen, von der er so viel gehört hatte, daß er so sie verachtete, und zu einer Zeit bey einem Feste zu erscheinen, da vielleicht seine Brüder in Lebensgefahr waren.

Konrad von Staufen und die zehn englischen Rittern, welche der Großmeister, um Waltern und ihnen zu schmeicheln, zum Andenken der Schlacht da sie das Kreuz retteten, den Namen Belfort beygelegt hatten, sollten seine Begleiter seyn. – Sie fühlten den nämlichen Widerwillen

114

They took leave of each other in terms of friendship; and the Grand Master invited Walter to an entertainment, which was to take place on that evening at Queen Sybilla's. „It is proper", he continued, „that you should be presented to her: she is possessed of great power; and, during her son's minority, it is necessary we should maintain a friendly intercourse. You perceive that I conform more to the manners of that Court than perhaps I ought."

In speaking thus, he pointed to his habit, which was indeed that of his Order, but so loaded with foreign ornaments, and of a stuff so costly, that they could no longer recognise it as that of a man who belonged to an Order which was bound to vows of poverty.

Walter blushed for the Grand Master, and departed; but not until he had assented to his repeated entreaties of visiting the Court that evening.

Chap. VII.

The Court of Jerusalem.

It was not without many efforts that Walter could persuade himself to keep his promise. He had consented with repugnance to this introduction to a Queen for whom he experienced nothing but contempt. Nor would the natural generosity of his mind suffer him to enjoy those feasts and splendours of a courtly life, which detained him from a participation in the dangers in which his brother were involved.

Conrad and the ten English Knights, his companions, participated in this aversion to the ruinous pleasures of the Court, and would have doubtless preferred the glories of the field of battle, to the frivolous luxuries of the palace.

vor der Ceremonie die ihnen bevorstand, wie unser Tempelherr, und manche von ihnen hätten vielleicht lieber einer Schlacht beygewohnt, als die Rollen gespielt, von welcher sie voraus sahen, daß sie selbe würden spielen müssen. Walter hätte vielleicht die ihm von Terrikus zur Audienz bey der Königin bestimmte Zeit vergessen, wenn nicht einer von Sybillens Kammerherrn gekommen wäre, ihn an dieselbe zu erinnern, und ihm und seine Rittern die gnädigste Aufnahme von ihrer Majestät zu versichern. Der Tempelherr hätte sich bald über diesen Ausdruck entrüstet, aber er besann sich, schwieg, und folgte Sybillens Abgeschickten mit seinem Gefolge in einiger Entfernung.

Man führte sie in das geheime Zimmer der Königin von Jerusalem, wo sie die Ritter von vielen Rittern umgebend sitzend erwartete. Ihr zwölfjähriger Sohn, der junge Balduin, saß zu ihrer rechten Hand, und Terrikus stand hinter ihr und hatte sich mit einer vertraulichen Art auf die Lehne ihres Stuhls gestützt. – Walter trat ein, und seine Erscheinung mußte sogar nicht mit dem übereinkommen, was Sybille erwartet hatte, daß sie wie vom Schrecken zusammen fuhr, und sich nicht enthalten konnte aufzustehen, und ihm einige Schritte entgegen zu gehen. –

Sybille war eine Dame von ohngefähr vierzig Jahren, die in ihrer frühen Jugend sehr schön gewesen seyn mußte, die auch jetzt noch Reize genug hatte, und dieselben durch die Künste des Putzes dergestalt zu erhöhen wusste, daß sie nicht nur gefallen, daß sie vielleicht manchen verblenden konnte. Walter ward nicht verblendet, er sahe hier weder eine Matilda, noch Rosamunde oder Hunberga; die Schönheit, welcher vor ihm stand, war von diesen dreyen so verschieden, als die Göttin der Freude von der ernsten Tugend, als sie den jungen Alcides im Traum erschien und jener den Preis streitig machen wollte. Unser Held würde wie jener gewählt haben, wenn von einer Wahl die Rede gewesen wäre; jetzt da es nur auf ein flüchtiges Kompliment ankam, machte er dasselbe so kurz, und auf solche Art, daß die Königin merkte, daß der Glanz ihrer Schönheit von ihm gar nicht bemerkt, vielweniger gefühlt würde. Sie trat mit einem verdrüßlichen

116

Whilst they were in this uncertainty, a messenger arrived from the palace. They overcame their repugnance, and followed him.

They were immediately introduced to the royal apartment. The Queen was seated, and surrounded by the ladies of her Court: the young Baldwin, her eldest son, was at her right hand; Theodoric was behind her, leaning with courtly elegance upon the elbow of the sofa. The dignity with which Walter approached, and the grace of deportment with which he presented himself, appeared to make a great impression upon the Queen. She could not conceal an emotion of surprise; and contrary to the established custom of the Court in the reception of such as were not of royal rank, she arose, and advanced a few paces to receive him.

The Queen was as yet in the prime of life: she had been peculiarly beautiful in her more early youth, and the greater part of her charms still continued. Walter himself, in despite of his prejudices against her, acknowledged the influence of her beauty: with the exception of the portrait of his mother, and the image of his Matilda, as engraved upon his imagination, he thought he had never before seen a more lovely woman.

How powerful is the influence, how predominant the secret sympathy which are excited by the perfection of personal beauty! Walter but a few moments before despited the Queen: he now would have defended her from the slightest insult even at the risk of his life!

Sybilla appeared flattered, and it must be confessed not without reason, with this homage to her beauty. It was some moments before Walter could sufficiently recover himself from his emotion of sudden admiration.

Zurückwerfen des Kopfes von ihm hinweg, und winkte einer ihrer Damen, Walter zu erinnern, daß er sich nunmehr zu dem Könige wenden sollte.

Walter, der einen ziemlich großgewachsenen jungen Menschen zur Rechten der Königin wahrgenommen, und sogleich geschlossen hatte, daß es Balduin seyn würde, bedurfte dieser Erinnerung nicht, und würde Rede zuerst an ihn gerichtet haben, wenn ihm nicht Sybille zuvorkommen, und die erste Ehrenbezeigung von ihm gefordert hätte. – Er, der sich wohl erinnerte was er in einem Alter von zwölf Jahren gewesen war, wandte sich zu dem jungen Könige und redete ihn auf die Art an, wie man Könige anredete, bey welchen doch von Rechtswegen die Kindheit kürzere Zeit als bey gemeinen Personen dauern sollte. Balduin lächelte und schwieg. Walter setzte noch einige Worte hinzu, um seiner Majestät Zeit zu geben, sich zu besinnen, wenn dieselben seine Meynung etwa nicht recht sollte eingenommen haben, Balduin lächelte abermals und auf so eine unbedeutende kindische Art, daß Walter sich kaum eines mitleidigen Achselzuckens erwehren konnte, und sich vielleicht gar vergessen und auf eine verächtliche Art von ihm hinweggedreht haben würde, wenn nicht die Königin, welche sich von ihrer gekränkten Eitelkeit wieder ein wenig erholt hatte, das Wort genommen, und Waltern eingeladen hätte, nicht allein diesen, sondern alle folgende Abende Theil an den Lustbarkeiten des Hofes zu nehmen.

Hierauf erhub sich seine Majestät, und bot ihrer Frau Mutter auf eine galante Weise den Arm, sie in den großen Saal der Versammlung zu führen. Die Königin gieng mit einem gnädigen Blick vor Waltern über, den er nicht verstand, obgleich die Worte deutlich darinnen lagen: Du bist zu schön um deine Eroberung so leicht aufzugeben.

Ihr folgte, von Terrikus geführt, die erste ihrer Hofdamen, welche auf unsern Tempelherrn einen durchdringenden Blick warf, der von ihm erwiedert ward, weil er in ihrem Gesichte eine Menge

The beauty of Sybilla, like that of Armida, was indeed of the most dazzling splendour: its characteristic was rather lustre than that gentleness which usually constitutes female beauty.

Upon recovering himself from his surprise, Walter perceived, with some confusion, that he had overlooked the young King. His attentions should doubtless have been first paid to the Sovereign; but the oversight was to be imputed rather to the Queen, who had advanced to receive his compliments, than to himself. He now endeavoured to repair this error: he addressed the King in a speech equally eloquent and suited to the occasion of his visit to Jerusalem.

The King had been educated in a manner which ill suited his royal dignity: he made no replay, therefore, to a speech which he did not understand.

Walter was indignant at this seeming contempt. The Queen, however, dissipated his anger by a gracious smile, and an apology for the silence of the King, which at once satisfied Walter, and concealed the weakness of her son. She requested that Walter would continue to frequent the Court during his abode at Jerusalem.

The King now arose, and presenting his hand to his mother, led her from the apartment. As she retired, she cast a look upon Walter – a regard of equal meaning and emotion, though our Knight was not sufficiently versed in Courts and women to understand it.

The Knights of this age, indeed, were far different from those of the same rank in the present day; and though there were doubtless many exceptions, there was a greater purity of manners than in our own times.

The Lady of Honour, to whom Theodoric had presented his hand, regarded the son of Rosamond with a look of equal expression; but which,

bekannter Züge entdeckte, von denen er nicht wußte, wem sie gehörten. – Als hierauf die andern Damen und ihre Führer das Zimmer gleichfalls verlassen hatten, folgte auch Walter mit seinen Rittern.

Walter hatte den Hof zu Marseille, und den noch größern, noch glänzendern zu Rouen gesehen; aber an keinem von diesen beyden war ihm so große Pracht vorgekommen, als er hier auf einem einzigen Saale beysammen sah. Er erstaunte, und es kann seyn, daß dieses Erstaunen nicht allein durch das, was ihm in die Augen fiel, sondern durch einige Nebenideen die er damit verband, verursacht wurde. In Frankreich und zu Marseille herrschte überall Ueberfluss und tiefer Friede, und die Fröhlichkeit nebst dem Reichthum, der an den dasigen Höfen herrschte, war also dem an angenehmen Gegenstände gewöhnten Augen nichts Unerwartetes. Aber hier, mitten unter Feinden, in einer Stadt, aus welcher man rund umher keinen Weg von etlichen Meilen machen konnte, ohne auf das äusserste Elend zu stoßen, hier einen solchen Anblick zu haben, das war für Waltern etwas Unerwartetes, etwas Erschütterndes. Er wäre lieber gleich wieder umgekehrt, Thränen traten ihm in die Augen, es ward ihm zu Muthe wie dem Prinzen aus Dänemark, als er das ferne Geräusch von dem nächtlichen Feste des Königs hörte, welches bis an den traurigen Ort erschallte, wo er stand, um Dinge zu hören, die jeden Tropfen seines Blutes zu Eiß machen, jedes seiner Haare empor sträuben sollten. So war es unsern Waltern. Das Getön der festlichen Freude, das ihn umgab schallte ihm wie aus tiefer Ferne, und das Bild des Elends, das in der Nähe von Jerusalem herrschte, stand vor ihm, groß und schrecklich wie der Geist vor Hamlet. –

Er war indessen genöthigt sich Zwang anzulegen, und das Schauspiel der Thorheit, an welchem er keinen Theil nehmen wollte, wenigstens eine kurze Zeit vor seinen Augen zu dulden. – Die Königin welche ihn nicht aus den Augen ließ, ließ sich soweit herab, ihn selbst zu unterhalten, und zu versuchen, ob sich ihm nicht einiger Geschmack an dem Tone, der hier herrschte, beybringen ließ. – Seine Antworten auf ihr artiges Geschwätz,

from his inexperience in the gallantry of a Court, he was equally embarrassed to understand. But the features of this lady were not unknown to him, though he could not at the moment recall them to his mind.

Upon entering the ball-room, it is impossible to describe the astonishment with which he was affected by the splendour of the Court: every thing that he had seen at Marseilles and Rouen sunk to nothing in this comparison with superior splendour. The misery of the country admidst this profusion of the Court, presented a contrast which could not be pleasing to a mind so well cultivated as was that of Walter. It was thus that he endeavoured to mark the difference between the Court of Jerusalem and those of Marseilles and Rouen.

„In the latter", said he within himself, „the riches of the country are reflected in the magnificence of the Court: and where all his subjects are happy, who can repine at the happiness of the Prince to whom they owe their opulence? – But how different is the situation of the Court of Jerusalem! The country is at this moment a prey to the Infidels; the city is menaced by the late victories of Saladin. In this general poverty, what means this courtly luxury? Is it not an insult to the people, that the enjoyments of their Princes should thus increase in the same proportion with the misery of their subjects?"

Impressed with these thoughts, Walter could regard the scene before him with no emotion but disgust.

He was compelled, however, to repress and conceal this emotion, and support at least with tranquillity, a scene which he secretly despised.

His restraint, however, gave an air of gravity to his countenance, which the Queen Sybilla observed; and which, as she was much prepossessed with his

waren ihrem Urtheil nach so albern, daß sie durch nichts entschuldigt werden konnten, als durch die Schönheit dessen, der sie aussprach. Sie fand so viel Geschmack an seiner Gegenwart, daß sie sich vielleicht über die schlechte Unterhaltung, die sie bey ihm fand, würde hinweggesetzt, und den ganzen Abend bey ihm verweilt haben, wenn sich Waltern nicht so sehr vergessen, und von dem angefangen hätte zu sprechen, was jetzt seine ganze Seele beschäftigte, und wofür man zu Jerusalem so gefliessendlich die Augen verschloß.

– Was für eine Unhöflichkeit, einer artigen Dame, einer Königin an einem Tage der Freude etwas von Unglücklichen zu sagen, deren Jammer sie lindern, oder von Gefahren, denen sie noch mit einiger Aufopferung entfliehen könnte! Mit einem Blicke voll Unmuth und Verachtung stand Sybille auf, und wandte sich zu Terrikus, gegen den sie ohngefähr eben das Urtheil über Waltern fällte, das die Prinzeßin Alice über ihn gefällt hatte, als er ihre Gnade nicht zu schätzen wusste. Er ist ein roher ungesitteter Mensch, ein Barbar, ein Ungeheuer, sagte sie, welches Terrikus mit einem triumphirenden Lächeln, und einem hoch auf Waltern herabgesenktem Blicke beantwortete.

Die Königin hatte sich so sehr bemüht, Walters Aufmerksamkeit während sie bey ihm saß, allein auf sich zu heften, daß er bisher nur flüchtige Blicke auf die übrige Gesellschaft hatte werfen können, und daß es ihm ganz unerwartet war, als er den Patriarchen auf sich zu kommen sah. Daß Heraklius in Jerusalem war, wußte er zwar aber den heiligen Mann an diesem Orte zu finden, wer hätte das denken sollen? – Seine Gegenwart an einem so weltlichen Orte, war indessen nicht das einzige was unserm unerfahrnen Tempelherren auffiel, seine Kleidung reizte sein Erstaunen noch mehr. Was soll ich von derselben sagen? Meine Leser erinnern sich, auf was für Art, wie wir im vorigen Kapitel erwähnt haben, der Großmeister des Tempelordens seine Ordenstracht mit der weiblichsten weibischen Mode zu verbinden wußte, und wir dürfen also nur sagen, daß Sankt Heraklius ihm diesen Kunstgrif vollkommen abgelernt, vielleicht ihm noch zu einen höhern Grade der Vollkommenheit gebracht hatte.

personal graces and majesty of deportment, she spared no efforts to dissipate. Walter, however, was now wholly involved in his own thoughts.

The Queen perceived his inattention; and, initated at a neglect which she seldom experienced, and which, to confess the truth, her superior beauty did not merit, she turned from him in disdain. The Grand Master saw her emotion, and appeared secretly pleased that Walter was thus in disgrace.

The Queen had scarcely left Walter to himself, when his astonishment was increased by the sight of the Patriarch, the last person in the world whom he could have expected to have seen in such a place. The superb habit of the Patriarch, which, instead of the episcopal simplicity, was embroidered with oriental pomp, still further augmented this surprise. Upon seeing Walter, he exclaimed, with an air of satisfaction. –

Wie? Mein geliebter Sohn! Redete der Patriarch den Tempelherrn an, ihr seyd wie ich höre, schon den Tag zu Jerusalem, und euer Herz hat euch noch nicht zu euren Vater, euern alten treuen Reisegefährten getrieben? – Habt ihr mir sogar nichts zu sagen? Wie stehts um unsere Angelegenheiten in Europa, wie habt ihr den Zustand unserer Brüder hier im gelobten Land gefunden? Wie stehts zu Joppe, zu Akkon, zu Saphora? – Walter holte wie von neuen Athem, als er doch endlich von jemanden eine Frage hörte, welche von einigen Gefühl für Dinge von Wichtigkeit zeigte. Er warf einen freundlichern Blick auf den Patriarchen, als er ihm vielleicht in seinem Leben gegebenen hatte, und beantwortete alle seine Fragen so vollständig, und so wenig zuträglich für die gute Meynung, die man sich in Jerusalem von dem Zustand der Sache zu haben zwang, daß der heilige Mann anfieng unruhig zu werden, seinen Stuhl hin und her rückte, und endlich Walters Rede, welche wie ein Strom unaufhaltsam dahin floß, mit einem starken Räuspern unterbrach. –

Davon morgen, mein Sohn! fiel er ihm in die Rede, jetzt erlaubt mir, daß ich euch etwas näher mit der Gesellschaft bekannt mache, in welcher ihr seyd; ihr müßt wissen, daß ihr noch bey weiten nicht alle eure Freunde gesehen habt. Walter, welcher auf seiner Reise nach Jerusalem eine flüchtige Rede vernommen hatte, als ob Graf Reimunds Tochter aus Europa zu ihrem Vater wiedergekehrt wäre, und der eine so unerwünschte Sache nicht unmöglich fand, fühlte bey diesen Worten des Patriarchen sein Gesicht mit einer glühenden Röthe übergossen, sein Herz schlug stärker, und da wir immer nur gar zu geneigt sind, die Erfüllung unserer Hofnungen da zu vermuthen, wo sie am aller unwahrscheinlichsten ist, so stieg schnell der Gedanke in seiner Seele auf, er würde Matilden zu sehen bekommen. Willig folgte er der geführten Hand des heiligen Vaters, die ihn auch wirklich zu einer Dame brachte, aber zu keiner Matilde, sondern zu eben der, die ihm im Kabinet der Königin einen solchen durchdringenden Blick zuwarf, und deren Züge auch für ihn etwas Bekanntes hatte.

„Is it you, my friend? What happy wind has thrown you upon our shores?
– But speak, my friend, what news do you bring from Ackron, Joppa, and
Sapphora?

Or rather let us defer our conversation upon those matters to a time when
we shall be less interrupted. Permit me at present to introduce you to some
of our former acquaintances."

Walter had heard some reports during his voyage which had inclined him
to indulge a hope that the Count of Tripoli might have recalled his daughter; and as he could see nothing improbable in this report, the words of the
Patriarch excited the most lively emotions. How powerful is the influence
of hope in the earlier season of our life! Walter was at this moment animated with an expectation which, of all things in the world, was least
probable – he flattered himself that he was about to be introduced to
Matilda.

The Patriarch indeed led him to a female, but it was not Matilda: it was to
that Lady of Honour of whose features Walter had slight remembrance,
though he could not at the moment recall her name.

Gräfin, sagte Heraklius, kennt ihr diesen jungen Mann? – Es ist eben der, der in dem Hause eurer Schwiegermutter der Gräfin von Flandern so viel Wohlthaten genoss, und sich dem ohngeachtet hernach durch jungendliche Unbesonnenheit hinreißen ließ, seine Hand wider euren Gemahl aufzuheben. – Bedenket, daß wir Christen sind, und wendet eure Augen nicht von dem, welcher komt eure Freundschaft zu suchen. – Wir müssen vergeben, antwortete die Dame mit einem gedehnten Tone, indem sie Waltern den Rücken kehrte. – Unser Tempelherr, welcher in diesem Augenblick Remigiens verhaßtes Gesicht erkannte, erstarrte nicht so sehr über diesen Anblick, als über die beleidigende Art, mit welcher Heraklius die Kühnheit hatte, ihn diesem Weibe vorzustellen. – Wer erlaubt euch, sprach er indem er mit einem auf den Patriarchen geworfenen Blicke zurück trat, der diesen Mann hätte vernichten können; wenn er einiges Gefühl wäre fähig gewesen, wer erlaubt euch, mich denen vorzustellen die ich verachte, und da für mich um Verzeihung zu flehen, wo man dieselben knieend bey mir suchen sollte? – Walter sagte diese Worte so laut, daß Remigia sie noch hören konnte, und sie mit einem wüthenden Blick beantwortete, aber der Patriarch blieb bey seiner Gelassenheit. Fasset euch, mein Sohn! sagte er, und bedenket, daß ich ein Prediger des Friedens bin, und alles zur Besänftigung erbitterter Bemüther beytragen muß.

Walter entfernte sich und verließ die Versammlung mit Ungestüm, und Sankt Heraklius eilte zu Remigien, um sich mit ihr zu freuen, daß er sich sowohl an dem gerochen hatte, der ihm eine Viertelstunde vorher, durch die Stimme der Wahrheit so unsanft aus seinem Schlummer riß. Voller Unmuth kehrte Walter nach Hause zurück, wohin ihn bald der Ritter von Staufen und die Belforte folgten, – meine Leser erlauben mir, daß ich die zehn tapfern Engländer mit dem Ehrennamen benenne, den sie vorigen Tage vom Großmeister erhalten hatten. – Keiner von ihnen war mit dem Hofe zu Jerusalem zufrieden, und ein jeder hatte seine besondern Anmerkungen gemacht, welche, als sie zusammen getragen und allgemein erwogen wurden, unsern Rittern so viel Stof zu Gesprächen gaben,

126

„Countess", said Heraclius, „behold a former friend, Walter de Monbary, the eléve of Blanche! You have doubtless something to pardon him; but as we are all Christians, a mutual forgiveness is one of the first of the duties of our religion."

Walter turned away in disgust from this introduction; and that he might avoid any further interruption to his course of thoughts, retired from the apartment.

Heraclius and Remigie rallied his embarrassment with great wit.

Walter returned home indignant at what he had seen and heard, and was shortly followed by the ten English Knights, who, in memory of the day in which they had so much distinguished themselves, had obtained the name of the Belfords. They were all of them equally discontented with the air and most prominent manners of the Court. They were so occupied in conversation upon this subject, that it was already morning before they retired to their repose.

daß sie sich erst gegen den Morgen trennten und zur Ruhe giengen; daher kam es, daß, ehe unser Walter noch aufgestanden war, sich schon ein Abgeschickter vom Patriarchen in seinem Vorzimmer meldete, mit einer dringenden Einladung, den heiligen Vater sogleich zu besuchen.

Unser Held hatte wenig Lust zu diesem Gange, und würde ihn, nach dem, was gestern vorgegangen war, wahrscheinlich nie gethan haben, Auf Zureden Konrads bequemte er sich indessen nach Heraklius Bitte, und beschloß auch nochmals zum Großmeister zu gehen, und zu versuchen, ob sich es heute vernünftiger mit ihm sprechen ließ als des vorherigen Tages. Das Anbringen des Patriarchen war nichts als eine Entschuldigung wegen des gestern Vorgegangenen, und eine Bitte, seinem Ungestüm doch ein wenig Gränzen zu setzen, sich keine Feinde zu machen, seine wahre Meynung zu verhehlen, die, so gut und edel sie seyn mögte, doch hier kein Eingang finden würde, sich ein wenig nach dem herrschenden Tone zu bequemen, und was der höfischen Klugheitsregeln mehr waren, die Walter mit Stillschweigen übergieng, sich schnell zur Hauptsache wendete und von dem Endzweck seines Daseyns, von der Beschützung des Landes, der vortheilhaften Vertheilung der mitgebrachten Völker, und der Demüthigung der Sarazenen zu sprechen anfieng. Aber der heilige Vater hatte Geschäfte, hofte ihn des Abends bey Hofe wieder zu sehen, und verwies ihn an Terrikus.

Walter fand den Großmeister eben so freundlich wie gestern, und eben so wenig geneigt etwas Vernünftiges, zu Sache dienendes zu sprechen; nur dieses führte er ein, daß die Königin sehr großen Wohlgefallen an seiner Ankunft zu Jerusalem hätte, daß sie wünschte, er mögte mit seinen Völkern die Beschützung der Hauptstadt auf sich nehmen, und daß sie, um ihm hierüber das Nöthige zu sagen, sehr wünschte, daß er sich diesen Abend wieder bey Hofe einfinden mögte. –

Scarcely had Walter awoke, when he was summoned to the Patriarch.

After what had passed the preceding evening, our hero was not a little inclined to neglect this pressing invitation; and would doubtless have done so, had not Conrad reminded him of the superior dignity of the Patriarch.

The Patriarch received him with an air of the greatest satisfaction. It was his secret purpose to compensate for what had passed the preceding evening. He added an apology for his presence at the Court balls, and for a levity of manners apparently inconsistent with the sanctity of his office.

„We live in a world", said he, "where it is necessary to sacrifice much to opinion. If we would wish to do good, we must consent to preserve our influence by participating in harmless pleasures."

Walter listened to these excuses with the respect which the rank of the Patriarch required, but was not deceived by the shallow sophistry. He now turned the conversation to the situation of public affairs; but this was a subject which of all others was most unpleasant to the Patriarch. He referred him therefore upon this point to the Grand Master.

Walter, impressed with the consciousness of the importance of this subject, paid a visit to Theodoric. The Grand Master, however, was equally involved in his pleasures, and equally anxious to exclude all thoughts which might disturb his tranquillity. By him, therefore, our Knight was again referred to the Queen.

„The Queen", said Theodoric", requires your counsel upon this subject: she flatters herself that you and your army will remain in the city, and secure it against any attack of Saladin."

Auf diese Art ward unser Tempelherr nicht allein diesen, sondern auch viele folgende Tage aufgehalten, ohne daß etwas in der Hauptsache gethan worden wäre; man bestrebte sich ihn und die Seinigen, durch die üppigsten verführerischen Lustbarkeiten zu verstricken. Königin Sybille bot alle ihre Reize auf, um Walters Herz zu besiegen, indessen die junge Isabelle, Sybillens Tochter, die Gemahlin eines gewissen Grafen Herfrand, bey den Ritter von Staufen die nämliche Rolle spielen mußte; die Belforte fanden unter den zahlreichen Schönen dieses Hofes gleichfalls ein jeder die Seinigen, die es auf sich nahm, seine wilde Tugend zu bändigen, und die Geschichte sagt, daß nicht alle von ihnen so unüberwindlich waren als Walter und Konrad. – Zu der Zeit, als nun Sybille, Heraklius und der Großmeister alle Stunden warteten, daß Walter und die Seinigen völlig zu ihnen übertreten, sich völlig in den Schlummer würden einwiegen lassen, der ganz Jerusalem bezaubert hatte, entschloß sich Walter plötzlich, daß er von keinem Aufschub mehr hören, daß er Terrikus nochmals um seine Entschlüsse fragen, und fielen diese nicht so aus wie er wünschte, sich schnell von Jerusalem entfernen, und zum Grafen Raimund von Tripolis ziehen wollte, welcher sich jetzt zu Tabaria aufhielt.

Das Gespräch welches unser Tempelherr mit dem Großmeister über diesen Punkt hielt, ist nicht wörtlich bis auf unsere Zeit behalten worden; die Geschichte sagt nur so viel, daß Terrikus Waltern, als er in ihn drang, zweyerley Vorschläge that : entweder mit seinen Völkern zu Jerusalem in müßiger Ruhe zu bleiben, und es zu erwarten, ob Saladin ihn daselbst aufsuchen und den Hauptsturm wagen würde, den man für unmöglich hielt; oder seine Kriegsleute rings um in das Land zu vertheilen, und allein zu Jerusalem zu bleiben, wo man, wie Terrikus sich ausdrückte, ihn so ungern vermisste.
Bedenket; Ritter von Montbarry! Setzte er hin zu, bedenket, wie viel ihr schon für das Beste der Christenheit gethan habt, ihr habt weder Mühe und Beschwerlichkeit, noch selbst euer Blut geschont, und was habt ihr dafür Lohn gehabt? Sprecht, ists nun nicht endlich einmal Zeit für euch, das Leben zu genießen, und wenigstens auf eine Weile euch zu erinnern, daß ihr ein Mensch seyd, welcher sowohl Anspruch auf die

Thus referred from one to another, Walter was compelled to lose many days in fruitless solicitation. The Court of Jerusalem was involved in a sleep, from which nothing could awaken them but the presence of Saladin at their gates. The Queen Sybilla and her daughter Isabella united their efforts; but their charms, however seducing, had not sufficient effect to obliterate in the generous mind of Walter that native love of glory which animated his heart.

But before he retired from the Court, and resumed the exercise of those duties which he justly considered to become him better than an enjoyment of the pleasures of an effeminate Court, he resolved to visit the Grand Master, and make still another essay to recover him to a due sense both of his duty and his danger.

The detail of this interview has not been transmitted to posterity, but it is related in the general annals of the Knights of Jerusalem, and that Walter could obtain no other answer from him, but that his apprehensions were fanciful; for that Saladin knew too well the strength of the city, and the courage of the Knights by whom it was defended, to venture an attack upon it.

Freuden der Welt hat, als ein andrer? – Glaubt mir, die Gefahren, die ihr euch vorstellt, sind nichts als eure eignen Hirngespinste. Saladin hat den Muth nicht sich bis nach Jerusalem zu wagen, und thut er es, so wollen wir ihn empfangen, wie er es nicht vermuthen wird. – Walter stand bey Endigung dieser Rede auf, rückte sein Schwert zurecht, und fragte, ob dieses sein endlicher Entschluß sey. – Ja, erwiederte Terrikus, und ich hoffe, ihr werdet euch erinnern, daß ihr dem Haupte eures Ordens Gehorsam schuldig seyd.

Ich erinnere mich, sagte Walter mit einer gleichgültigen Miene, was ich dem gemeinen Besten schuldig bin; auch weis ich wohl, daß meine Völker niemand als mir gehorchen werden, und daß ich sie überall selbst anführen will. – Eure Völker? Wiederholte Terrikus, – Ja, die Meinigen, sagte Walter, mir wurden sie von König Philippen anvertraut, und mir allein gehorchen sie, wie ich euch schon einmal gesagt habe; ein Drittheil derselben ließ ich zu Akkon, um diesen so wichtigen und so schlechtbesetzten Ort zu schützen; das andre Drittheil, lasse ich euch hier zu Jerusalem, ich denke ihr werdet ihre Hülfe bald nöthig haben, und mit den übrigen ziehe ich zu Graf Raimunden nach Tabaria, damit ihr hier zu Jerusalem ruhig schlafen könnt. – Terrikus getraute sich nicht dem mächtigen und entschlossenen Tempelherrn etwas einzureden, kaum wagte er es ihn zu fragen, unter wessen Befehl die Völker stehen sollen, die er zu Jerusalem zurück zu lassen gesonnen wäre. Konrad von Staufen, erwiederte Walter, soll mit ihnen zurück bleiben, und meine Stelle vertreten. Ritter! Sprach Terrikus in einem Tone voll verbissenen Unwillens, ihr vergeßt, wer ihr seyd und wer ich bin. – Und wo ist eure Macht, euch mir zu widersetzten? versetzte der andre; oder glaubt ihr, daß ich, wenn ich mich vergesse, gegen Odo, oder Andreas, oder auch selbst gegen Arnold eben so würde gehandelt haben? – Wir sind jetzt allein, und ich glaube, ich kann es euch ohne euch zu nahe zu treten, frey gestehen, daß ich nicht mit einem Großmeister, sondern mit einem weibischen Sklaven einer lasterhaften Königin zu sprechen denke. Wie es einem Ritter möglich war eine solche Beschimpfung ungeahndet zu lassen, weis ich nicht; genug, Terrikus übergieng sie mit Stillschweigen, vergaß aber nicht ihr Andenken, bis auf gelegene Zeit in seinem Herzen zu verwahren.

„I wish that it may appear so", said Walter. "I do not indeed doubt the courage of the Knights of my Order, but I regret that, in a moment like this, they can thus remain immersed in this fatal luxury. For my own part, my resolution is taken, I have already left a third of my army at Ackron; I shall leave another third of it at Jerusalem, and with the remainder shall pass into Tabaria, to join Count Raymond. I repeat, my Lord, that the situation of the Christian affairs is such as will not admit this indolent enjoyment of the pleasures of a Court. We must awaken from our lethargy, or the united industry and courage of Saladin will put an end to our Christian empire. Farewell, my Lord! I can no longer reconcile it to my conscience to remain an indolent spectator of the triumphs of our enemies! – Conrad de Stauf will take the command of that part of my army which I shall leave at Jerusalem."

Achtes Kapitel.

Neue Züge zu dem Bilde der unvergleichlichen Königin Sybille.

Walter machte Anstalten zum Aufbruch seiner Völker, und würde ohne Zweifel gleich des andern Tages die Stadt verlassen haben, wenn sich nicht plötzlich das Gerücht ausgebreitet hätte, daß Graf Raimund des andern Tages daselbst eintreffen würde. – Walter hatte zu viel von diesem großen Manne gehört, er wußte zu gut, daß er der Einzige unter diesem verblendeten Volke war, mit welchem sich Dinge von Wichtigkeit, berathschlagen ließen, als daß er nicht um seinetwillen seine Abreise hätte aufschieben sollen. Zu ihm zu reisen war eigentlich sein Vorsatz; wie glücklich also für ihn, daß er ihn so unerwartet zu sprechen bekommen sollte. –

Daß er Matildens Vater war, kam jetzt kaum in Anschlag, denn sein Schicksal hatte jetzt wieder so eine Periode herbey geführt, da die Liebe von andern wichtigern Dingen fast ganz aus seinem Herzen verdrängt war. – Nur in der Einsamkeit, nur im Traume, stieg zuweilen das Bild seiner Geliebten schnell vor seiner Seele auf; aber er, welcher sich bewußt war, was Gedanken von dieser Art für eine Gewalt über sein Herz hatten wenn er sie zu mächtig werden ließ, riß sich mit Heldenmuth von denselben loß, hatte Entschlossenheit genug, sich jetzt sogar die Betrachtung des Gemähldes zu versagen, das ihm Hunberga von Raimunds Tochter gab, und war mehr als einmal im Begriffe, es Konraden eben sowohl aufzuheben zu geben, als er ihm das Bild und die Briefe seiner Mutter anvertraut hatte; doch blieb es hierinnen immer beym bloßen Entschlusse. –

CHAP. VIII.

New Traits in the Character of Sybilla.

Walter had now made every preparation for his departure. He was about to lead his troops from the city, when a sudden report was spread that the Count of Tripoli was expected in the city on the following day.

The chief purpose of Walter in his abrupt departure from Jerusalem, was to unite his army to that of the Count of Tripoli: nothing, therefore, was more to his satisfaction than to be thus anticipated by the arrival of the Count himself. Though he had no personal acquaintance with this venerable Knight, his high reputation for valour, and wisdom matured by experience, gave Walter room to expect that he would find in him at least one who would participate in his anxiety in the situation of the Christian affairs, and would not prefer the enjoyments of a Court to that glory which was the more suited enjoyment to a Christian Knight.

In these reflections he forgot, or at least little considered, that the Count was the father of Matilda: his mind was so wholly occupied with the duties which he considered as attached to his Knighthood, that in this danger of the common cause, he forgot the interest of his love. Walter indeed had one of those minds which appear given by Heaven to its peculiar favourites – a mind formed for command, and impelled towards greatness as its proper element.

Die Ankunft des Grafen von Tripoli, welche Waltern so erwünscht war, hatte auf die Gemüther Sybillens, Terrikus, und des Patriarchen eine ganz entgegen gesetzte Wirkung. Die Königin scheute sich vor dem, der mit ihr die Vormundschaft des jungen Königs theilen sollte, und der allemal ein strenger Tadler ihrer Handlungen gewesen war. Heraklius und der Groß-meister, fühlten gleichfalls in seiner Gegenwart einen gewaltigen Zwang; ein jeder seiner Blicke strafte das, was sie thaten, und oft ließ er es nicht bey strafenden Blicken bewenden. Sie waren nicht im Stande die Wahrheit zu widerlegen welche aus seinem Munde sprach, und zu schwach, ihn auf andere Art Stillschweigen zu gebieten. Das einzige, was sie thun konnten, war, daß sie ihm durch ihre Lässigkeit, mit der sie die Sache der gemeinen Sicherheit trieben, Gelegenheit zu öftern Abwesenheiten gaben, weil seine Gegenwart bald an diesem bald an jenem Orte des Königreichs erfodert ward, wenn nicht alles zu Grunde gehen, alles in Saladins Hände fallen sollte;

Da Walter seit einigen Tagen nicht mehr nach Hofe kam, so hätte er nichts von dem Empfange des alten Grafen daselbst gewußt, wenn nicht dieser ihm zuvorgekommen, und ihm den ersten Besuch gegeben hätte.

Es waren kaum einige Stunden nach seiner Ankunft in Jerusalem verflos-sen, als er sich bey unserm Walter melden ließ, und ehe er noch die Ant-wort seines Abgeschickten haben konnte, in sein Zimmer trat.

Ritter! sagte der edle Greis, ich hörte von eurer Gegenwart in dieser Stadt, und beschleunigte darum meine Ankunft. Wir brauchen eure Hülfe, und es ist nöthig, daß ihr sogleich mit euren Völkern aufbrecht. Saladin naht sich mit großen Tagesreisen der Gegend von Tabaria, wo wir jetzt unsere Hauptmacht zusammen gezogen haben, und demohngeachtet ohne eure Hülfe vielleicht würden unterliegen müssen, da man hier sogar nicht darauf denkt, meine Bemühungen zu unterstützen. –

Man urtheile, wie Waltern bey diese Anrede zu Muthe ward, und wie

The Queen and Court dreaded the arrival of the Count of Tripoli as much as Walter wished it: – his virtues, his very deportment was indeed a satire to the effeminacy of the Court of Jerusalem. The Count, moreover, was joint guardian with the Queen of the infant King, and she was hence justly jealous of his presence.

The Count no sooner came, than having heard of the previous arrival of Walter, he hastened to his apartment.

„Chevalier", said he, addressing him as he entered, „I was informed of your arrival, and have hastened to Jerusalem with no other purpose than that of seeing and consulting you. Saladin continues to approach Jerusalem; and our Court, insensate to the danger which impends, still continues to sleep, nor will ever awaken from this dream of luxury and security, till the hand of God, in some signal calamity, shall teach them the fatal effects of the indulgence of Princes."

It has been well said by the eloquent writers of the wars of Jerusalem, that „there is a secret sympathy, an innate and mutual harmony, which attracts the minds of great man to each other."

Walter and the Count had scarcely seen each other, before each became

sich sein ganzes Herz gegen den aufschloß, der so überein mit ihm dachte, gleich starken Eifer für die gute Sache, gleich großen Unwillen über die Schläfrigkeit fühlte, welche hier alle Gemüther bezaubert hatte so oft es auf einen vernünftigen und heldenmüthigen Entschluß ankam. Drey Stunden vergiengen diesen beyden wie Augenblicke, in einem Gespräch, in welchem sie ganz ihre Gedanken gegen einander enthüllten, alle die Klagen vor einander ausschütteten, die sie mit so vielem Recht gegen die hiesige Lebensart zu führen hatten.

Ich komme jetzt von einer Unterhaltung mit der Königin, bey welcher ich fast gänzlich mit ihr gebrochen habe, sagte der alte Graf. Ihr habt den jungen König gesehen, dessen Vormund ich bin, und ich frage euch, ob ihr ihm das Alter von zwölf Jahren zugetrauet hättet, wenn man ihm dasselbe nicht an seiner Statur ansehen könnte? Schon bey Lebzeiten des Königs, seines Vaters, eiferte ich über die weibische Erziehung die man ihm gab; aber dieser ließ sich von seiner Gemahlin beherrschen, und ich ward nicht gehört. Nach seinem Tode drang ich, als sein ernannter Vormund mit mehrerem Ernst auf Verbesserungen in seiner Erziehung, und kam endlich dahin, daß man sich die Anstalten, die ich hierinnen machte, gefallen ließ. Bey meiner Abreise nach Tabaria, ließ ich mir beynahe eidlich von Sybillen versprechen, daß sie nichts in meinen Verfügungen ändern, ihm keinen der Lehrmeister nehmen wollte, die ich ihm zugab, ihn nach und nach zu ritterlichen Uebungen gewöhnen, und ihn vornämlich von den Affenspielen ihrer Hoflustbarkeiten, hinweglassen wollte; und nun urtheilet, wie mir zu Muthe war, als ich jetzt zur Königin kam, und sie mir auf die Frage nach ihrem Sohne, ein junges Mädchen vorstellte, das ich mit großem Erstaunen ansah, und endlich mit Mühe den jungen Balduin in dieser Kleidung erkannte.

sensible of this truth; each was as much attracted to the other as if they had lived in the closest ties of friendship from their youth upwards; each disclosed to the other the most secret thoughts which were harboured in their minds; each lamented that insensate infatuation which appeared to have possessed, as if with magic power, the Court of Jerusalem; each concurred with the other in an opinion that the Patriarch was more suited to any office than the one he had held; each united in a reproof of equal severity upon the unworthy conduct and unsuitable manners of the Grand Master.

„I have but this moment left the apartment of the Queen“, said the Count of Tripoli to Walter, „and have almost resolved never again to enter it. It is impossible to restrain our indignation at her shameful neglect and unworthy education of her son. I need not say that the will of the late King appointed me joint guardian of the present with his mother. I have ever, in my presence at Court, discharged this office with the anxiety and care which its importance requires; but the Queen has ever availed herself of my absence to revert to a plan which she has adopted herself, that of educating her son rather as an Oriental Monarch than as a Christian Prince. Upon my departure for Tabaria, I compelled her to promise, and almost with the solemnity of an actual oath, that she would not remove the tutors under which I have placed the young King, and more peculiarly those whom I had selected to instruct him in the exercises of chivalry: I refused to leave her till she had given me, in the presence of the Patriarch, a solemn promise to this effect. Judge my surprise, after this promise, at an incident at the palace this morning. After a short visit to the Queen, I demanded to see the King. The Queen replied, with one of those smiles which might have effects upon younger hearts – 'You will not know him, my Lord.' – Then turning to one of her attendant ladies, she commanded her to summon him to her apartment; –'and at the same time,' said she „let the Princess Zafrida attend me. – My Lord,' said she, 'are you a judge of female beauty?'

„I replied that I was indeed a far better judge of any thing else. – 'But who is this Princess Zafrida?' said I; 'for I do not even remember her name.'

Der Grimm in den ich gerieth, ist nicht zu beschreiben; Bedenkt es selbst, mich so gehönt, meinen König in so einer unanständigen Gestalt, und mich so ganz, ganz in der Erwartung getäuscht zu sehen, die ich in dem Jahre da ich abwesend war hegte, bey meiner Wiederkunft an meinen Mündel, nur einige Besserung, nur einige Dämmerung von künftigen männlichen oder ritterlichen Eigenschaften zu finden. –

Ich weis nicht, was ich zu diesem Anblicke gesagt habe; die unsinnige Königin und ihre Weiber suchten mich zu begütigen, und schrien mir alle mit einem Munde zu, wie ich doch um so eine Kleinigkeit so viel Aufsehens machen könnte, die ganze Sache sey ja nichts als eine Verkleidung zu einem höchst sinnreichen Schauspiele, das ich diesen Abend mit ansehen, und die Talente des jungen Balduin bewundern sollte. Die Talente eines Schauspielers, eines Weibes bewundern? Sie an einem Könige bewundern? sagte ich, oder soll ich nicht vielmehr das Schicksal dieses jungen Sardanapals beweinen, der, ehe er ein Mann wird, seinen Feinden in die Hände gerathen, und ihnen dereinst durch kein ander Mittel als einen unrühmlichen Tod wird entfliehen können? – Ich weis nicht, ob mich das unverständige Gewäsche Sybillens nur halb so sehr geärgert haben würde, so unaufhaltsam es auch zu ihrer Vertheidigung aus ihrem Munde strömte, als die Thränen, in welchen ihr heldenmüthiger Sohn sich badete, und in welchem die andern Weiber ihm treulich Gesellschaft leisteten.

Sybille, die den Ernst sah, mit welchem ich redete, und welche wußte, daß ich meinen Drohungen Kraft geben könnte, versicherte mich, daß ihr Sohn nicht so unerfahren in Dingen wäre welche seinem Stande gemäß sind, und wollte schlechterdings, daß ich ihn mit ins Feld nehmen mögte. Aber ich habe mir diese Ehre verbeten. Balduins verzärtelter Körper, würde nicht den Marsch eines Tages aushalten können, und wenn wir ihn gleich in dem sanftesten Wagen mit uns führten, und ein halbes Duzend Hofdamen zu seiner Bedienung mit uns nähmen.

'I know not,' replied the Queen, 'whether I am right in thus calling her a Princess; but I know that her beauty merits the richest throne which the world has to offer, and that her birth is equal to that of the King of Jerusalem. I really think they would make a suitable match; for, to confess the truth, they are something alike. But you shall give me your opinion: and behold, here comes the Princess!'

„As the Queen said this, an elegant girl entered the room, and curtsied with a grace which I have never seen exceeded. On regarding the features of her face, I thought they were not so strange to me as they had at first appeared. I looked at her again; the attendant ladies began to titter, and I recognised, with indignant emotion, the person of the young King in that of the feigned Zafrida. The Queen endeavoured to appease me by that raillery which she so well understands; but I refused to listen to her courtly wit, and was about to retire without an answer, when the young King and all the ladies of the Court burst into tears, and endeavoured to detain me by the skirts of my garment.

This spectacle still further irritated me, and I left the palace. The Queen pronounced me a barbarian, not to be moved with the tears and beauty of the young King. You may guess whether these arguments had any success. – Such, in a word, is the young King of Jerusalem, at a period when he is about to be emancipated from his guardians, and assume in his own hands the government of his kingdom! Alas! what must we expect from a King like this?

„You will smile when you hear that his mother has since sent a messenger to me, that her son is equally ready and ardent to attend me in the ensuing campaign against Saladin. I replied only with an enquiry whether his Majesty was to accompany me as a woman or a man. I have received no answer, and thus flatter myself that I shall be rid of their impertinent raillery.

Aber ich hoffe wir werden durch eure Hülfe mit Saladin bald fertig werden, und dann will ich nicht von Jerusalem weichen, bis ich aus meinem Mündel nur einigermaßen einen Menschen gezogen habe. –

So schloß sich die abentheuerliche Erzählung Graf Raimunds, welche Walter mit Erstaunen angehört hatte. Man machte sich des andern Tages nach Tabaria auf den Weg, nachdem man sehr kaltsinnig von der Königin und ihren Kreaturen Abschied genommen, und Raimund Sybillen noch einige Warnungen, so wie Walter dem zurückgebliebenen Konrad von Staufen noch einige Verhaltungsbefehle ertheilt hatte.

Raimund und Walter giengen mit solchen starken Tagesreisen fort, daß sie die Gegend von Tabaria einen halben Tag eher erreichten als Saladin. Er führte sein Heer in Person an, und obgleich seine Gegenwart sonst allemal den Seinigen den Sieg mitbrachte, so war er doch diesesmal nicht im Stande, zween solchen Helden wie die christlichen Anführer waren, die Waage zu halten; er ward gänzlich aus dem Felde geschlagen, und seine Person würde vielleicht selbst in Gefahr gewesen seyn, wenn seine beyden Ueberwinder, welche die Grausamkeit ihrer Glaubensgenossen kannten, nicht selbst für einen Mann gezittert hätten, welcher keinen Fehler hatte, als daß er ihr Feind, daß er ein Sarazene war.

Das siegreiche christliche Heer, brachte die Nacht auf dem erstrittenen Schlachtfelde zu. Raimunds Herz hieng nach dem, was er an diesem Tage von Walters Thaten gesehen hatte, ganz an diesem jungen Helden, und er war ebenfalls im Umgange des Grafen von Tripoli so glücklich, als nur ein

Away, therefore, with this subject, and let us come to one which is nearer to our hearts. You need not be told how the conduct of the Court, and the pernicious example of the Prince, have affected the Christian cause, and that the victories of Saladin have kept pace with the increasing degeneracy of our Order: – in a word, the singular courage and undoubted great talents of the leader of the Saracens, menace our empire with ruin; and unless our Order awaken from its lethargy, Jerusalem will not long remain a kingdom. Let us therefore lose no time; let us unite our forces, and, soliciting the blessing of Heaven upon a cause so peculiarly its own, let us march against this General of the Infidels, this victorious Saladin!"

Having thus addressed Walter, and explained his purpose, the Count of Tripoli led him into the public square, where Walter was somewhat surprised to see his own soldiers already drawn up in array.
„This rendezvous", said the Count, „is by my command. We have nothing further to do but to put ourselves at their head, and without delay march towards Saladin."

In a word, Walter, accompanied by the Count and his army, immediately commenced their march, and on the following day reached Tabaria. They here met the army of Saladin. This General had hitherto carried almost every battle where he had fought in person.

He was now, however, defeated, and the Count of Tripoli did not hesitate to ascribe the victory to the courage and skill of Walter. Every one regarded him with equal admiration.

Sohn im Umgange des edelsten, würdigsten Vaters seyn kann. Ach! ihn einst Vater zu nennen, ihn durch Matilden Vater nennen zu können, das war ein Wunsch, der an diesem Abende nach erfochtenen Siege tausendmal aus seinem Herzen über seine Lippen gehn wollte, ohne daß er es gewagt hätte, diese Gränzen zu überschreiten. Nicht einmal getraute sich Walter Raimunden zu fragen, ob das Gerücht von der Anwesenheit seiner Tochter in Palästina gegründet sey; welches er doch ohne allen Verdacht, ohne alle Verletzung seiner Pflichten hätte thun können. Mathildens Name wurde gar nicht unter ihnen genennt. Graf Raimund wußte entweder nicht, daß Walter seine Tochter kannte, oder es war in den damaligen Zeiten nicht Sitte, daß Väter ihrer Töchter im Gespräch mit jungen Rittern gedachten, und der Tempelherr konnte sich, ich weis nicht aus was für einer seltsamen Blödigkeit, nicht überwinden, die Unterredung zuerst auf sie zu bringen.

Man beschloß des andern Tages, sobald der Abend einbräch, und die unleidliche Hitze, welche unterschiedliche des Volks mehr angegriffen hatte als das feindliche Schwert, sich nur ein wenig gelegt hätte, nach Jerusalem aufzubrechen. Aber Graf Raimund ward durch einen seltsamen Zufall von einem so schnellen Aufbruch abgehalten. Des andern Tages, da die Sonne mit ihren senkrechten Strahlen brannte, langte eine Person im Lager an, auf welche, so unbedeutend sie auch vor sich selbst war, doch für die Einwohner zu Jerusalem, und also auch für Graf Raimunden vieles ankam, und um derentwillen er also genöthiget war, seinen Plan zu ändern.

Die weise Königin Sybille, um Graf Raimunden von den ritterlichen Talenten ihres verzärtelten Sohns zu überzeugen, hatte den unseligen Einfall gehabt, den jungen Balduin in eine schwere Rüstung zu stecken, und ihn bald nach der Abreise seines Vormunds nach Tabaria, unter einer sichern Begleitung von funfzig Mann eben den Weg nehmen zu lassen, um daselbst, wo nicht an der Schlacht, doch an den Lorbeern des Siegs Theil zu nehmen. Sie bedachte nicht, oder wollte nicht bedenken, daß sie schon einen Sohn auf diese Art verlohren hatte, und niemand in dem großen mit weisen Männern gefüllten Jerusalem war, der Sybillen den ganzen Unsinn,

144

It was resolved to depart, and return to Jerusalem on the following day; but an occurrence, as singular as unexpected, prevented the execution of this purpose.

The Queen Sybilla had been piqued with the reproaches of the Count Raymond: she resolved, therefore, to convince him of the military talents of the young King. Having arrayed him in armour, which he was unequal to support, she sent him to the camp, attended by a suite of about fifty of the young courtiers. The appendages of his journey, indeed, seemed better adapted to any thing than to an enterprise thus perilous: with the exception of his armour, he was rather arrayed as a hunter than a warrior.

As Sybilla, however immersed in luxury, did not want discernment, and was possessed of a judgement not unfrequently penetrating, it may appear

der in diesem Einfall lag, demonstrirt hätte. Was nutzte dem Heere die Anwesenheit eines Menschen, der an Verstand und Kräften noch weit mehr als an Jahren ein Kind war? Wie war es ihr möglich, wenn sie nur halbe Muttergefühle hatte, ihren Sohn, der für jedes Lüftgen empfindlich war, den Gefahren des Weges, der Ermüdung, und dem brennenden Strahl der morgenländischen Sonne auszusetzen? – Zudem, eine Begleitung von funfzig Mann, wie unanständig für einen König, wie gefährlich in einem Lande, wo man überall von Feinden umringt war? Warum foderte sie nicht den Ritter von Staufen mehrere Völker ab? und überhaupt, was wollte sie mit der ganzen Kavalkade ausrichten? Raimunden zeigen, daß Balduin eben sowohl eine Rüstung als ein Mädchenkleid tragen konnte? Mehr gewiß nicht. Und um so eines elenden Zweckes willen das Leben eines Sohnes, eines Königs zu wagen? – Wir erzürnen uns, indem wir schreiben über das thörigte Weib, das so handeln konnte, und sind nicht ungeneigt, den Urtheilen Glauben beyzumessen, welche über diese That nachher so häufig sind gefällt worden, und die unsere Leser errathen werden, ohne daß wir nöthig hätten, sie ihnen zu sagen.

Balduin ward mit seiner ansehnlichen Begleitung vor Raimunden gebracht, welcher über diese Erscheinung in solche Wuth gerieth, daß, so gut er auch sonst war, nicht viel gefehlt hätte, daß es die Begleiter des Königs nicht hätten entgelten müssen, sie waren indessen lauter Leute von der niedrigsten Klasse, und man mußte ihre Entschuldigung, den Willen der Königin, dem sie zu wenig waren sich zu widersetzen, gelten lassen. –

Der junge König ward sogleich entwafnet; er ward ohnmächtig als man ihm die schwere Rüstung abzog. Diese ungewohnte Tracht und die heiße Witterung, welche wohl einen stärkern Körper hätte zu Grunde richten können, wären schon schwer genug gewesen ihn dem Grabe nahe zu bringen, aber um ihn vollends aufs Aeusserste zu entkräften, war er die ganze vorige Nacht mit den Seinigen irre geritten, und am Morgen unter einen Trupp flüchtiger Sarazenen gerathen, denen er mit Mühe, und bloß durch die äusserste Anstrengung seines abgematteten Pferdes entgangen war; seine Leute folgten ihm mit verhängten Zügeln, und holten

a subject of some surprise that she could be thus blind to the natural weakness of her son, and could imagine that a King like him was suited to the perils of war. But of what folly is not maternal prejudice capable? Is it not a still more reasonable subject of surprise that at Jerusalem, and in her Court, no one should be found who could advise her against a purpose equally useless and ridiculous? What could possess her mind with the idea that a youth, educated like the King of Jerusalem, was suited to meet the sword of the all-destroying Saladin. One of the ladies attendant upon her own person, would have been a General equally respectable. The apparent imprudence, or, in the words of a cotemporary writer, the evident madness of such an act, from any motive of good, suggests a suspicion that she actually anticipated the event, and considered it as an occurrence which her interest required.

However this may be, the army had scarcely raised their camp upon the following morning, when the presence of the King excited their general astonishment; and in despite even of the respect which was due to majesty, a general propensity to ridicule prevailed. But if this was their first emotion, the condition of the young King soon changed it into that of pity.

The weight of his armour, concurring with the heat of the weather, and the fatigue of his long journey, had brought a fatal disease upon him.
A few leagues before he had reached the camp, he was compelled to effect his escape from one of the scattered troops of the Saracen cavalry. With some difficulty he made his way into a wood. Heated with his flight, and an incipient but secret fever raging in his veins, he was tempted to drink of a frozen spring. The fatal effects of this imprudence was almost immediate. He was found by his attendants an a state of insensibility, from which he was not recovered without the greatest difficulty. Such was the state in which he was brought to the camp.

ihn endlich an einer Quelle ein, so er seinen Durst eben mit einem Trunke löschte, welcher ihm bey der tödtlichen Erhitzung, in der er war, nothwendig Gift seyn mußte.

Raimund liebte sein Mündel, und hatte bey weiten noch nicht alle Hofnung aufgegeben, dereinst einen König aus ihm zu ziehen, und man stelle sich also seinen Schmerz vor, als er den armen Knaben so dem Tode nahe, vor sich liegen sah. Er raufte sein graues Haar, nannte Sybillen eine Kindermörderin, und überließ sich einem Schmerz, der ihn beynahe unfähig machte, die nöthigen Anstalten zu Balduins Rettung zu treffen. – Walter vertrat indessen seine Stelle, sorgte dafür, daß der junge König zu Bette gebracht und der Sorge der Aerzte überlassen ward; sie zuckten die Achseln und besorgten ein hitziges Fieber, welches zu überwinden sie die Kräfte des Jünglings für zu schwach hielten. Raimund konnte sich nicht entschließen den Kranken zu verlassen; er bat Waltern, allein nach Jerusalem zurück zu kehren, und durch seine Gegenwart zu verhüten, daß der Tod des Königs, dafern er erfolgen sollte, keine nachtheiligen Folgen für das Beste der Christenheit nach sich zog.

Der Tempelherr langte an Sybillens Hofe an, und entledigte sich der Aufträge, die ihm Raimund an sie gegeben hatte, und die nicht die freundlichsten waren, ohne die mindeste Schonung. – Die Königin hörte die Nachricht von der Gefahr ihres Sohnes mit sehr wohlanständigen Thränen an, beklagte seine unglückliche Reise, ohne daß sie gestehen wollte gefehlt zu haben, indem sie ihm dieselbe zumuthete, und schrie Rache über den grausamen Grafen von Tripoli, welcher von dem zarten Könige mehr verlangt hätte, als sein kindisches Alter leisten könne, und durch seine Härte allein an dem Untergang ihres Sohnes schuld wäre.
Urtheilet selbst, sagte sie zu Waltern, was wäre nun dem unglücklichen Balduin besser gewesen, in Frauenzimmertracht ein Schauspiel aufführen helfen, oder in der Rüstung eines Helden ohne Noth und ohne Vortheil sein Leben zusetzen?

It is impossible to express the indignation which the Count Raymond experienced upon this spectacle: he cursed the equal folly and vanity of the Queen. The young King was conveyed to his bed, and the most skilful physicians summoned to his assistance. Raymond could not persuade himself to leave him in this state; but, fearing the final event of the malady, and its effects upon the populace of Jerusalem, he commanded Walter to depart for that city, and prepare the public mind for an event which the physicians presaged to be approaching.

Walter obeyed without delay; and upon his arrival in Jerusalem, reproached the Queen with the fatal effects of her imprudence. Sybilla, true to her natural character, shed abundance of tears, called herself the most miserable of women, and solicited the vengeance of Heaven upon the head of Count Raymond, to whom she imputed the death of her son.

Walter ergrimmte über die Boßheit, mit welcher sie ihre Schuld auf Raimunden wälzen wollte, und stellte ihr mit ziemlichen Nachdruck vor, daß nicht er, sondern ihre rasende Unbesonnenheit schuld an Balduins Untergang wäre; aber es war unmöglich etwas Vernünftiges mit ihr zu reden, sie blieb auf ihrer Behauptung, daß Raimund an allem schuld sey, und wer ihr zuhörte, mußte den Grafen von Tripoli für den härtesten Tyrannen, und sie für ein Muster mütterlicher Liebe halten.

Walter ward endlich so aufgebracht, daß er sie ohne Abschied verließ, und wahrscheinlich gleich nach Tabaria zurück gegangen seyn würde, wenn ihn nicht Raimund so dringend gebeten hätte, zu Jerusalem zu bleiben, und durch seine Gegenwart alles Unheil zu verhüten. – Dieses Letzte zu leisten war er indessen zu schwach. Raimund hatte zu mehrerer Sicherheit des Königs, Walters Völker zu Tabaria behalten, und unser Held war nur mit wenigen Dienern in die Hauptstadt gekommen,, wo er zwar noch unter Konrads Anführung einen guten Theil seines Heers liegen hatte, aber demohngeachtet gegen das, was wir bald hören werden, nichts ausrichten konnte.

Des andern Tages nach Walters Ankunft breitete sich das Gerücht von Balduins Krankheit aus, welchem gar bald die Nachricht von seinem Tode hinzugefügt wurde. Die daraus entspringende Unruhe war unbeschreiblich. Das Volk fieng an auf einen neuen König zu denken, einige stimmten auf Herfranden, den Gemahl von Isabellen, Sybillens Tochter, einige auf den Fürsten von Tyrus, Konrad von Montferrat, andere auf den Fürsten von Antiochien, die Meisten aber auf die Mutter Balduins, die unvergleichliche Sybille, welche sich, ich weis nicht wodurch, bey dem Volke sehr beliebt gemacht hatte. –

Walter und Konrad von Staufen waren beschäftigt, ihre Kriegsleute auf jeden Fall, der sich begeben könnte, fertig zu halten,   und durch

Walter regarded her with mute astonishment.

"Yes", continued she, "it was only the reproach of that traitor which induced me thus to trust my son to the dangers of the war! It was only to reply to his reproofs of the effeminacy of the King, that I suffered my son to follow his natural inclination, and attend his armies in person. The Count of Tripoli is the traitor to whom every thing must be imputed; he expected of my son what every one must have known to be beyond the power of the natural weakness of his constitution: the King has fallen a victim to the treachery of the Count Raymond!"

It is needless to say that Walter was irritated with this language: he left the palace with disgust.

Upon the day following his arrival, the news of the illness of the King was become public through the city, and was followed the day after by that of his death. Every thing was now faction and cabal. The general voice of the people was for the immediate election of a new King, and twenty were already pointed at as each best suited for this office; among whom were particularly mentioned Herfrand, the husband of Isabelle, daughter of Sybilla, the Prince of Tyr; and Conrad de Montferat, the Prince of Antioch. Others preferred Sybilla. Her profusion and natural candour had rendered her equally dear to the soldiers and the people; and the party of her rivals was effectually subdued by the general clamour of the populace and the soldiery.

Walter and Conrad spared no efforts to check this popular commotion; but with the few soldiers they possessed (their own only being such as they

ihre Macht die Entscheidung einer so wichtigen Sache wenigstens bis zu Raimunds Wiederkunft aufzuhalten. – Aber wie schon gesagt, sie waren gegen die vereinte Macht des Volkes zu schwach. – Sybillens Kreaturen, die sie in allen Ständen hatte, brachten noch, ehe es Abend ward, die getrennten Partheyen alle zu einem einmüthigen Schlusse, welcher durch das geistliche Ansehen des Patriarchen bestätigt wurde. Sybille ward zur herrschenden Königin ausgerufen, und durch eine Deputation vom Volke demüthigst ersucht, des Fördersamsten darauf zu denken, ihren verlassenen Unterthanen auch einen König zu geben, damit sich Jerusalem bis in die spätesten Zeiten ihrer und ihrer Kinder Regierung zu erfreuen hätte. – Walter und Konrad wurden in den geheimen Rath gerufen, wo die Königin mit dem Patriarchen, dem Großmeister und allen ihren Kreaturen versammelt war, man hatte die Gegenwart der beyden Tempelherren nicht verlangt, daß sie ihre Stimme zu etwas hätten geben sollen, sondern nur um der Feyerlichkeit beyzuwohnen, mit welcher Heraklius und Terrikus in ihren und des Volks Namen, Sybillen das Königreich erblich zusprachen, und vorgedachte Bitte an sie wiederholten, deren Erfüllung die Königin mit vieler Huld versprach sich angelegen seyn zu lassen. –

Walter und Konrad verließen mit Unwillen die Versammlung, und eilten Graf Raimunden Nachricht von dem, was in Jerusalem, wahrscheinlich noch bey Lebzeiten seines Mündels vorging, zu geben – Es vergiengen unterschiedliche Tage, ehe sie Nachricht aus Tabaria erhielten, in welcher Zeit bey Hofe tausend Kabalen geschmiedet wurden, indem ein jeder der einigen Einfluß in die Staatssachen hatte, befließen war, Jerusalem einen König, und Sybillen einen Gemahl zu geben.

Diejenigen, deren Absichten das meiste Gewicht hatten, waren unstreitig die Königin selbst, der Patriarch und Terrikus, und gleichwohl dachte keins von diesen dreyen sonst so einigen Personen in diesem wichtigen Punkt überein. Der Großmeister, welcher ziemliches Wohlgefallen an Sybillens herbstlicher Schönheit und eine heiße innige Liebe zur Krone

could rely upon), they could scarcely flatter themselves that they could restore tranquillity, and still less that could retard the election till the arrival of the Count: – in a word, the party of Sybilla, by means of the cabal of herself and her courtiers, became so predominant, that the pretensions of her rivals were already proclaimed acts of treason. The resistance of our Knights was unavailing: the union of the populace and the soldiery carried every thing before it. She was at length unanimously proclaimed Queen; and a deputation from the soldiers, and another from the people, invited her to make an immediate choice of a husband, that Jerusalem might be governed by her posterity.

Walter and Conrad were called to the Council which the Queen held upon this election. They perceived, however, that they had been summoned less for the purpose of giving their advice, than of witnessing the solemnity with which the Patriarch and Grand Master invited Sybilla to accept an hereditary crown, and consent to the wishes of her faithful subjects in the immediate choice of a husband.

She consented to accept the crown, and promised a speedy compliance with the wishes of her subjects.

„The interests of my people", said she, „will always be first at my heart: I can readily sacrifice myself to promote the general good."

Conrad and Walter sent a messenger to Raymond, to inform him of what had passed. The messenger was not yet returned. The city was now divided into contending factions: each was desirous of imposing its peculiar idol as a husband to Sybilla, and a King to Jerusalem.

Nothing could have been doubtless more flattering to the ambitious Theodoric, than his elevation to royal dignity; no one therefore sought it with more zeal, and, in despite of his age, no one flattered himself with more sanguine expectation that he should obtain the object of his wishes.

von Jerusalem hatte, wählte auf seine eigene Person.

Der Patriarch würde das nämlich gethan haben, wenn die hohe geistliche Würde, die er begleitete, ihn erlaubt hätte, auf weltliche Ehrenstellen zu denken, und wenn er geglaubt hätte, Sybille, die er eben nicht sehr mehr liebte, könne durch eine irrdische Verbindung mehr sein Eigenthum werden, als sie es bereits seit langen Jahren, in geistlicher Liebe war. – Da es dem heiligen Vater also nicht einfallen konnte selbst König zu werden, so sann er wenigstens darauf, einen Menschen in diese Stelle einzuschieben, welcher nach der Weise der Könige von Jerusalem leicht zu regieren wäre, und der sich gern mit dem Titel abfinden ließ, ohne eben darum die Rechte der königlichen Würde zu verlangen.

Seine Wahl war schon fast völlig auf einen gewissen Veit von Lusignan gefallen, welcher alle erforderlichen Eigenschaften eines Königs von Jerusalem in so reichem Maaße hatte, daß man geschworen hätte, er müsse in gerader Linie von den Balduinen abstammen, demohngeachtet war er nichts als ein gemeiner Edelmann, der nichts weiter thun konnte als die Stelle eines Hofjunkers auszufüllen, und der ohne seine Talente, die ihm die Natur zu der Würde gegeben hatte, die ihm der Patriarch zudachte, nie den geringsten Anspruch auf eine Krone hätte machen können. Er war sehr groß von Person, und sehr blond, stammelte und lispelte ein wenig, hatte ein wenig Verstand, so viel als man brauchte eine Hoflustbarkeit anzustellen, oder derselben beyzuwohnen, so viel Witz als nöthig ist über das Bonmot eines andern, das man nicht versteht, zu lachen, so viel Muth als dazu gehört, dem Feinde bis auf eine halbe Meile entgegen zu gehen und dann zu fliehen, nebst einem überschwänglichen Antheil von Biegsamkeit, Gelehrigkeit und guter Laune, welche fast durch keinen Unfall, keinen Schimpf und Beleidigung zu unterdrücken war. –
So war der Mann beschaffen, den Heraklius zu Jerusalems künftigen König bestimmte, und wir werden sehen, ob das Schicksal seiner Wahl beypflichtete.

Heraclius would doubtless have entertained the same purpose, as his ambition was in nothing inferior to that of the Grand Master; but as the rules of his Pontifical Order could not permit him to think of obtaining the crown for himself, he resolved to exert himself to exalt one to that dignity, who, owing his elevation to him, would ever be grateful to him as his benefactor.

With this purpose, he threw his eyes upon the Viscount de Lusignan, a character well suited to his purpose. He was a young man of a most agreeable person, and as such, was not ill suited to the known taste of Sybilla. He was the best personage in the Court to preside at a gala, and no one exceeded him in the talent of courtly conversation. He had as much wit as courage, and so much of both, that he might be reputed brave and brilliant so long as he was not put to the test. Nothing could be more admirable than the address with which he performed all the services which the gallantry of that age considered as due to the ladies: he was, in a word, one of those whom half the Court despised, and the other half envied and admired.

Such was the person whom the prudent policy of Heraclius had selected as a husband to Sybilla, and as a King for Jerusalem. It must be confessed that, however defective for any other purpose, he was admirably adapted for that of Heraclius.

Sybille, welcher die Wahl eines Gemahls mehr am Herzen lag als irgend jemand, hatte ihre Augen auf einen ganz anderen geworfen, als den übrigen nur in den Sinn kam. Terrikus gefiel ihr recht wohl zum Liebhaber, aber nicht zum Gemahl. Mit Veit von Lusignan tändelte sie so gern, und mit noch wenigerer Furcht als mit ihrer Meerkatze, weil er ein viel unschädlicheres Geschöpf war als diese; aber seine Talente zur königlichen Würde wollten ihr nicht einleuchten.

Ganz anders waren ihre Gesinnungen gegen Waltern; so schlecht und verdorben auch ihr Geschmack seyn mögte, so konnte sie ihre Augen doch nicht gegen seine Verdienste verschließen. Der Stolz und die Verachtung, mit welcher er ihr begegnete, vermehrte ihre Leidenschaft für ihn eher, als sie selbige verminderte, und die Hofnung daß der Glanz einer Krone, die sie ihm jetzt anbieten konnte, im Stande seyn würde ihn zu blenden, verleitete sie, alle Mittel anzuwenden, ihn nur erst zu einer geheimen Unterredung mit ihr zu bringen, da sie denn ihrer Schönheit und ihrer Ueberredungskunst schon so viel zutraute, ihn zur Einwilligung in ihre Wünsche zu bewegen.

Es war kein kleines Unternehmen Waltern zu bereden einen geheimen Besuch bey einer Person zu machen, die er so sehr verachtete, als Sybillen, ihn, der von Natur einen Abscheu vor allen geheimnißvollen Gängen und Anschlägen hatte, ihn, der dieselben doppelt verabscheuen mußte, wenn eine Person von den Sitten der Königin Antheil an denselben hatte. Sie und ihre Bedienten mögen am besten wissen, was für Mühe und vergebliche Wege es ihnen kostete, ehe sie Waltern dahin brachten sich zu einer Privatunterredung bey ihr einzufinden, auch ist mir nie kund worden, welche Beweggründe oder welche Zaubermittel kräftig genug waren, seinen Entschluß nicht zu kommen, zu erschüttern.

156

It has been observed, however, with equal justice and knowledge of nature, that women esteem none so little as those who, by dedicating themselves exclusively to their service, sacrifice every thing to the attainment of their good opinion. Sybilla was in this respect true to the principles of her sex.

CHAP. IX.

Accession of the new King.

Such were the cabals and continued intrigues in which the Court and its different factions in the city were involved. No one amongst the various parties acted his part with more ingenuity, and more apparent effect than the Patriarch. The effect, however, was only apparent. Sybilla, in becoming a Queen, had not ceased to be a woman. True to the natural levity and spirit of coquetry of her sex, she alternately encouraged the rival pretensions of all parties; and Lusignan and the Grand Master flattered themselves with equal hopes of being the object of her choice, and the future King of Jerusalem.

The intention of the Queen, however, was very different to what these Knights conjectured it: she had no sooner seen Walter, than, with the natural rapidity of her mind, she resolved to select him as the husband of her wishes.

This purpose, however, could not be executed without the greatest difficulty; for Walter held the person of the Queen, and manners of the Court in equal contempt. Even to obtain an interview, the Queen was under the necessity of pretending to require his opinion upon business of state.

Ich weis nur so viel, daß dieser so sehr gewünschte Besuch weder zur Zufriedenheit des einen noch des andern Theils ausschlug. Walter kam voll Unmuth und Zorn in seine Wohnung zurück, und Ihro Majestät befanden sich des andern Tages vor Aergerniß so krank, daß sie kaum so viel Kräfte hatten den Großmeister zu sich kommen zu lassen, und ihm einen Auftrag an unsern Tempelherrn zu geben, welcher darinnen bestand, er solle Jerusalem je eher je lieber verlassen, und sich nie wieder daselbst blicken lassen. –

Terrikus, welcher nicht blind gegen die Neigung war, welche die Königin bey allen Gelegenheiten gegen Waltern bezeugte, war ganz entzückt über diesen Ausbruch ihres Zorns, von welchem er wohl merkte, daß er eine Folge verschmähter Liebe war, die ein Weib wie Sybille, nie verzeiht. Er glaubte die beste Zeit getroffen zu haben, wegen seiner Angelegenheiten in sie zu dringen, und sich ihr mit aller ihm eigenen Beredsamkeit zu ihrem König und Gemahl anzubieten; aber er irrte, und ward sehr unfreundlich empfangen. Er begieng die Thorheit ihr seine Muthmaßungen wegen Walters Grausamkeit gegen sie zu entdecken, und verschlimmerte damit seine Sache vollends.

Die Königin, um das Ansehen zu haben, als ob sie auf Waltern keinen persönlichen Unwillen hätte, ungeachtet sie ihn, wie sie sagte, aus Staatsursachen von Jerusalem verbannte, zog eine so beißende Parallele zwischen ihm und Terrikus, und setzte diesen in Vergleichung mit jenen so herab, daß der Großmeister sie mit einem Herzen voll Gift und Galle gegen unsern Helden verließ, und ihren Auftrag an ihn mit doppelter Bitterkeit ausrichtete, oder vielmehr, weil er es sich selbst nicht getraute, ausrichten ließ.

Nichts hätte unserm Tempelherrn erwünschter kommen können, als ein königlicher Befehl, der ihn von dem unangenehmen Versprechen lossprach, daß er Raimunden hatte thun müssen, bis zu seiner Ankunft in Jerusalem zu bleiben. – Was konnte er daselbst ausrichten? Sein Aufenthalt in dieser verlohrnen, verwahrloßten Stadt, diente zu nichts, als

History has not delivered to posterity the details of this interview. It is related, however, in general, that Walter left the apartment of the Queen with looks of anger; and that the Queen herself was so irritated, that she summoned the Grand Master to her presence, and commanded him to admit Walter no more to the Court, and to order him to leave the city.

Theodoric was not without that knowledge of nature which is acquired by long habits of intercourse with society. He was at no loss, therefore, to conjecture the true state of the Queen's mind; and as he hated Walter with as much sincerity as he loved himself, and with more than he loved the Queen, he employed every art to confirm her in her purpose. In this effort he succeeded so well, that the Queen became indignant that he appeared to hesitate to obey her.

Theodoric had no difficulty to find Walter: he had some, however, to conceal the joy with which he delivered to him the commands of the Queen that he should leave Jerusalem.
Walter joyfully promised an immediate obedience.

täglich neue Ausbrüche von Unsinn und Verblendung vor seine Augen und Ohren zu bringen, denen er keinen Einhalt zu thun, vermogte, da indessen seine Gegenwart an tausend Orten nöthig war, die seinen Schutz und seine Vorsorge besser verdienten als das undankbare Jerusalem.

Die Meynung der Königin war eben nicht gewesen nebst Waltern auch seine Leute aus der Stadt zu verweisen; sie sah es gern, von diesen Helden beschützt zu werden, und ihr Anführer, der Ritter von Staufen, der ihr nach Waltern besser als irgend jemand gefiel, hätte vielleicht in der Verlegenheit, in der sie um einen Gemahl war, gar die Ehre gehabt, von ihr einen ähnlichen Antrag wie sein Freund zu bekommen. –
Walter war indessen nicht gesonnen, so einsam wie Sybille wünschte, aus Jerusalem zu scheiden. Er machte sich mit allen seinen Völkern zum Aufbruch fertig, und kehrte sich nichts an die Gesandschaften, die man an ihn abfertigte, um ihn von diesem Entschlusse abzubringen. – Die Königin war ausser sich über die Fehlschlagung aller ihrer Entwürfe. Aufgebracht über Waltern, voller Unwillen über Terrikus, entschloß sie sich, um wie sie meynte, beyde recht zu kränken, ihre Hand so schleunig als möglich dem ersten dem besten zu geben, und dadurch zu zeigen, wie wenig sie die Verachtung des einen und die Liebe des andern achtete. –

Hätte wohl der Patriarch sich zu einer glücklichern Stunde als zu dieser bey ihr einfinden können? –
Er kam, er that seinen Antrag wegen des edeln Veits von Lusignan.
Sybille zuckte, schauerte ein wenig ob dem einfältigen Tropfen dem sie die Krone aufsetzen sollte, und – willigte ein, wozu, wie die Geschichte meldet, die geistlichen Zuredungen des heiligen Vaters, welcher ihr weitläuftig vorstellte, daß für eine Dame wie sie, allemal der einfältigste Gemahl für den größten Helden und Weltweisen zu wählen wäre, gewaltig viel beytrugen.

Sybilla expected that, although Walter should himself depart and take with him a part of his army and some of his officers, he would yet leave behind him that division of it which was commanded by Conrad.

Walter, however, informed the Queen that the army was his own, and that it had resolved to follow him wherever his fortune should lead him.

The Queen could not descend to request what she saw it was in vain to command: she replied, therefore, that she desired nothing but his departure. Walter commanded his troops to prepare for an immediate obedience. The Queen, thus disappointed, was for some moments at a loss in what manner to act. It was necessary, for the preservation of her new dignity, to select a partner with whom she might share the throne: it was equally necessary, for the gratification of her revenge and injured pride, that she should punish the heart of Walter with regret.

The Patriarch happened to visit her whilst in this state of suspense: he saw his opportunity, and resolved to seize it. He immediately exerted himself in recommending Lusignan as the most suitable of all the Knights, for a husband to Sybilla.

„If his birth“, said he, „be less splendid than your own, will not his elevation to the throne be proportionably greater? – and will not this greater gift upon your part be followed by greater gratitude upon his? Is it not much more pleasing to a generous mind, go give than to receive favours? Lusignan will ever consider you as the creator of his greatness, and will ever regard himself as nothing, till united with you in participation of the throne.”

Is it necessary to add that, in the present state of the Queen's mind, this

Walter verließ also Jerusalem, und hatte bey seinem Auszuge noch das Vergnügen, das Freudengeschrey des Volks über seinen neuerwählten König, den gerechten, den gütigen, den frommen, den weisen Veit von Lusignan zu hören. – Sybille hatte sich geirrt, er kränkte sich nicht, er lachte und hatte bey aller seiner natürlichen Ernsthaftigkeit, nicht so bald aufhören können, die poßirliche Figur zu belachen, die Veit in Regalibus machen würde, wenn ihm nicht ehe er eine Viertelstunde Weges über die Stadt zurück gelegt hatte, Graf Raimund mit seinen Leuten begegnet wäre, welcher auf Jerusalem zog, und mit seinem traurigen Blicke Walters Lust zum Lachen, auf einmal in finstern Ernst verkehrte.

Neuntes Kapitel.

Graf Raimund predigt mächtig wie ein Prophet, und wird belohnt wie Jerusalem von jeher den Propheten zu lohnen pflegte.

Raimund begleitete die Leiche des jungen Balduin nach dem Grabe seiner Väter, lange hatte der arme Jüngling gelitten, und endlich doch der Wuth der Krankheit unterliegen müssen. Wer vermag den Kampf zu beschreiben! „den Kampf des vollen Lebens im Aufblühn und der innigen Liebe zu diesen blühenden Leben, mit dem Tode, diesem Traum als ob wir vergiengen!" –

Umständlich erzählte Raimund Waltern die Geschichte von dem Tode des verwahrloßten Königs, und umständlich erzählte der Tempelherr dem Grafen alles, was bisher in der Hauptstadt vorgegangen war. Raimund erstaunte, daß der unglückliche Balduin schon so ganz von seiner Mutter und dem Volke vergessen war, daß er lange vorher vergessen worden war, ehe er die Welt noch wirklich verlassen hatte, denn nur wenige Tage waren erst seit seinem Tode verflossen, welche der Graf dazu angewendet hatte, dem Leichnam nur die erste Salbung geben zu lassen, damit man ihn vor

reasoning had its effects? In a word, she resolved that Lusignan should receive her hand and the crown of Jerusalem.

Walter had by this time left Jerusalem; but was scarcely advanced upon his journey, when he was informed that Lusignan had been accepted by the Queen as her husband, that the nuptials were already performed, and the city a scene of rejoicing. Walter smiled with the reflection upon the worthy choice to which the anger of the Queen had thus led her. His reflections, however, were interrupted by meeting with Count Raymond, who was leading his army towards Jerusalem.

Raymont was conducting the body of the young King to the tomb of his fathers. Nothing could be more melancholy than the interview between Walter and the Count.

The latter related to the former that nothing could be more painful than the disease of the young King; but that he had supported it throughout with a patience and fortitude, which proved that he was not naturally wanting in great qualities, if the effeminacy of the Court had suffered them to appear in action.

Walter, upon his part, related every thing which had passed at Jerusalem. Raymond listened with equal surprise and indignation.

„Alas!" said he, „does not the curse of Heaven still persecute the unhappy

der Fäulniß sicher nach Jerusalem bringen konnte, wo er völlig balsamirt und beygesetzt werden sollte. Raimunden graute vor dem Empfange den er mit seinem traurigen Gefolge an einen Ort finden würde, wo alles Freude athmete. Ein Schauer überlief ihn, wenn er sich Sybillen im königlichen Brautgewand und ihren ermordeten Sohn zusammen dachte; er meynte, der Leichnam würde anfangen zu bluten, wenn sie sich ihm nahte, denn er sowohl als Walter, und die meisten Personen der damaligen Zeit hiengen der Meynung fest an, daß der Körper des Ermordeten bey Annäherung des Mörders ein Zeichen von sich gäbe.

Der Graf von Tripoli trennte sich ungern von dem Tempelherrn; er versuchte es, ihn zum Umkehren zu bereden. Aber Walter war zu froh, von einem Orte hinweg zu kommen, wo es ihm so wenig gefiel, als daß er dahin hätte zurückkehren sollen. Ich gehe nach Akkon, sagte er, indem er Raimunden treuherzig die Hand drückte, daselbst könnet ihr mich finden, wenn ihr meine Hülfe nöthig habt. Die beyden Helden trennten sich, und ich bin zweifelhaft, welchen ich begleiten, ob ich meinen Lesern die kriegerischen Geschäfte des Waltern zu Akkon erwarteten, oder lieber das erzählen soll, was bey und nach Raimunds Ankunft, bey den Abderiten von Jerusalem vorging. Ich wähle das letztere, und verspreche mich kurz zu fassen, damit wir uns nicht lange von unserm Helden trennen mögen.

Eben das Volk, das vor wenig Stunden seinen neuen König den großen Veit von Lusignan mit der ausgelassensten Freude bis gen Himmel erhoben hatte, eben dasselbe empfieng nun die Leiche des jungen Balduin mit einem Klagegeschrey, und begleitete sie mit tausend Lobeserhebungen, welche eher auf den König Salomo glorwürdigsten Andenkens, als auf einen zwölfjährigen Abkömmling der Balduine gepaßt hätte, nach dem königlichen Palaste. –

Ein Kämmerling der Königin wurde herabgeschickt, um Graf Raimunden zu bitten, er möge die Ueberbleibsel seines Mündels nicht hieher, sondern gleich in eine Kirche oder an einen andern schicklichen Ort bringen lassen,

populace within these holy walls! It was here that the clamours of the people caused the death of the Saviour of the World; it was here that their unhappy obstinacy caused the city to be levelled with the ground, and for a moment changed the nature and celestial mildness of Titus himself; and it is here that, in the present period – a period when the sword of Saladin impends over our heads, and menaces the city with a destruction perhaps no less terrible than that of Titus, that the same populace have elevated Sybilla to the throne – a Queen who might rival an oriental seraglio in luxury."

Walter here took a farewell of the Count.

„I am going to Ackron", said he. „I shall there wait your orders, should you stand in need of my assistance."

The Count, as he approached the city, and heard the clamours of the populace, and the general rejoicing upon the elevation of Lusignan, reflected within himself how little suited was this festival to the mournful purpose with which he visited the city.

„Surely", said he, „the blood will gush from the dead body of the King when his corpse is thus received!"

The Count now entered the gates. The same soldiers, the same populace, who had but a few hours since made the city echo with their rapturous joy at the accession of Lusignan, received the body of their young King with an equal extravagance of grief.

The Queen sent a request by one of her attendants, that the Count would not bring the body within the courts of the palace, but would deposit it in the nearest temple. She moreover excused herself from seeing the Count,

auch mögte er der Königin verzeihen, daß sie jetzt schlechterdings nicht im Stande wäre, ihn vor sich kommen zu lassen; aber der alte Graf kehrte sich an nichts, ließ die Leiche in die untere Halle niedersetzen, und gieng ohne Umstände nach dem Zimmer der Königin, wo er sie in Gesellschaft des Patriarchen, des Großmeisters, und ihres würdigen Bräutigams antraf.

Meine Leser werden sich wundern, daß Terrikus nach seinem letzten Gespräch mit der Königin, und nach der Erwählung des edeln Veit von Lusignan zu ihrem Gemahl, sich bey ihr konnte finden lassen; aber sie kennen den Ritter von Tremelai noch nicht, wenn ihnen dieses seltsam vorkommen kann. Terrikus besaß eine wundernwürdige Gabe, Dinge zu vergessen, und als ungeschehen anzusehen, die er vergessen wollte; -Er dachte nicht mehr an die Sottisen die ihm die Königin gesagt hatte, um, wenn er daran dächte, nicht dadurch des Vergnügens ihrer Gesellschaft beraubt zu seyn. Daß Veit zum König erwählt und er übergangen worden war, das kränkte ihn weit weniger, als wenn Walter oder ein anderer Mann von Verdiensten diesen Vorzug vor ihm erhalten hätte, er freute sich vielmehr, da ihm nun einmal das Glück nicht günstig gewesen war, daß es die Krone einem solchen hirnlosen Kopfe aufgesetzt hatte, welcher schlechterdings andere für sich mußte denken und handeln lassen. Er sah schon im Geist die Rolle, die auch er bey seiner Regierung würde spielen können, und wünschte Veiten so herzlich Glück, daß man sich über sein gutes Gemüth verwundern mußte. – Sybille, welche seit den drey oder vier Stunden daß Veit ihr Bräutigam war, ihn unausstehlicher als jemals fand, freute sich, ihren beleidigten Liebhaber zurück kehren und in solcher Einigkeit mit ihren künftigen Gemahle zu sehen, und versprach sich daraus goldne Tage für die Zukunft. Heraklius war in einem tiefen Gespräch mit Remigien begriffen, und fühlte keine Eifersucht über die Süßigkeiten die sich die Königin wechselsweise von den beyden andern sagen ließ. –

In dieser Situation befand man sich in Sybillens Kabinet, als das Geschrey von der Ankunft der Leiche Balduins erscholl, welches keinen weitern

as she was occupied in business of importance, and could admit no one to her presence.

The Count listened to the messenger in disdain, and continued his way to the palace. He commanded the body to be rested in one of the lower courts; he entered the apartment of the Queen without ceremony or introduction, where he found her accompanied by the Grand Master, the Patriarch and her husband.

The Grand Master had been indeed somewhat disappointed that Lusignan had been preferred to himself; but as he was well acquainted with the nature of Courts and women, he had too much wisdom to resent what was now beyond the reach of remedy. With a policy which he had learned from the habits of a long life, he resolved to accommodate himself to circumstances; and as he could no longer repair what had occurred, to endeavour to turn it to the best advantage. The character of the King suited this purpose, and the Grand Master flattered himself that, through the good graces of Lusignan, he might at length rival the Patriarch.

It is impossible to describe the embarrassment with which they all regarded the Count Raymond upon his abrupt entrance into the apartment of the Queen.

Eindruck auf diese kleine Versammlung machte, als daß man geschwind einen Hofjunker mit den Befehlen an Raimund hinunter schickte, die wir gehört haben, und die von ihm so wenig geachtet wurden. –

Er trat unangemeldet ins Zimmer; Himmel! schrie Veit von Lusignan der ihn zuerst gewahr ward, Himmel! der Vormund der Könige von Jerusalem! Ich sagte Raimund, ich war der Vormund zweyer dieser Könige, und ich könnte es auch bey dem dritten seyn, da wie es scheint, dieses Scepter aus der Hand des einen Unmündigen immer in die Hand des andern kommen soll. Man wird euch dieser Mühe erheben, sagte die Königin, ihr wißt das Leben und das Glück eurer Mündel zu schlecht in Acht zu nehmen, als daß man sich nach eurer Vormundschaft sehnen sollte. –
Was auf diese unbesonnene Rede für eine Antwort folgte, ist leicht zu errathen.

Sybille, der Patriarch, Terrikus und selbst Veit waren anfangs kühn genug, den Donnerworten die aus dem Munde des alten Grafen giengen, ihr Geschwätz entgegen zu setzen, aber Raimund brachte einen nach den andern zum Stillschweigen, denn die Wahrheit war auf seiner Seite. Die Königin weinte, der Patriarch biß sich auf die Lippen und gieng mit großen Schritten im Zimmer auf und ab, Terrikus besahe den Grif seines Schwerts, und König Veit stand mit in die Höhe gezogenen Schultern und Augenbrauen, mit herabgesunkenen Händen und zitternden Knien, - genug, in einer Stellung in einem Winkel, als ob er alle Augenblicke fürchtete der Vormund von Jerusalem würde ihn mit einem Schlage für sein Mündel erklären, den sonst nie die Könige, sondern nur ungezogene Knaben zu bekommen pflegen. –

Endlich schwieg auch Raimund, lehnte sich auf seinem Sitz zurück, und betrachtete mit ineinander geschlagnen Armen und verächtlichen Lächeln die Verwirrung in die seine Zuhörer durch seine Worte gesetzt worden waren. – Wie sie da sitzen, stehen und gehen! rief er nach einer Weile, kann nur ein Einziges von ihnen ein Wort wider das, was die Wahrheit aus mir sprach, aufbringen? –

168

„The tutor of the King!" exclaimed Lusignan.

„Yes", replied Raymond, „I have been the tutor or preceptor of two Kings; and from the choice which I perceive the Queen to have made, I must presume that I am to become the preceptor of a third."

Sybilla replied to this taunt only by a torrent of female reproach. The Count listened in calm dignity and the Queen was by this indifference only further irritated.

„Is it thus", said she, „that I am braved in my own palace, and by a traitor who has already murdered my son?"

The Count thought it unnecessary to make any other reply to this charge, than a contemptuous smile. The fury of Sybilla now sought a vent in tears. The Count threw himself upon a sofa, and regarded her with indignation somewhat diminished.

Neither the Grand Master nor Patriarch took any part in the conversation. Lusignan only gazed and trembled.

Lebt wohl! setzte er hinzu, indem er aufstand, ich weis, daß alles was ich sagte, in den Wind geredet war, ich weis, daß ihr eure vergangenen Thorheiten und Unthaten sowohl als euer künftiges Unglück nicht sehen könnt und wollt, und ich trenne mich deswegen von euch und überlasse euch eurem Schicksal. Ich bleibe nur so lange zu Jerusalem, als ich Zeit zur Salbung und Beerdigung der Leiche des unglücklichen Balduin brauche. Niemand unter euch unterstehe sich, ihm zu seinem Grabe zu folgen. Unglück genug für ihn, daß er in seiner kurzen Lebenszeit von Thoren und Bösewichtern umringt war, die sein Herz verderbten, seinen Verstand verwahrloßten, und ihn dem Tode in den Rachen jagten; seine Asche müsse euch heilig seyn, und nicht durch eure Gegenwart verunruhet werden! Nur seiner Mutter sey es vergönnt, noch einmal die kalten Ueberreste ihres Sohns zu sehen, ob sich vielleicht ihr Herz über denselben erweichen, und Entschließungen fassen mögte, die ihrem Range und ihrem Alter anständig wären.

Raimund eilte zu dem Leichnam seines Mündels, und brachte die wenigen Tage, die er zu seinem Aufenthalt in Jerusalem bestimmt hatte, auf die Art zu, wie er im Zimmer der Königin gesagt hatte. Balduin ward beerdigt, und Sybille kam nicht die kalten Ueberreste ihres Sohnes noch einmal zu sehen, und bey diesem Anblicke ihr Herz zu bessern Empfindungen erweichen zu lassen; vielleicht daß sie auch insgeheim der Meynung beypflichtete, welcher Raimund und Walter, und die Meisten der damaligen Zeit zugethan waren, vielleicht daß auch sie zitterte, aus dem Leichnam des verwahrloßten Balduins bey ihrer Annäherung Blut hervorquellen zu sehen.

Der Graf von Tripoli war im Begrif die Stadt zu verlassen, und Terrikus rieth dem edlen Veit von Lusignan, welcher nun schon seit einigen Tagen Sybillens Gemahl war, sein königliches Ansehn dadurch zu beweisen, daß er dem Vormund von Jerusalem nur für seine Person den Abzug gestattete, und ihm gebieten ließ, alle seine Völker zurück zu lassen. Raimund vernahm den Befehl des ohnmächtigen Veits, eiferte sich ein wenig darüber, wie man sich über den Hohn eines Knaben eifert, und zog mit

„Adieu!" said the Count: „I shall leave you to your remorse; but I advise you to change the course of your lives. I have no hopes, however, that my advice will prevail: you will ridicule it till some sudden calamity shall at once awaken you from your indolence, and convince you that my presages were not the terrors of imagination. In the meantime, farewell! – I can no longer trust myself in a Court and city which I perceive to be devoted to destruction. I must now attend the obsequies of the deceased; for I find that no one regards him, now dead, whom they so basely flattered whilst living. But I require the presence of none: myself and my soldiers will be sufficient for the discharge of this duty. Farewell!"

Raymond immediately hastened from the presence of the Queen and Court, and saw the body of the young King deposited in the vault of his ancestors.

The Queen, from whatever motive, testified no desire to be present at the funeral. Sybilla did not want sensibility: to what then is this apparent deficiency of all natural affection, all common feeling, to be imputed? - This is one of those questions, to which the inconsistency of human nature renders it impossible to return a sufficient answer.

Raymond, having discharged this last duty, marched from Jerusalem towards Tabaria; and took such precautions to guard against surprise, as if he anticipated what afterwards occurred.

The conduct of Raymond, and still more the severity of his reproofs in the late interview, had excited such a passionate desire of revenge in the mind of Sybilla, that she resolved to spare nothing to execute her purpose.

fliegenden Fahnen und klingendem Spiel, vor dem königlichen Palast über, aus den Thoren von Jerusalem hinaus, ohne einen einzigen von seinen Leuten zurück zu lassen.

Er nahm seinen Zug nach Tabaria, und sorgte dafür, sich wider alle feindlichen Anfälle zu schützen, recht als ob ihm das ahndete was bald darauf erfolgte.

Sybille war ausser sich vor Wuth über alle den Schimpf den sie von Raimunden hatte erdulden müssen. Die Verachtung, mit welcher er ihr und ihren Kreaturen begegnete, die Schande, von der Leichbestattung ihres Sohnes ausgeschlossen gewesen zu seyn, und die Einsamkeit in welcher der Graf von Tripoli während seines Aufenthalts zu Jerusalem lebte, ohne die Königin eines zweyten Besuchs zu würdigen, waren der Aufmerksamkeit des Pöbels nicht entgangen, und hatten Sybillens Ansehn gewaltig herabgesetzt. – Das wankelmüthige Volk, das vor kurzem die Namen Veit und Sybille wie Götternamen ausgesprochen hatte, fieng an, sich mit allerley lästerlichen Gerüchten, und schimpflichen Liedern von ihnen zu tragen. Einige davon kamen vor die Ohren der Königin, und sie war unbillig genug, den großen, ernsten, edeln Raimund und seine Anhänger für die Urheber solcher Armseligkeiten zu halten, oder wenigstens auszugeben.

Sie schnaubte Rache, und Terrikus, welchen die Noth der Christenheit bisher nicht aus seinem Schlummer hatte wecken können, mußte nun um eines beleidigten Weibes willen die süße Ruhe zu Jerusalem verlassen und die Waffen hervor suchen. – Man bemühte sich ein Heer zu sammeln, aber es gieng sehr langsam damit zu. Die Einwohner von Jerusalem schlossen sich von diesem Zuge aus, da sie hörten daß er wider Raimunden gehen sollte, wider den, der ihnen seit so langen Jahren Vater war, der ihnen so oft in Gefahr Schutz, und in Theurung Brod gegeben hatte.

Der Großmeister sahe sich also genöthigt seine Ritter von allen Enden des Königreichs wohin er sie vertheilt hatte zu sammeln. Nach Akkon, wo Walter, und Konrad, und Gerhard von Riedesser mit ihren Völkern waren, traute er sich nicht, weil er wohl denken konnte, daß er bey diesen keine

The popular mind, moreover, had taken one of those turns to which, from its natural inconstancy, it is peculiarly subject. The neglect with which the Court had regarded the funeral obsequies of the late King, had converted their former affection for the Queen into contempt.

This was vented in placards and libels, which the Queen had the injustice to impute to the grave and generous Raymond. Her indignation, which needed no such suggestion, was thus inflamed almost to a point of madness.

She commanded Theodoric, without loss of time, to assemble an army, and march angainst Walter and Raymond.

„Be it your duty", said she, „Sir Knight, to avenge your insulted Queen, and reduce these traitors to obedience! I cannot consider myself as Queen of Jerusalem, whilst the Count of Tripoli and his minion, this young Walter, continue thus to defy my authority. Assemble an army –follow, and punish them, and thus make me truly a Queen!"

It was easier, however, to give this command than to execute it. The conduct of the Queen and Court had excited a general odium; and Lusignan and Sybilla, so lately the objects of popular favour, were now regarded with an equally passionate aversion.

Theodoric, however, educated in a Court, had contracted such a ready habit of obidience, that he no sooner received a command than, regardless

Hülfe wider den Grafen von Tripoli finden würde; sein Heer würde also sehr klein und gar nicht furchtbar für Raimunden gewesen seyn, wenn nicht eben zu dieser Zeit die Hospitaliter mit einer ansehnlichen Macht aus England nach Jerusalem gekommen wären.

Man war entzückt, als man hörte, daß sie Akkon vorbey gezogen waren und noch kein Wort mit Waltern und den Seinigen gewechselt hatten.

Man bemühte sich, sie auf die Seite der Königin zu ziehen, und Terrikus, dieser Meister in Verdrehungen, wußte dem Großmeister der Hospitaliter, dem aufrichtigen, arglosen Roger von Mulinis, alles was bisher zu Jerusalem vorgegangen war, so gehäßig vorzustellen, Balduins Tod, Raimunds und Walters Abreise von Jerusalem, und tausend andre Dinge, ihm in einem so falschen Lichte zu zeigen, daß er seinen Zweck völlig erreichte. Ritter, sagte Roger zu Terrikus, wenn die Ritter eures eignen Ordens euch den Gehorsam versagen, wenn sie Jerusalem die Völker entziehen, die bloß zu Vertheidigung dieser Stadt nach Palästina geschickt wurden, wenn selbst der alte Raimund treulos wird, so verlaßt euch auf uns. Die Hospitaliter sind nicht gewohnt, von ihren Freunden abtrünnig zu werden. Morgen brechen wir mit euch auf, und sehen, ob wir den Grafen von Tripoli nicht zu vernünftigern Gedanken bringen können. – Ein Handschlag, und die Sache war richtig. Des andern Tages verliessen Roger und Terrikus Jerusalem mit einem sehr ansehnlichen Heere. Veit mußte, so sehr er auch bat, auf Befehl seiner Königin mit zu Felde ziehen; Terrikus versprach, ihn wohl in Acht zu nehmen, und Roger ärgerte sich nicht an seinen Schwachheiten, weil er dergleichen seit langen Jahren an den Königen von Jerusalem gewohnt war, und vermuthlich dachte, es müsse so seyn. –

Man langte zu Tabaria an, und Graf Raimund sah sich auf einmal so hart, so ernstlich belagert, als er nicht vermuthet hatte. Er hatte nur auf einen Gegner wie Terrikus gerechnet, aber den Hospitalitern war er nicht gewachsen. – Die Noth und Gefahr zu Tabaria ward mit jedem Tag dringender, Raimund schickte zu Waltern nach Akkon um Hülfe; aber dieser

of its practicability, he immediately applied himself to execute it. He found, however, at this time an unusual difficulty in assembling any soldiers; for, in the present state of the popular mind, every one refused to insist unter his banners. He would thus been reduced to the necessity of remaining inactive, had not a detachment of the soldiers of his immediate Order arrived at this period from Cyprus. Theodoric hastened to them, so as to anticipate any meeting with Raymond and Walter.

These troops, which were numerous and well provided, were led by Roger de Muline.

Deceived by the narrative of the Grand Master, and seduced by the splendour of his dignity, as Superior of the Order of which himself was a member, Roger de Muline readily consented to follow him to Tabaria, and besiege Count Raymond, who had now reached that city.

The siege was accordingly commenced, and carried forward with unyielding vigour.

war selbst an diesem Orte von dem Techedin, den ihm Saladin über den Hals geschickt hatte, so enge eingeschlossen, daß er eher selbst Hülfe brauchte, als sie andern geben konnte. – Der unglückliche Vertheidiger von Tabaria wandte sich an den Fürsten von Antiochien, und Philip von Flandern, welche, als er noch Vormund der Könige von Jerusalem war, immer eine besondere Freundschaft gegen ihn vorgegeben hatten; aber auch hier war sein Ansuchen vergebens, und er befand sich in einer Verlegenheit, in welcher es ihm wohl zu verzeihen war, wenn er einen Schritt that, der sich nicht ganz rechtfertigen ließ.

Zehntes Kapitel.

Ende der Belagerung von Tabaria und Akkon.

So sehr Tabaria auch bedrängt war, so hatten die Feinde diese Stadt dennoch nicht so enge eingeschlossen, daß nicht Bothschaften aus derselben und in dieselbe konnten gebracht werden, ohne daß der Feind es gewahr geworden wäre; nur die Zufuhr der Lebensmittel war den Belagerten abgeschnitten, und das frische Wasser, ein so großes Bedürfniß bey der unleidlichen Hitze, begunnte bald gänzlich zu mangeln, da der Hauptquell, welcher alle Brunnen der Stadt mit Wasser versah, in den Händen der Feinde war. Ansteckende Krankheiten fiengen an zu wüthen, und rieben in kurzer Zeit eine große Anzahl der unglücklichen Einwohner von Tabaria auf.

Raimunds Familie hatte bereits einen seiner jüngsten Söhne, und zwo seiner Enkelinnen eingebüßt, die übrigen fühlten schon bald alle die Vorboten der Seuche, und seine Gemahlin war dem Tode nahe. Ein Trunk frisches Wasser hätte sie vielleicht gerettet oder wenigstens gelabt; aber wie war es möglich die Hülfe von den harten Feinden zu erbitten? –
Raimund konnte das Elend der Seinigen nicht mehr mit ansehen, konnte das Schreyen der unglücklichen Tabarienser nicht mehr anhören. Er schickte Boten an Terrikus, um zu kapituliren, und zu hören, was für Bedingungen er gegen Uebergabe der Stadt machen würde. Terrikus

In the meantime, Walter was besieged with equal vigour in Ackron by Techeddin, one of the Generals of Saladin.

CHAP. X.

End of the Sieges.

The army of Templars and their allies still continued the siege of Tabaria, and their vigour and resolution appeared to aquire new strengt with the evident diminution of the same qualities in the garrison. Nothing so much disheartened the besieged as the absolute want of water. As the Templars had now obtained possession of all the springs, this defect became intoler-able. The heat of the season concurring with this, produced an epidemic disease, which added to the horrors of the situation of the inhabitants of Tabaria.

Raymond had already had an unusual share in the common calamity: his younger son and two of his daughters had fallen the immediate victims of the contagion; his wife was upon the point of death from the same cause. The physician of the garrison informed Raymond that there was only one method of recovering her, that of sendin her from the ciy, the air of which, from the multitude of the deceased, had now become infected.

Raymond, submitting to necessity and the common clamour, sent an embassy to Theodoric, to treat of terms of surrender.

entzückt, seinen und Sybillens Feind gedemüthigt zu sehen, wünschte nunmehr auch ihn ganz aufzureiben. Die Antwort die er ihm sagen ließ, war: Er hätte keine Bedingungen zu machen, er wolle nur noch einige Wochen vor der Stadt verweilen, und dann gewiß abziehen ohne ihn weiter zu beunruhigen. – Das Leben der Einwohner von Tabaria konnte, wenn keine Aenderung vorgieng, keine Woche mehr gefristet werden, und der grausame Terrikus redete von mehrern Wochen die vergehen sollten, ehe er die Belagerung aufheben wollte. Daß er nach dieser Zeit abziehen würde, war freylich sehr glaublich; warum hätte er länger vor einem Orte verweilen sollen der alsdenn ganz verödet, und im Stande seyn mußte, mit dem Geruche seiner Leichen die ganze Gegend anzustecken? –

Raimund überließ sich nach diesem Bescheid der finstersten Verzweiflung, und das Volk, welches etwas von demselben gehört hatte, sann darauf die Stadtthore zu öffnen und den Feind einzulassen, weil man alsdenn doch noch auf einige Gnade hofte. –

Um die Gesinnungen des Belagerers indessen zu prüfen, und nicht auf Gerathewohl so viel zu wagen, entschlossen sich einige, heimlich zu Terrikus überzugehen, und zu sehen, wie sie aufgenommen werden würden; aber der Grausame ließ sie wider alle Rechte der Menschlichkeit theils niedermachen theils in die Stadt zurücktreiben. Was hätte Raimund und seine Familie zu erwarten gehabt, wenn sie, wie dem gebeugten Grafen einfiel, sich in ihres Feindes Hände geliefert hätten?

In dieser äussersten Noth erhielt Raimund einen Brief den ich hersetzen will, damit meine Leser von der Wirkung die er that urtheilen, und den Grafen entschuldigen können.

The latter, however, enraptured with this approach of his vengeance upon his hated enemy, rejected the offer with disdain, and refused to accept of any thing but an unconditional surrender.

This was no sooner communicated to Raymond, than the venerable warrior resolved to sell his life at a price worthy of his former repute, and to fall amidst the ruins of the town. The mind of the people, however, was less generously disposed: they no sooner understood the answer of Theodoric, than they resolved upon an immediate but secret compliance. With this purpose, a party of the populace privately left the city, and advanced towards the tents of the Grand Master. Theodoric, however, considering them as a vile rabble, and thinking the city already in his hands, commended them to be put to the sword. It was with difficulty that a few escaped back to the city. It was not difficult to deduce from this incident what might be expected to happen from this indiscriminate rage of Theodoric, should the city be surrendered to him in the unconditional manner he required.

This incident, as may be imagined, completed the despair of the citizens: the city became a scene of lamentation, and even Raymond, though he felt nothing for himself, was not insensible of the calamity which appeared to imend over their heads from the rage of Theodoric.

In this scene of general distress there appeared no means of escape. The Providence, however, which superintends the affairs of men, did not sleep,

Edler Greis!

Verzaget nicht. Ich weis wie ihr von euren Feinden gedrängt werdet! aber ich, ob ich gleich selbst euer Feind bin, will euch retten. Morgen, ehe der Tag anbricht, wird Saladin den verruchten Terrikus, den er noch von Odos Zeiten her haßt und verabscheut, angreifen, und den Einwohnern eurer bedrängten Stadt Luft machen. Lebensmittel und Erfrischungen werdet ihr überflüßig in dem Lager eurer Feinde finden, welches ich euch Preis gebe. Wenn ich euch einen Freundschaftsdienst erzeige, wenn ich euer und der Eurigen Leben rette, so foderte ich gern zur Belohnung, daß ihr mit den Eurigen eure undankbaren Glaubensgenossen verließet, und euch in die Arme dessen werfen mögtet, welcher eure Tugend und Weisheit zu schätzen weis; aber ich will weder von Belohnungen noch von Bedingungen sprechen, ich kenne eure Gesinnungen, ich weis, daß ihr euch vielleicht schon ein Bedenken machen werdet, mit dem Feinde der Christen durch diesen Brief eine Art von heimlichen Verständniß zu haben. Sollte dieses seyn, so bitte ich euch zu beruhigen. Ihr seyd unschuldig an dem, was ich auf morgen euren Glaubensgenossen zugedacht habe; ihr fodertet mich nicht dazu auf, und nehmet nur gelegentlich eure Befreyung aus ihrer Niederlage. Ich würde euch nichts von der ganzen Sache gemeldet haben, wenn ich nicht eben heute euer äussersten Elend erfahren hätte, welches ich durch Hofnung lindern muß; denn ihr seyd ein Mensch, und die Verzweiflung könnte euch kurz vor der Aenderung eures Schicksals zu einen schrecklichen Entschluß bewegen. – Ich hoffe, ihr werdet nicht so unsinnig seyn, und euren Retter euren Feinden verrathen, solltet ihr es thun, so fürchtet die Rache

Saladins.

Was hätte Raimund in der Lage in der er sich befand nach Empfang eines solchen Briefs thun sollen, thun können? – Ich will es nicht entscheiden, sondern erzählen, was er that, und hinzusetzen, daß er meines Erachtens

but converted the power of the Infidels into a source of relief to their most effectual enemy. In this moment of general dispair, Raymond was surprised at the receipt of a letter, which we here transcribe.

„Venerable Raymond, after the experience of a long life, do not despair of a fortune which has seldom deserted you. I know to what embarrassment you are reduced by the army of the Templars, and the Grand Master, Theodoric; and although I am your enemy, I am their's in a greater degree. I know your worth; and from regard to my fame with posterity, I am willing to save you from your enemies. To-morrow, before the dawn of day shall have dispersed the sleep of your enemies, I will attack them in their camp – I will raise the siege, and leave to your famished city of Tabaria the pillage of the magazines. From your well-known and oft experienced honour, I have some reason to apprehend that you may have a scruple of receiving a benefit from an enemy to the Christian name; but should any one accuse you of a secret intelligence with Saladin, produce this letter as your vindication. I am willing to release you at present through hatred to your enemy, the Grand Master; but at another period I shall seek and attack you myself. You know me too well, however, to apprehend any purpose of that nature at present: it is not for Saladin to triumph over a famished enemy, an army already conquered; the victory must be all his own, or he scorns it. It is not for the spoil of battle, but the glory of victory, that Saladin can deign to draw his sword.

„Your enemy,

„Saladin.”

It is needless to say that Raymond received with suitable gratitude, this act of divine interposition. He thanked Heaven, from the bottom of his heart,

recht handelte. – Er dankte Gott für den Strahl der Hofnung, der sich ihm zeigte, gab Ordre, daß man auf allen Thürmen der Stadt die Bewegungen die im Lager vorgiengen genau beobachten sollte, ließ dem schmachtenden Volke etwas von dem geringen Vorrathe austheilen, den man auf den künftigen Tag verspart hatte, und eilte zu seiner kranken Gemahlin und zu seinen Kindern, um die letzten mit dunkler Hofnung zu trösten, und bey der ersten zu versuchen, ob der Funke des Lebens der noch in ihr glimmte, sich noch so lang erhalten ließ, bis der morgende Tag, ihr und so vielen andern, welche mit ihr auf gleiche Art litten, völlige Rettung mit brächte. Er wich diese ganze Nacht nicht von ihrem Bette, und man stelle sich die Angst vor, mit welcher er jede ihrer Bewegungen bewachte, und ihre scheidende Seele aufzuhalten suchte. –

Kaum fieng die erste Dämmerung des Tages an zu scheinen, als von allen auf den Thürmen ausgestellten Wachten Botschaften über Botschaften von einer ungewöhnlichen Unruhe im Lager kamen.

Das zunehmende Tageslicht zeigte Raimunden, welcher selbst auf eine Warte gestiegen war, um alles in Obacht zunehmen, den Angrif der Sarazenen ganz deutlich. Terrikus und die seinen wehrten sich tapfer, der Feind begann, wie es schien zu fliehen, aber der Graf von Tripoli, welcher alles übersehen konnte, merkte gar bald, daß es nur darum geschah, um die Belagerer zur Nachsetzung zu reizen, und den Belagerten Luft zu machen.

Es ist unmöglich Raimunds Empfindungen zu beschreiben; Dankbarkeit gegen Saladin, Freude über die Aenderung seines Schicksals, Kummer über die Niederlage seiner Glaubensgenossen, die er vor Augen sah, und Widerwille sich dieselbe zu Nutzen zu machen, kämpften in seiner Seele. Und doch – es mußte seyn, es galt hier kein langes Bedenken. –

for a benefit thus unexpected, and from a source so improbable. He arranged his guards upon the battlements of the wall, and placed sentinels upon every tower in the city, to observe whatever might pass, and in the same instant inform himself.

Raymond had hitherto been compelled to deal out in small portions whatever of provision the city still retained: he now, however, commanded the granaries to be thrown open, and with his own hands distributed whatever remained amongst the people. The people were equally enraptured and astonished. Raymond replied to the enquiries of his officers only by looks of satisfaction, and answers of vague but certain confidence.

In this manner passed the night. The obscurity of the night no sooner yielded to the dawn of the following morning, than Raymond was surrounded with messengers upon all sides, announcing that some motions of an extraordinary nature were visible in the camp of the besiegers, but that they could not as yet discover the cause of this apparent confusion.

As the ligth had now increased, Raymond himself ascended one of the watch-towers, and beheld distinctly the attack of the Saracens. Theodoric and his army appeared to defend themselves valiantly, and the enemy at length fled. But Raymond, being one of the most experienced Generals of the time, not even excepting Saladin himself, perceived without difficulty that this flight was only a feint, and employed for no other purpose but to attract the besiegers from the walls, and thus afford the besieged the opportunity of a fally.

It is impossible for the most superior eloquence to describe the different emotions which now agitated the heart of Raymond: the gratitude and joy of his own escape, combatted in his mind with compassion and regret for the defeat of his Christian brethren. That they should thus fall under the sword of Saladin, was a subject of bitter anguish to his Christian heart.

Er ließ die Hauptleute der Stadtbesatzung vor sich fodern, entdeckte ihnen von der Lage der Sachen so viel ihnen zu wissen nöthig war, gab ihnen Befehl zu einen Ausfall, und nahm einen feyerlichen Eid von ihnen, sich an keiner Beute des Lagers, als denen ihnen so unumgänglich nöthigen Lebensmitteln und Erfrischungen zu vergreifen. –

Die Tabarienser jauchzten als sie diesen Befehl und die Nachricht von dem Zustande im feindlichen Lager erhielten. Alle Thore wurden geöffnet, das Volk strömte Haufenweis hinaus, und kam bald mit Ueberfluß von allen Arten Speisen und Getränken beladen zurück. Einige hatten sich durch den Geiz verleiten lassen, sich an einigen Kostbarkeiten zu vergreifen; aber die gute Aufsicht welche Raimund hielt, entdeckte gar bald diesen Raub, welcher sogleich zurück gebracht werden mußte.

Unter andern zum Theil unnützen Dingen, ward auch König Veit eingebracht, welcher sich nebst einigen seiner Sklaven beym ersten Anblick der Feinde versteckt, und auf diese Art gerettet hatte; sie hatten ihn nicht vermuthet, und nicht vermißt, und es war ihm also leicht gewesen zu entkommen. Graf Raimund schickte ihn mit einigen Aufträgen an Terrikus, die er vermuthlich nicht das Herz hatte auszurichten, ins Lager zurück, und König Veit nahm seine Freyheit mit tausend Danksagungen, tausend Bitten um Verzeihung und Versicherungen an, daß er keinen Theil an Terrikus grausamen Verfahren habe, und wider Willen genöthigt worden sey, ihn auf diesem Zuge zu begleiten. Raimund glaubte dieses gern, und hieß ihn gehen.

Saladin ließ sich, um den Tabariensern Zeit zu gönnen, bis gegen den Abend von dem christlichen Heere verfolgen, und wandte sich alsdenn erst gegen sie zurück, und ließ sie den Nachdruck seiner Macht dermaßen fühlen, daß kaum die Hälfte des Heeres flüchtig ins Lager zurück kam.

„Alas!" said he, „is it thus we perform our sacred vows? is it by such divisions amongst ourselves that we can hope to found the the kingdom of Jerusalem, and relieve the Holy Land from Saracens profanation?"

These reflections, however, were interrupted by other of a more immediate concern. Raymond assembled the Chiefs of the garrison, and instructed them in what it was necessary they should know. He commanded them to make a sortie in good order, and imposed an oath upon them that they would permit no other pillage in the camp of the besiegers, but that of the magazines of provision. The Tabarians exclaimed with a general shout of joy upon receiving this command. In a moment every gate was thrown open. The people rushed out, and returned sinking beneath the load of the plundered magazines. Some of the baser order of the populace suffered their avarice to prevail over the motives of honesty, and obedience to their General, and did not abstain their hands from the plunder of any thing which happened to fall in their way. The greater part of these, however, were discovered, and punished with the severity which their crimes merited.

Amongst the prisoners, the most remarkable was the King Lusignan, who had concealed himself amongst some slaves, but had been discovered by the soldiers of the garrison; and, after some contemptuous treatment, was conducted to Raymond. The Count Raymond, despising such a prisoner, dismissed him in peace. The King received his liberty with a pusillanimous species of gratitude, expressing himself in a rapture of thanks to Raymond, and assuring him that he had been compelled, contrary to his own inclination, to take a part against him.

Raymond believed him, and, as we have above said, dismissed him in peace to his Court or army.

Saladin continued his flight till the approach of evening, in order to give the Tabarians sufficient time to replenish the exhausted stores of their city from the luxurious and overflowing magazins of the army of the besiegers.

Terrikus, welcher mit einigen Wunden davon kam, vernahm von dem Könige alles, was sich in seiner Abwesenheit begeben hatte.

Der Schluß, den er aus dem Ausfall der Belagerten und aus ihrem ganzen Verfahren zog, ist leicht zu errathen. Graf Raimund lebte nach seinen Gedanken in einem heimlichen Verständnisse mit den Sarazenen, und alle Grausamkeiten die man sich bisher gegen Tabaria erlaubt hatte, wurden durch diese Entdeckung gerechtfertigt. –

Man wird sich vielleicht gewundert haben, wie der redliche Roger von Mulinis, der mit Terrikus gemeinschaftlich diese Stadt zu belagern auszog, diesem Unmenschen in allen so freye Macht lassen konnte; aber wichtige Angelegenheiten seines Ordens hatten ihn gleich zu Anfang des Zugs wider Raimunden genöthigt, sich von Terrikus zu trennen, er hatte sich nur mit wenigen seiner Leute entfernt, und dem Großmeister den größten Theil seines Heers zu Ausführung seines Anschlags hinterlassen. Auf was für eine Art sich Terrikus seiner Macht bediente, haben wir gesehen; er ließ es nicht genug seyn, die bedrängte Stadt auf unerhörte Art zu ängstigen, er versagte ihr sogar alle Kapitulation, er ließ die Unschuldigen die sich aus Verzweiflung in seine Hände gaben, auf die grausamste Art niedermachen. Oft war ihm bange gewesen, wie er dieses Verfahren, das sich nur vor seinen eigenen bösen Herzen rechtfertigen ließ, vor dem gerechten Groß-meister der Hospitaliter verantworten wollte; aber nun, da er mit einigem Grunde der Wahrscheinlichkeit den Belagerten Bundbrüchigkeit und heimliches Verständniß mit den Sarazenen schuld geben konnte, nun zitterte er nicht mehr vor der Ankunft des edeln Rogers von Mulinis, welche noch denselbigen Abend erfolgte. Terrikus wußte dem Großmeister der Hospitaliter die Sache auf so eine Art vorzustellen, daß dieser sonst so sanfte und billigdenkende Mann in einen Zorn gerieth, in welchem er im Stande gewesen wär, Raimunden mit eigener Hand niederzuhauen, wenn er in seiner Gewalt gewesen wäre. Gemeine Sache mit den Sarazenen wieder ein christliches Heer zu machen, war in den damahligen

At length, however, he returned to the attack, and defeated the army of the Templars. Theodoric collected the remnant of his defeated army, and returned to the siege of the city. The reader is already acquainted with the disappointment which there awaited him.

When he reflected upon all the circumstances of the battle and the sortie, and more particularly upon the opportune time and manner in which Saladin has thus made his sudden attack, had had no hesitation in believing that Raymond and Saladin were in secret intelligence with each other, and that the attack and sortie were the effects of a plan concerted between them. He resolved to employ this accusation as a plea for his persecution of Raymond.

The reader, perhaps, has already reproached Roger the Muline for thus remaining a tranquil spectator, and even an accomplice, of the cruelties with which Theodoric persecuted the Tabarians; but, from the commencement of the siege, the Grand Master of the Knights Hospitallers had been called to another scene, upon business of importance to the interests of his Order. He had taken a few of his Knights with him, but had left the greater part of them under the command of Theodoric.

The latter was not without some inquietude upon the reception which he anticipated from the latter: he knew not how to justify the use he had made of his absolute power.

This pretext of a secret intelligence between Saladin and the Count furnished him with a specious excuse; and when Roger de Muline arrived on the following day, he did not hesitate to avail himself of it in his defence. The natural candour and ancient simplicity of Roger de Muline rendered him an easy dupe to the artifice of the Grand Master; and the latter gave such specious colours to his designs and former actions, that Roger de Muline partook his indignation, and hated the venerable Raymond in the same proportion in which the reputation of his former actions had inspired his esteem.

Nor was the anger of Roger de Muline confined merely to the person of Raymond: in the first moments of his indignation, he was about to

Zeiten der ärgste Hochverrath der sich denken ließ, und der nicht anders als mit dem Tode bestraft werden konnte. Der Großmeister des Tempelordens wußte Rogers Grimm wider Tabaria so anzufachen, daß er gewis einen wüthenden Angrif auf die Stadt gewagt haben würde, wenn nicht das ganze Heer, welches dem Schwert der Sarazenen diesen Tag entgangen war, matt und verwundet gewesen wäre; man mußte sich also diese Rache vergehen lassen. Die Belagerung fort zu setzen, war auch keine Möglichkeit, weil die Tabarienser allen Vorrath an Lebensmitteln so sorgfältig aufgeräumt hatten, daß selbst König Veits Majestät diesen Abend halb hungrig zu Bette gehen mußte. Die gestärkten und gesättigten Einwohner der belagerten Stadt hatten indessen ihren Muth völlig wieder erhalten, man sahe auf den Mauern die besten Anstalten einen Sturm abzuschlagen wenn einer sollte zu besorgen seyn, und bemerkte Bewegungen in der Stadt, welche den Belagerern vor einem Ausfalle bange machten.

Man bereitete sich deswegen diese Nacht im Lager zum Aufbruch, und des andern Morgens war das Feld völlig geräumt, und die Tabarienser konnten ruhig zu ihren Thoren aus und eingehen, ohne den Schatten von einem Feinde zu sehen. – Dieser so fröhliche Tag der Befreyung von allen Jammer sollte noch durch eine glückliche Begebenheit merkwürdig gemacht werden.

Unser Walter, von dem wir so lange nichts gehört haben, und welcher wie wir wissen, bisher zu Akkon fast so fest als Raimund zu Tabaria eingeschlossen war, nur daß sein Belagerer kein Terrikus, sondern der sarazenische Techedin war, unser Walter hatte unversehens in seiner Vestung eine Verstärkung von etlichen zwanzig seiner Ordensbrüder bekommen, welche sich, den Feinden unvermerkt, zu verschiedenen Thoren bey Nachtzeit in dieselbe einzuschleichen gewußt hatten. – Eine so geringe Anzahl wäre nun wol nicht im Stande gewesen dem belagerten Akkon großen Vortheil zu bringen, wenn sie nicht eine Art von wirksamerer Hülfe als die Kraft ihrer Arme mit sich gebracht hätten. Einige von ihnen waren lange

command an immediate assault of the city of Tabaria; but the present state of the army was ill suited to the necessary vigour of such an assault. The late victory of Saladin, and the consequent sortie of the garrison, had wholly reversed the state of things: the camp was now in the same want as had before oppressed the city; and in despite of their purpose of vengeance, the two Grand Masters, that of the Templars and that of the Knights Hospitallers, were compelled to raise the siege.

Upon the following day the Tabarians beheld the camp of the besiegers deserted. They for a time refused to credid their good fortune, but at length became convinced that the siege was actually raised. Nothing could now equal their joy. Another incident concurred to augment the general satisfaction.

Walter, of whom we have so long lost sight, and whom we left besieged in Ackron by Techeddin, one of the Generals of the Saracens, had received an unexpected reinforcement. The party contrived to force through a weak post of the besieging army, and thus obtained an admittance into the city.

Their number was small, and they would have added little to the former strength of the garrison, had not some of them possessed a secret of peculiar value.

Zeit in der Sklaverey der Sarazenen gewesen und hatten daselbst ihren Herren die Kunst mit dem griechischen Feuer umzugehen, welche die Ungläubigen in der höchsten Vollkommenheit besaßen, so aus dem Grunde abgelernt, daß sie es nun wagen konnten, dieses fürchterliche Vertheidigungsmittel, wider sie selbst zu gebrauchen.

Waltern waren diese Ankömmlinge mit ihrer verderblichen Kunst, in der äussersten Noth in der er sich befand willkommen; und man gebrauchte sich derselben mit so gutem Erfolg, daß der Feind die Belagerung in kurzer Zeit aufheben, und Waltern freye Hand lassen mußte, zu ziehen, wohin er wollte. Walter wußte etwas von der unglücklichen Verfassung, in welcher der Graf von Tripoli sich zu Tabaria befand, und die Vorstellung von der Noth seines Freundes, vielleicht auch seiner Geliebten, (denn er glaubte immer noch zuweilen, daß Matilde sich bey ihrem Vater aufhielte,) war es, was ihn antrieb, sich aller Mittel, selbst des grausamen griechischen Feuers zu bedienen, um frey zu werden, und den Geliebten seines Herzens beyspringen zu können.

Die Sarazenen hatten nicht sobald die Gegend vor Akkon geräumt, als Walter sein Volk zusammen zog, nur so viel davon in der Stadt zurück ließ, als zur Beschützung derselben nothdürftig war, und mit dem größern Theil seiner Leute Graf Raimunden zu Hülfe zog, bey welchem er an eben den Tag anlangte, da er von seinen Belagerern befreyt worden war.

Eilftes Kapitel.

Raimunds Weisheit und Walters Tapferkeit unterliegt der größern Anzahl der Thoren.

Der Graf von Tripoli war frey; seine Kinder fiengen an zu genesen; seine Gemahlin war zwar noch dem Tode nahe, aber doch nicht mehr hülflos,

Such were those of this pary who had been long the prisoners of the Saracens, and had thus learned the composition of the *Greek Fire*, of which the Saracens, to the confusion of the Christians, had so long and hitherto so exclusively availed themselves.

Walter was for some time unwilling to avail himself of this instrument of destruction: he considered war as already sufficiently fatal, and thought that it was equally contrary to humanity and the divine laws, to add any thing to its measure fo horror. Being pressed, however, by the vast inequality of the Saracen forces, he at length contented. The Knights employed the new instrument of death with such success, that the enemy were at length compelled to raise the siege.

It is a subject of doubt amongst the historians of this period, whether the love of Walter for Matilda, and his friendship with the Count Raymond, her father, had not greater weight in inducing him to employ this means of deliverance, than any apprehension for the safety of his army. However this may be, it is certain that the siege was no sooner raised, than he hastened to the relief of the Count Raymond.

He happened to arrive on the day in which the siege of Tabaria had been raised. We have already mentioned how much his arrival added to the general joy. The city, so long the prey of famine and disease, the two first of the furies in the train of war, gave itself up with loose reins of pleasure, and enjoyment succeeded their long-compelled abstinence.

CHAP. XI.

The Victory of Truth over Intrigue.

The Count of Tripoli was now restored to liberty, and the health of his wife and children was rapidly returning. Tabaria, so lately upon the point of

und folglich auch nicht mehr ohne Hofnung. Tabaria war gerettet; die Feinde aus dem Felde geschlagen; wie viel Ursachen zur Freude! und doch trauerte der unglückliche Graf. Die Vorstellung, daß Saladin, daß der Feind der Christen sein Retter war, daß seine Befreyung die Folge von der Niederlage seiner Glaubensverwandten war, daß er vermuthlich bey ihnen den Namen eines Verräthers führen müßte, verbitterte ihm alle Fröhlichkeit. Kaum war Walters Erscheinung im Stande ihn ein wenig aufzurichten. Er erfuhr gar bald aus dem Munde des alten Grafen sein bisheriges Ergehen und seine Rettung, die Ursach der allgemeinen Freude, und seines Grams. —

Walter bemühte sich seinen Freund zu trösten, und es gelang ihm einigermaßen. Seine Gewissenszweifel ihm zu benehmen, ihm begreiflich zu machen, daß er nicht anders handeln konnte als er gehandelt hatte, brauchte er nicht vielmehr als Saladins eignen Brief, der ihn selbst von aller Schuld an seinem Unternehmen wider die Christen freysprach, ihm deutlich sagte, daß er seine Befreyung nur als eine zufällige Folge, nicht als eine Ursach der Schlacht bey Tabaria anzusehen hatte; daß er bey der Wissenschaft die er um Saladins Vorhaben hatte, nicht anders handeln konnte. Denn was würde es geholfen haben wenn er seine Belagerer vor den Ueberfall der Sarazenen gewarnt hätte? Würde man ihm gedankt haben? Würde des Sultans Absicht dadurch vernichtet worden seyn? Und, hätte er nicht vielmehr, wie sich Saladin in seinem Briefe sehr richtig ausdrückte, unsinnig gehandelt, wenn er seinen Retter an seine Feinde verrathen hätte? — Unser Held war also in dem Versuch, Raimunds Gewissen zu beruhigen, ziemlich glücklich, ihn aber wegen der übeln Meynung, welche die Christenheit von seinem Verfahren haben mußte, zufrieden zu stellen, dieses ward ihm ein wenig schwer. Ein alter Held, der die ganze Zeit seines Lebens redlich und untadelhaft handelte, kann es nicht gleichgültig ansehen, wenn ein Zufall ihm bald am Ziele seiner Laufbahn diesen Ruhm entreißt.

Raimund war durch Walters Vorstellungen mit seinem eignen Verhalten nun so weit ausgesöhnt, daß er wünschte, jedermann mögte es nach allen seinen Umständen kennen, und es so beurtheilen, wie es beurtheilt werden mußte.

destruction, was now in safety, and her citizens were snatched from the painful death of the united horrors of war and famine. How many subjects of congratulation! But Raymond was insensible to all pleasure, and, in the midst of the general joy, was involved in silence and melancholy. He could not banish the reflection that he had owed this deliverance from impending ruin to the Sultan of the Saracens, and that he had purchased the relief of Tabaria by the defeat and death of his allies: his well-earned reputation was now in danger of sinking under the imputation of treason.

The arrival of Walter interrupted these reflections. The Count imparted to him the cause of that melancholy which appeared to devour him, and destroy his relish of life. Walter spared no efforts to console him.

„What have you done?" said he: „against what law have you offended, that you thus give yourself up to remorse? Was it your duty to betray your benefactor? Is not the law of self-defence one of the first laws of our nature? But you will say, that it is the duty of the individual to sacrifice himself to the common good, and not to purchase his private good at the expence of public ruin: – you will thus think that you should not have purchased your release at the expence of a calamity which may menace the success of the common cause. The principle is undeniable, but I deny the application of it to your late situation. The city of Tabaria, and the army enclosed in it, cannot be considered a an inconsiderable part of the Christian power in the Holy Land: they were not, therefore, to be rashly sacrificed to the ambitios jealousy of the Grand Master. In defending Tabaria and your army, you have defended a Christian city and a Christian army. The dissensions of the Christians may impede the success of the common cause; but this must only be imputed to those who are the wilful cause of such dissensions."

It was thus that Walter endeavoured, and after many efforts succeeded in dissipating the conscientious chagrin of the Count of Tripoli. Raymond, however, was still a prey to some anxious apprehensions with regard to his reputation.

Was Sybille, was der Patriarch, was Veit und Terrikus von ihm dachten, das konnte ihm nun endlich gleichgültig seyn; aber daß sie einen Schein in ihrer Gewalt hatten, seiner Tugend und Redlichkeit einen Schandfleck anzuwerfen, und sie mit einigen Grund der Wahrscheinlichkeit bey dem gutdenkenden Theil der Christenheit zu verleumden, das war ein Gedanke, der ihm das Herz abnagte, und für den Walter kein ander Mittel wußte, als das Versprechen, sich zum Unterhändler zwischen ihm und seinen Gegnern brauchen zu lassen, und ihn vor ihnen zu rechtfertigen. –

Mit Terrikus und seinem Anhange eine solche Unterhandlung vorzunehmen, wären nun wohl eine unnöthige Mühe gewesen, denn diese würden bey allen Vorstellungen doch nie weiter gesehen haben als sie hätten sehen wollen; aber Roger von Mulinis zählte sich, wie Raimund und Walter erfahren hatten, zu ihrer Partie, und sich vor so einem Manne zu rechtfertigen, das lohnte sich schon der Mühe; auch konnte man hoffen, daß er die Augen vor der Wahrheit nicht verschließen, und sähe er dieselbe ein, der beste unverdächtigste Zeuge von Raimunds Unschuld seyn würde.

Walter, der in allen seinen wohlüberdachten Handlungen schnell und mit Eifer zu Werke gieng, machte sich gleich des andern Tages nach seiner Ankunft in Tabaria auf den Weg, das Verlangen seines Freundes zu erfüllen, und unsere Leser, welche wir schon vielleicht zu lange bey trocknen Kriegs- und Staatsangelegenheiten aufgehalten haben, werden uns erlauben, nur ganz kurz zu sagen: es glückte ihm.

Roger von Mulinis, an welchen sich unser Held eigentlich wandte, gab der Stimme der Wahrheit Gehör, er gestand, daß Raimund nicht anders hätte handeln können, und noch mehr, er sah auch alle Tücke ein, welche man bisher wider den Grafen von Tripoli gebraucht, alle Verdrehungen, deren sich Terrikus bedient hatte, sein und Walters Betragen, bey ihm, den Großmeister der Hospitaliter verdächtig zu machen, und ihn auf die falsche Seite zu ziehen. – Terrikus und sein Anhang würden vielleicht einer strengen Ahndung nicht entgangen seyn, wenn nicht Roger eingesehen hätte, daß das Beste der Christenheit allein auf der Einigkeit bestünde, und daß man, um einem so mächtigen Feinde wie Saladin gewachsen

„I have earned my present fame", said he, „by the unremitted labour of a length of years. I confess I am unequal to support a loss of what I have so long accustomed myself to value as the most estimable object of my life."

„You may rest persuaded", said Walter, „upon this subject, that your reputation will be but little endangered by the intrigues of your enemies.

With regard to the Grand Master, permit him to continue his hostility to you, till his conscience, or the immediate act of Heaven, shall awaken him to remorse.

With regard to Roger de Muline, he is at present deceived by the perfidious artifices of the Grand Master; but from the natural candour of his dispostion, it will not be difficult to undeceive him, and render him the most ardent of your protectors."

Walter, whose singular characteristic it was to execute a resolution with as much abruptness as he had conceived it, immediately departed from Tabaria, and directed his way to the abode of Roger de Muline.

Walter was not deceived in what he had augured from the reputation of Roger: that Knight received him with the most flattering friendship, and listened with eagerness to his development of the intrigues of Theodoric, and his artifices to ruin the Count of Tripoli. Roger became at length persuaded of the artifices which had been practised to deceive him; and indignat that he had been thus a dupe, could with difficulty be restrained from seeking Theodoric, and revenging in his blood this affront to his honour.

zu seyn, sich durch keine Privatangelegenheiten müsse trennen lassen.

Laßt uns das Vergangene vergessen, sagte er, Veit und seine Königin mögen ihr Leben fortführen wie sie es nicht anders können, für uns thut das wenig zur Sache. Terrikus soll seine heuchlerische Tücke lassen, und Walter soll nicht ganz vergessen, daß er gleichwohl der Großmeister seines Ordens ist. Dem unglücklichen Raimund soll nichts von den Begebenheiten zu Tabaria aufgerückt werden, so wie er gleichfalls die angethanen Beleidigungen vergessen, und dafern bey irgend jemand noch einiger Verdacht auf ihn haftete, sich bemühen wird, denselben durch tapfere Thaten wider die Sarazenen auszulöschen.

Niemand konnte etwas wider den weisen Ausspruch des edeln Rogers einwenden. Sein redlicher unbescholtener Charakter verdiente die Ehre Schiedsrichter zwischen Personen zu seyn, die unabhängig von ihm waren, und sich nur darum nach seinem Urtheil bequemten, weil sie es gerecht und unpartheyisch fanden.

Es ward eine allgemeine Versöhnung geschlossen. Raimund ward aus Tabaria nach Jerusalem geholt, man bat einander wechselweise um Verzeihung, obgleich nicht überall mit gleich redlichem Herzen.

Die Königin lächelte gnädig auf Waltern herab, Terrikus drückte ihm freundlich die Hand, und der Patriarch fragte, ob sein geliebter Sohn nun geneigt wäre, die Beschützung der Hauptstadt auf sich zu nehmen. Walter versprach alles, doch mit der Bedingung, daß man ihn in seiner Ruhe lassen, und ihn auf keine Weise nöthigen mögte, an den Lustbarkeiten oder Kabalen des Hofs Antheil zu nehmen.

So standen die Sachen eine lange Zeit, bis sich wieder Gelegenheit zu neuem Zwist zeigte. – Graf Raimund hatte seine Familie wegen der schwachen Gesundheit seiner Gemahlin zu Tabaria gelassen, und es erscholl plötzlich zu Jerusalem das Gerücht, daß Saladin auf diesen Ort

„Let us forget the past", said Walter, „and, in consideration of the common cause of Christianity, bury all former dissensions in oblivion. The sword of Saladin, impends over our heads, and it is only by our union that we can oppose this leader of the Infidels with the slightest hope of succes."

Roger had the prudence to listen to this advice, and Walter returned to Tabaria to inform Raymond of the success of his embassy. The latter, accompanied by the former, restored to confidence and selfapprobation, left Tabaria within a few days for Jerusalem.

The Queen received our hero as he could have wished, but which, to confess the truth, after what had previously passed between them, he had little reason to expect. Theodoric, assuming an air which experience had taught him to assume, or lay aside at pleasure, pressed his hand; and the Patriarch embracing him, saluted him as one of the pillars of the Christian Church in the Holy Land. He was at length persuaded to take up his abode at Jerusalem, to defend the city from the expected attack of Saladin.

Every thing at Jerusalem was now in a state of tranquillity, and the Count Raymond had left his family still in weak health at Tabaria, when a sudden report was spread that Saladin was upon his march to besiege that city.

anrückte, um ihn zu belagern. – König Veit, welcher jetzt wirklich zuweilen wie ein anderer König that und versprach, verhieß dem Grafen die Stadt zu entsetzen, und seine Familie zu retten. Raimund, um zu zeigen, wie wenig er gesonnen wäre, seinen Privatnutzen dem gemeinen Besten vorzuziehen, wiederrieth dieses. – Saladins Macht, sagte er, ist zu groß, als daß wir uns wider ihn ins Feld wagen können, und es ist besser, Tabaria mit allen seinen Einwohnern kommt in seine Hände, als daß wir, wenn wir ihm entgegen gehen, unsere wenige Mannschaft schwächen, und Jerusalem die nöthige Hilfe entziehen. Terrikus lächelte hämisch, und gab nicht undeutlich zu verstehen, daß seinen Gedanken nach, hinter Raimunds Worten Verrätherey steckte. Tabaria, sagte er, wird sehr wohl in Saladins Händen aufgehoben seyn, und die Familie des Grafen von Tripoli hat freylich bey seinem alten Freund und Retter, dem Sultan der Sarazenen nichts zu fürchten. Walter ward um seine Meynung gefragt, und diesem lag die Möglichkeit, daß seine Matilde zu Tabaria seyn könne, noch so fest im Sinne, daß er darauf stimmte, Tabaria müßte unausbleiblich entsetzt, und den Sarazenen nicht überlassen werden. – König Veit fiel endlich, da die andern fast alle sich auf Walters Seite schlugen, nach seiner löblichen Gewohnheit den mehrsten Stimmen bey, und der Aufbruch aus Jerusalem ward auf den dritten Tag festgesetzt. – Auf Terrikus Anrathen, welcher seinen heimlichen Groll auf Raimunden nicht lassen, und keine Gelegenheit versäumen konnte, ihm einen Schimpf anzuthun, durfte dieser unglückliche Graf, der nun einmal bey den schwachen Köpfen zu Jerusalem in Verdacht der Verrätherey war, nicht mit zu Felde ziehen, sondern mußte zu Jerusalem bleiben, um wie man vorgab, die Stadt zu decken. Raimund verstand alles, ohne daß man es ihm zu erklären brauchte, und trennte sich mit solcher Wehmuth von Waltern, als wenn er besorgte ihn nicht wieder zu sehen.

Um mich nicht zu lange bey diesem Heerszuge, der so unglücklich ablief, aufzuhalten, will ich nur alle Vorgänge desselben kürzlich erwähnen.

Das christliche Heer stieß bey Marsteck auf Saladin, und würde ihm gewiß obgesiegt haben, wenn nicht der König von Jerusalem sobald er einige Gefahr zu sehen glaubte, die unglücklichen Tempelherren nach der

Lusignan, who now assumed the King, commanded the Count to march to its relief. It is doubtless that his heart approved this commission; but his regard for the public good prevailed over the sentiments of nature.

„Saladin is too powerful", said he, „and will not attack a town like that of Tabaria. Let us not hazard every thing by meeting him front to front upon the plains – let us preserve our troops to defend Jerusalem; for rest assured that Saladin will attack the city: let Tabaria be taken, if it must be so – let her inhabitants be slaves, but let the capital of the seat of our empire be seaved."

Can it be imagined that this sacrifice of private feeling to public good render the Count an object of suspicion? Theodoric, however, had the confidence to misrepresent even this advice of the purest patriotism.

„We have nothing", said he, with an air of malignity, „to fear for Tabaria, the present abode of the family of the Count of Tripoli: that family will doubtless be its best garrison!"

The majority of the council were of opinion that Tabaria should be defended; and the troops were commanded to prepare for their departure upon the third day. It was at first intended that Raymond should accompany them, and, as therefore, take the charge of defence of Tabaria; but such was the success of the intrigues of Theodoric, that the Count became the object of the suspicion of the Court. Under the honourable pretext of defending the city, he was thus commanded to remain at Jerusalem. The venerable hero could not misunderstand this affront. He took leave of Walter with his usual tenderness and sensibility.

This expedition was unfortunate: the Christians were unexpectedly attacked by Saladin. The Templars, and particularly the soldiers of Walter, fought with their characteristic valour, and the victory was already in their hands, when every thing was lost by the cowardice of Lusignan. The latter

Weise der Balduine im Stich gelassen hätte. Die Schlacht dauerte einen ganzen Tag, ohne daß die Tempelherren gänzlich überwunden worden wären. Alle Ritter, selbst Terrikus, der auch tapfer seyn konnte wenn er wollte, thaten Wunder bey dieser Aktion. – Innerliche Verrätherey, Uebergang einiger Hauptleute, die noch mit in der Belagerung von Tabaria gewesen waren, und vor allen Dingen Mangel an Lebensmitteln spielte den Sarazenen des andern Tages den Sieg fast völlig in die Hände. Der weise Veit hatte nicht vergessen, allen Proviant mit nach Salnubia zu nehmen wohin er geflohen war. – Saladin siegte endlich völlig; die meisten der Tempelherren, und auch der Großmeister Terrikus kamen in seine Hände.

Walter schickte das heilige Kreuz, um es, da alles unter und über gieng, zu retten, nach Salnubia; aber König Veit sahe nicht sobald, daß dieser Ort, wo er sicher zu seyn glaubte, auch angegriffen ward, als er diesen größten Schatz der Christenheit willig hin gab, und dadurch seine geheiligte Person zu retten glaubte. Die Sarazenen verstanden indessen nichts von dieser Auslösung, sie nahmen das Kreuz und nahmen den tapfern König von Jerusalem, und brachten beydes an den Ort wo auch Terrikus hingeführt worden war, welcher sich sehr wunderte, so gute Gesellschaft zu bekommen, und stündlich harrte, auch Waltern als seinen Mitgefangenen zu sehen; aber zum Glück erfolgte dieses nicht.

Unser Held zog alle Macht, die ihm noch übrig war zusammen, um Jerusalem zu Hülfe zu ziehen, aber er kam zu spät; Saladin hatte während der Schlacht bey Marsteck durch den Techedin einen Angriff auf Jerusalem thun lassen. Graf Raimund hätte diese Stadt mit seinen Leuten retten können, wenn man ihm nicht aus Furcht der Verrätherey, deren man ihn immer noch beschuldigte, die Obergewalt über die Besatzung so sehr eingeschränckt hätte, daß er wenig ohne Einrede thun konnte. Der Patriarch und die Königin mischten sich in alles, und verderbten dadurch alle guten Anschläge des alten Helden von Tripoli. –

Einer der unsinnigsten Einfälle des heiligen Heraklius war dieser, daß er

was amongst the first to fly; and too many, ignorant of the circumstances of the battle in other parts of the field, followed the example of their Prince. Lusignan sought refuge in Salumnia. In despite of his retreat, the Templars still continued the conflict; but as the army of Saladin was now trebled beyond their own by the unexpected arrival of Noureddin, their valour was useless, and Saladin remained conqueror. The greater part of the Templars were taken prisoners.

Walter escaped with difficulty, bearing the holy ensign of the Cross to Jerusalem.

Lusignan, unworthy the name of King, and still more so of that of Christian, no sooner obtained possession of it, than he sent it to Saladin, with a humble solicitation for his private safety.

Saladin, whose chief characteristic was a true greatness of mind, received the embassy with contempt, and immediately besieged the city of Salumnia. Lusignan was soon taken prisoner, and found himself, with increased astonishment, the companion of Theodoric.

Walter, in the meantime, had collected the remnants of the army, and without delay hastened to Jerusalem, to secure the city. All his diligence, however, could not anticipate the arrival of Techeddin, who, by previous concert, had commenced his march towards the city, in the same moment in which Saladin had attacked the Christian army. It was in vain that Raymond prepared every thing to withstand this dangerous attack.

The Patriarch and the Queen contravened his wisest plans: the Patriarch commanded a solemn procession to the Churches, and the Queen insisted that it should terminate in a banquet at the palace.

an eben dem Tage, da man sich den Hauptsturm vermuthen konnte, eine Fasten und einen großen Kirchgang anstellte, von welchem Graf Raimund für sich und einige hundert Mann mit Mühe Dispensation erhalten konnte. Saladin wählte unglücklicher Weise eben die Zeit, da man in der größten Andacht begriffen war, zum Angrif. Raimund war zu schwach zum Widerstande. Die Stadt gieng über, und Heraklius, Sybille und alles, alles was Jerusalem enthielt, kam in die Hände der Sarazenen. – Walter erfuhr diese schreckliche Zeitung noch Zeit genug, daß er sich von Jerusalem ab, nach Salnubia ziehen konnte. Die Nachricht, daß auch diese Stadt, daß auch das Kreuz in Feindes Händen sey, schlug ihn fast zu Boden; er faßte indessen seinen Entschluß kurz, eilte nach Akkon, sprach die dasigen Tempelherren auf, ihm zu folgen, nahm den gefangenen Nureddin mit sich, und setzte sich, da fast alle festen Städte hinweg waren, und er sich zu schwach fühlte Akkon zu vertheidigen, in einer kleinen Burg fest, von wo er anfieng in Unterhandlung mit Saladin zu treten. Es ward ihm nicht so leicht als er geglaubt hatte, gegen Nureddin, diesen geliebten, so viele Jahre von seinem Oheim getrennten Neffen, den Großmeister des Tempelordens und das Kreuz einzutauschen.

Er stellte Terrikus den Brüdern vor, und ermahnte den einen und die andern, sich das Wohl der Christenheit angelegen seyn zu lassen; er aber nahm das Kreuz, den Schlüssel zum heiligen Grabe und zum Thurm Davids, nebst noch einigen sehr verehrten Heiligthümern, und setzte sich in Begleitung Konrads und der Belforte zu Schiffe, um in Europa Hülfe zu suchen.

Zwölftes Kapitel.

Ritter Konrad ist irre, und zieht Waltern gleichfalls in einen Irrthum.

Wie ganz anders war unserm Walter bey seiner jetzigen Einschiffung zu Muthe, als damals da er von seiner Reise nach Europa zurück kam und zu Joppe anlandete; der hohe Muth der ihn damals beseelte, war durch den

Techeddin, having his spies within the walls, learned this resolution of the Queen and Patriarch. He chose the moment of this ceremony for that of his attack. The small force of Raymond was insufficient to repel it; and, in despite of his utmost efforts, he was compelled to surrender the city. The Queen and the Patriarch were made prisoners.

Walter learned this intelligence as he was approaching to the assistance of the city. Changing his purpose, he now returned to Salumnia, but again found that he was too late. The city and the holy cross, the ensign of the Christians, were in the hands of the Infidels. Recovering himself from the embarassment into which such a succession of misfortunes had for a moment thrown him, he proceeded towards Ackron; but finding himself too weak in force to undertake the defence of this place against the victorious Saladin, he contented himself with negotiating with Saladin the exchange of the Grand Master for Noureddin. It was not without the greatest difficulty that he at length succeeded in effecting this generous purpose. His efforts, however, at length vanquished every obstacle, and he had the satisfaction, perhaps the greatest which can be felt by a generous mind, of returning good for evil, and avenging himself upon his enemy by acts of beneficence.

Having accomplished this purpose, our hero, accompanied by Conrad and the English Knights, embarked for Europe, to demand those succours which could only recover the Holy Land from the victorious Saladin.

CHAP. XII.

The Power of Imagination.

In his last voyage nothing could have been more flattering than the situation of our hero. Accompanied by a numerous suite of Knights and warriors, he had arrived at the Holy Land with not other hopes than those of

schlechten Erfolg, den die meisten seiner Bemühungen in Palästina gehabt hatten, fast ganz niedergeschlagen; die ansehnliche Begleitung von Kriegsleuten, die er aus Frankreich mitbrachte, hatten fast alle Blut und Leben zugesetzt, und nichts damit gewonnen. Man stand auf dem nämlichen Punkte wie vorhin, oder vielmehr auf einem noch schlimmern; Jerusalem, und fast ganz Palästina war in der Sarazenen Gewalt, und er reiste in weit geringerer Begleitung, mit weit schlechtern Hofnungen, um Hülfe in einem Lande zu suchen, wo man sich so lange zu besinnen pflegte ehe man sich entschließen konnte, sie zu geben, wo man sich den Gedanken ungescheut erlaubte, den er, wenn er in seinem Herzen zuweilen aufstieg, als gottlos verdammte, den Gedanken, daß man besser thun würde, den Sarazenen ein Land nicht länger zu bestreiten, das bereits so viel Blut gekostet hatte, und dessen ruhige Besitzung für die Christen keinen andern Nutzen haben konnte, als jährlich eine Menge müßiger Pilger an sich zu ziehen, welche Gott durch die Sorge für ihre Familien, und Fleis in ihren Berufsgeschäften weit wohlgefälliger als durch die heißeste Andacht bey dem heiligen Grabe hätten dienen können. Durch Vorstellungen von dieser Art ganz niedergeschlagen, und oft auf die Meynung gebracht, welche einem Manne von seiner Art erschütternd seyn mußte, daß er den schönsten Theil seines Lebens zu Verfolgung eines Schattens angewendet habe, daß er in einem Stande lebte, der bey weiten nicht so heilig, nothwendig, verdienstlich und Gott wohlgefällig sey, als er bisher geglaubt hatte, suchte er sich bald seine Zweifel zu widerlegen, bald von denselben loßzureißen. –

Seine eignen Angelegenheiten, die er bisher ganz aus der Acht gelassen hatte, um sich für andere aufzuopfern, gaben ihm hiezu den besten Anlaß, und er nahm sich vor, auf der gegenwärtigen Seereise wie auf der vorigen, sie nochmals zu überlegen, und sich zu dem vorzubereiten, was in Europa, was in England, wohin er diesesmal seine Weg richten wollte, auf ihn warten mögte. Zu diesem Geschäfte waren ihm die Briefe Rosemundens unumgänglich nöthig, und er nahm keinen Aufschub, dieselben von dem Ritter von Staufen, welcher sie noch immer in seiner Verwahrung hatte zurück zu fordern.

victory. His fortune was now very different, and he experienced the common lot of human nature, that of meeting with the disappointment of his too sanguine expectations. He now beheld Palestine in some degree lost; all its forts and its metropolis being in the power of the Saracens. He was leaving Asia with despair, and was about to seek succours where he had no hope of procuring them. The age was now becoming less inclined to these expeditions of chivalry; the prowess of Saladin, and the late misconduct of some of the Christian leaders, had wearied the European nations. It was argued by some of the writers of the day, that the reconquest of the Holy Land had already cost more than its possession could ever repay, and that it would be much better to abandon it to the Infidels.

A species of philosophy, falsely indeed so called, had succeedd the former piety of the age; and the crusades began to be considered as the effects rather of a blind and ignorant zeal, than of a pious obedience to the natural impulses of religion. Theses arguments, improved into a greater conformity with true piety, were at length adopted by men, whose opinion, from their reputed wisdom, was of great weight, and whose well-experienced piety would not admit a suspicion that such doubts originated in indifference to the true religion.

The mind of Walter, instructed by ill success, became now for the first time doubtful upon this subject; but to banish such reflections, he endeavoured to divert his mind into a more agreeable channel.

With this purpose he wished to give a reperusal to the letters of his mother, and again to pass over the circumstances of his birthg, and what ever might regard his father and his brothers. He demanded them of Conrad, who yet retained them.

Ihr sollt sie haben, antwortet Konrad, und das Bild – setzte er hinzu, indem er die goldne Kapsel mit einem Seufzer aus seinem Busen zog, da ist es, nehmt es hin dieses schöne Denkmal wie oft bey einem Weibe der Blick eines Engels mit dem treulosesten Herzen verbunden seyn kann. – Walter stutzte über diese seltsamen Worte, glaubte nicht recht gehört zu haben, und verzog, die Hand nach dem Gemälde auszustrecken. – Ja, ja, fuhr Konrad fort, nehmt es nur hin dieses gefährliche Bild, welches mich bald zu euren Mitbuhler gemacht hätte, wenn ich Schönheit ohne Treu und Tugend lieben könnte. – Zu meinen Mitbuhler? fragte der erstaunte Walter, kennt ihr das Original dieses Bildes, es ist meine Mutter. –

Wie? rief Konrad, ist das nicht Graf Raimunds Tochter? Ist das nicht die Matilde von Tripoli die ihr so sehr liebtet, von deren Liebe ihr mir so viel erzähltet, und die doch im Stande war einen Mann wie ihr. – Himmel! schrie Walter, was sagt ihr da? was wißt ihr von Matilden. – Der Ritter von Staufen weigerte sich eher etwas zu sagen bis ihm der andere das Original des Bildes genannt, und ihm etwas genauer mit demselben bekannt gemacht hatte, und Walter sahe sich genöthigt, um seinem Ungestüm Einhalt zu tun, ihm das Hauptsächlichste von der Geschichte seiner Mutter zu entdecken, ihm sogar einige von ihren Briefen zu lesen. Konrad gerieth nach Endigung dieser Nachrichten in einen Tiefsinn, aus welchen nichts ihn erwecken konnte. Walter brannte vor Ungeduld, eine Erklärung über die räthselhaften Worte zu hören, deren er sich in Ansehung der Untreue deren er Matilden beschuldigte, bedient hatte; aber er mußte für diesen Tag darauf Verzicht thun, und Konraden von sich lassen, welcher in einer Bewegung war, die ich so wenig zu beschreiben vermag, als Walter sich dieselbe erklären konnte.

Ich übergehe die fürchterlichen Vorstellungen die sich unser Tempelherr von demjenigen machte, was er von seiner Matilde hören würde, und in welchen ihm nichts zum Troste diente, als daß Konrad in der Person irre war, und daß, so wie er die längst verstorbene Rosemunde für Matilden gehalten hatte, auch wohl das, was er von der letzten zu sagen wissen

„Receive them, " said the Chevalier de Stauf, and he drew from his pocket the casket of gold which contained them. „Behold the portrait", said Conrad, „and answer me, how features thus lovely can retain so faithless a heart."

Walter regarded him with astonishment, and imagined that he had misunderstood him, and was about to return the casket.

„No, no", said Conrad, „the casket is the same, and unfortunately the portrait it contains, is too well known to us both. It would have rendered us rivals, if I could love beauty when thus separated from virtue."

„Rivals", said Walter with surprise. „And do you know the original of this portrait? – It is my mother."

„How", exclaimed Conrad, „is it not the portrait of the daughter of Count Raymond? – Is not this the Matilda of whom you have so often spoken, who loves you with so much tendernes, but who is – „What is it you mean?" said Walter. „What do you know of Matilda? – What do you think of her? – or rather, why do you think of her at all?"

It was in vain that Walter repeated his questions; Conrad refused to answer him till he had previously replied to his enquiry. Walter, to explain every thing in the most satisfactory, as well as the least difficult manner, entered into the narrative of the greater part of the circumstances of his birth and early life, and shewed him the letters of his mother Rosamond. Walter now demanded a similar explanation upon the part of Conrad; but his former surprise was now redoubled when, upon the termination of his narrative, he beheld his friend involved in a reverie, which compelled our hero to renounce, for that day at least, the gratification of his curiosity.

It is needless to relate in minute detail the various conjectures which alternately passed through the mind of Walter. It was evident that Conrad entertained some doubts with regard to the virtue of Matilda; but Walter was now disposed to believe that his friend did not mean the Matilda, the object of his affections.

konnte, ein Mißverständnis, eine Verwechslung der Gegenstände zum Grunde haben konnte.

Mit beschämtem Blick, erschien Konrad des andern Tages bei Waltern, setzte sich an seine Seite und fieng nach einen langen Stillschweigen folgender Gestalt an:

Ich muß mich zwingen, Ritter! muß euch meine Schwachheit gestehen, muß bekennen, daß ich, so lange ein Spötter und Verächter der Liebe, endlich ein Raub dieser fürchterlichen Leidenschaft geworden bin, ein Raub der thörichtsten Liebe, welche je in einem Herzen existirt haben mag. Das öftere Anschauen des Bildes, das ihr mir aufzuheben gabt, entriß mir mein Herz, ich hielt es für Matilden von Tripoli, und ihr könnt euch vorstellen, daß ich mich nicht ohne Widerstand entschloß der Nebenbuhler meines besten Freundes zu werden. Zu schwach der Zauberkraft, die in diesen Gesichtszügen liegt zu widerstehen, überließ ich mich endlich meiner thörichten Neigung, und tröstete mich mit der Hofnung, daß ihr und ich, beyde geweihte Ritter, auch beyde eine Person mit gleichem Glück lieben könnten, ohne Feinde zu seyn. Die Leichtigkeit mit welcher ihr euch des Besitzes dieses Bildes entschlagen, und euch der Ausübung eurer Pflichten überlassen konntet, ohne ein einzig mal nach demselben zu fragen, erregte zuweilen gar den Gedanken in mir, daß eure Liebe schwächer als die meinige seyn, und es euch vielleicht mit der Zeit möglich seyn könne euch derselben um meinetwillen zu entschlagen. – Wenn ihr jemals recht geliebt habt so müßt ihr alle Unmöglichkeiten kennen, mit welchen ein Liebender im Stande ist sich zu schmeicheln. – Nichts wäre fähig gewesen mich von meiner thörichten Leidenschaft loszureißen, als die Entdeckung die ich in den letzten Tagen unsers Aufenthalts in Palästina machte, daß Graf Raimunds Tochter, welche ich für das Original meines angebeteten Bilds hielt treulos, einem Walter treulos, und folglich der Achtung eines Herzens wie das meinige ganz unwürdig sey. – Ich hatte mich schon fast völlig überwunden, hatte das gefährliche Bild, in mehrern Tagen nicht angesehen, und nun muß ich aus euren Munde den

Upon the following day Conrad addressed him with an appearance of emotion.

I am about to make a confession which, for its singular folly, you will scarcely credit. You may remember that, upon giving me the portrait, you permitted me to gaze upon it at my pleasure. Will you believe that scarcely a day had passed in which I have not availed myself of this permission? Will you credit that such has been the effect which has produced upon my imagination, that I had absolutely become enamoured of the object it represent, and hitherto believed Matilda of Tripoli the original of the portrait, and the object of my passion. As I knew you to be enamoured of the same person, I endeavoured to struggle with my incipient passion; but it was already too strong for my reason. You will be inclined to think this incredible: I should have thought so myself some years since, but I have now learned the power of imagination. I began to flatter myself that you loved Matilda of Tripoli with a youthful and transient passion, and that the activity of martial service, and the dangers of Palestine, would lead you soon to forget her. – This was enough to feed a passion so little substantial in its fare as love. I now gave myself freely up to my delirium, and resolved to seize the first opportunity which Fortune should present, to obtain a personal interview with the daughter of Raymond.

At this period, which was but a few days before we left Palestine, I learned that Matilda of Tripoli, whom I believed to be the original of the portrait, was faithless to you, and of course unworthy of the love of a Knight like either you or myself. From that moment I no longer cherished my passion, and had thus nearly overcome it, when the event of yesterday again revived the almost extinguished flame. I learned from your own mouth that the object of my singular passion was not Matilda, a woman of indifferent

rechten Gegenstand meiner Liebe kennen lernen, muß erfahren, daß mein Herz mich nicht täuschte, daß ich keine verräherische Matilde, daß es einen Engel anbetet, für die ich mein Leben hingeben müßte, wenn er noch auf Erden wandelte. – Glaubt ja nicht, daß meine Leidenschaft durch die Vorstellung geschwächt wird, daß sie eine längst Verstorbene zum Gegenstande hat; sie wird dadurch nur noch mehr angefacht, und mit Freuden setze ich alle meine Hofnungen über das Grab hinaus, wo ja überhaupt allein alles Glück existirt, das Leute von unserer Art zu hoffen haben. –

Mit diesen Worten sank der unglückliche Konrad wieder in einen Tiefsinn, der für Waltern ein fürchterlicher Anblick war. Er zitterte für den Verstand seines Freundes, fieng an, alles was er ihn von Matilden gesagt hatte, für Träumereyen eines zerrütteten Gehirns zu halten, und nahm sich vor, ihm keine Frage mehr über diesen Gegenstand vorzulegen. Um indessen seinen Gedanken eine andere Richtung zu geben, zog er Matildens Bild hervor, zeigte es ihm und foderte sein Urteil über daßelbe. Konrad betrachtete es, legte es kaltsinnig hinweg und griff nach Rosemundens Gemählde, aus dessen Anschauen er sich nach einer langen Weile mit einem tiefen Seufzer emporriß, Waltern die Hand drückte, und plötzlich das Zimmer verließ. –

Dieser und viele folgende Tage verflossen, ohne daß die beyden Freunde ein Wort über diesen seltsamen Vorgang gewechselt hätten. Konrad schien sich vor Waltern zu schämen, und dieser suchte ihn eben so geflissentlich auf, als ihn jener zu vermeiden suchte. Keine Künste der Freundschaft ein krankes Herz zu heilen, wurden gespart, aber sie würden wahrscheinlich vergebens gewesen seyn, wenn nicht Konrad selbst Stärke genug besessen hätte, seine Schwachheit endlich zu überwinden. –

charcater, but an angel no less lovely than virtuous. Do not think that my passion will become extinguished with this knowledge that the object of it no longer exists. This knowledge will only render it more lively and more permanent. I shall experience the pure satisfaction of having placed my hopes upon a being, whose virtues must have now numbered her amongst the blessed.

Walter felt some inclination to smile at this extravagance of his friend; but the countenance of Conrad wore that appearance of real misery, that, however fanciful the cause from which it originated, the sensibility of Walter could not refuse his pity. Conrad, as if he translated into its true sense the expression of Walter's countenance, appeared somewhat confounded, and endeavoured to divert the conversation to some other subject; but his evident embarassment sufficiently discovered the state of his mind, and he seized the first opportunity to retire.

Many days passed away without any renewal of the conversation upon this subject. Conrad appeared to avoid Walter, whilst he upon his part seemed to seek Conrad with as much constancy as the latter avoided him. Walter was doubtless much astonished that the excellent judgement of his friend should submit to a folly like that of the one he had confessed; but Walter had now lived too long, and had too much experience of life and human character, not to have seen many and still more striking examples of the power of imagination over the strongest judgement. He had learned that man, though rendered immortal by the bounty of Heaven, was a creature of frailty, and equally in mind as in body, the sport of disease and derangement. It is the nature, however, of minds of superior strength, that they contain in themselves the source of their cure; and though they are subject, by the laws imposed upon general nature, to the same infirmities

Ritter, sagte er eines Tages zu Waltern, ich muß euch bitten, die Gespräche die vor einiger Zeit über ein gewisses Bild zwischen uns sind gewechselt worden, gänzlich zu vergessen. Sollte ich in Zukunft aus euren oder irgend eines andern Munde ein Wort hören, das mir auf die entfernteste Art eine Schwachheit vorzuwerfen schien, die wie ich denke, nunmehr besiegt ist, so würde mich keine Verbindung in der Welt hindern, eine solche Beleidigung mit Blut zu rächen. Ich bin ein Mensch und konnte fehlen, aber wehe dem, der mir meine Fehler aufrückt! – Walter antwortete auf diese Drohungen seines Freundes, die er von keinen andern würde haben gelassen anhören können, mit einem freundlichen Blick, und der Bitte, sich zu beruhigen. – Eben so unausstehlich fuhr Konrad fort, würde es mir seyn, wenn ihr, da ich in einem Stück ein Thor war, mich im ganzen für unsinnig halten solltet.

Ihr fragt nicht nach den Winken, die ich euch von der Treulosigkeit eurer Matilde gab; haltet ihr sie vielleicht auch für Phantasien eines Träumers? oder ist euch so wenig daran gelegen, diejenige kennen zu lernen, die ihr würdigt eure Geliebte zu nennen? – Ach Konrad! erwiederte Walter, ich zittere, aus eurem Munde zu hören, daß das, was ich so gern für Träume halten mögte, Wahrheiten sind. – Ich bin jetzt gefasst genug euch alles zu sagen, fiel ihm Konrad in die Rede, und ich will eilen, euch zu zeigen, daß derjenige, dessen Herz an den Reizen einer Verstorbenen hängt, vielleicht nicht ganz so thöricht liebt, als der, welcher sich von einer Treulosen nicht loszureißen vermag, welche nicht für ihn leben will.

Dreyzehntes Kapitel.

Gar eine verwirrte Geschichte, welche sich erst lange darauf in der Folge aufklärt.

Walter schwieg, und der Ritter von Staufen fieng seine Erzählung auf folgende Art an:

212

with others, their superior force enables them to repel, and finally to vanquish their mental malady.

Thus it was with Conrad; – in a short time he so far recovered from this singular disease of his imagination, that he was blushed at his weakness. He requested Walter no more to mention a circumstance which only gave him pain. – „I consider it, and request you to consider it, as a disease of my imagination – a disease to which idleness and caprice have given origin, and from which I have at length released myself. Let there be no future mention of what I shall ever blush to remember. I request this of your friendship – I have the confidence that you will not refuse me."

Walter did not hesitate to make this promise. – „And, in return", said Conrad, „I will now explain what I meant with respect to Matilda of Tripoli, when I affected that she was false, and unworthy of you. You doubtless thought that I could not possess my right reason when I avowed my passion for your mothter, as derived from the frequent examination of her portrait. Perhaps my explanation may lead you to confess that it is in no degree a less madness to be attached to a faithless woman, than to have conceived a passion for one who no longer existed."

CHAP. XIII.

A Narrative which can only be understood in the Sequel.

Walter was silent, and Conrad thus began.

Um euch das, was ihr zu wissen verlangt aus dem Grunde zu sagen, wird es nöthig seyn, daß ich euch in jene Zeiten zurück führe, in welcher der gutdenkende Theil unserer Brüder, sich unter eure Anführung begab, um Nureddin, Saladins Neffen, den meuchelmörderischen Händen des Grafen von Flandern und derer, die in seine teuflischen Anschläge willigten zu entreißen. Ihr beehrtet mich mit dem Auftrage, die Beschützung des gefangenen Jünglings über mich zu nehmen, und ihr wißt, mit welchen Freuden ich denselben annahm. – Ich ließ es nicht dabey bewenden, den jungen Sarazenen in seinem Gefängnisse zu bewachen, ich nahm ihn in mein Haus, suchte ihm das, was er in seinem Kerker erduldet hatte, denn ein Kerker war sein bisheriger Aufenthalt, zu vergüten, und brachte alle Zeit, die mir von meinen Geschäften überblieb, in seiner Gesellschaft zu. Unser gegenseitiger Umgang, mein Mitleid mit seinem Schicksal, und seine Dankbarkeit gegen mich, war bald der Grund einer Freundschaft, welche wenig ihres Gleichen kennen wird.

Ich brannte vor Begierde ihn zu befreyen, und ward durch die Pflichten, die ich der Christenheit schuldig war, von demjenigen abgehalten, was ich euch wohl hätte thun können, da ihr euch in allen auf mich verließet und in nichts Rechenschaft von mir fodert. Nureddin war zu edel mir etwas wider meine Schuldigkeit zuzumuthen, zu edel, seine Befreyung auf andre Art als öffentlich und mit gegenseitiger Bewilligung solcher Vortheile zu wünschen, die der Wichtigkeit seiner Person angemessen waren. Der Himmel weis, wie sehr ich alle Vorschläge die Saladin seinetwegen so oft thun ließ, begünstigte, und wie ich trauerte, daß man auf unserer Seite so hart war, und Nureddins Gefangenschaft immer ein Jahr nach dem andern verlängerte.

Er sah wie unglücklich mich meine Schwachheit, etwas zu seinem Glück beyzutragen, machte, und suchte bey unsern Zusammenkünften diesen Gegenstand so viel als möglich aus unsern Gesprächen zu entfernen. –

„That you may better understand my narrative", said he, „I shall commence it from the period when you obtained the unfortunate Noureddin from the Earl of Flanders. You committed him to my care, and I need not recall to your mind the fidelity with which I executed my office. I took him to my house, and endeavoured to compensate for what he had hitherto suffered. I passed all that time with him which my other occupation did not require.

I had no other wish than that of restoring him to liberty; but Noureddin was of too noble a nature, to seek the recovery of his freedom by any other than the most honourable means. I encouraged therefore every proposal from Saladin of an exchange of prisoners, but was reduced to despair by my frequent disappointment.

„Noureddin saw my chagrin, and knew the cause: he was careful therefore in his conversations with me, to abstain from the mention of a subject which could only renew the memory of my fruitless efforts.

Unsere Schicksale, unsere Reisen wurden denn meistens bey unsern Unterhaltungen hervorgesucht, und ich kann mich nicht ohne Entzücken, an so manche schöne und wahre Bemerkung, so manchen edeln und großen Gedanken erinnern, den er gegen mich äusserte, und der mir in dem Munde eines Sarazenen doppelt auffallend war. –

Aber Nureddin war kein gewöhnlicher Mensch; sein Oheim Saladin hatte nichts gespart, sein Herz und seinen Verstand zu bilden, er hatte ihn frühzeitig der Erziehung seines Vaters, des wilden Assad entrissen, und ihn, ohne Rücksicht auf die Gefahr in die seine Religion kommen könnte, die Jahre seiner frühesten Jugend an verschiedenen christlichen Höfen zubringen lassen. Am Hofe des griechischen Kaisers, und am Hofe des Königs von Zypern hatte er sich am längsten aufgehalten, und ich bemerkte allemal wenn er auf den letztern zu sprechen kam, daß er sich länger dabey verweilte, und etwas auf dem Herzen zu haben schien, das er sich nicht vorzubringen getraute.

Ich muthmaßte schon damals auf eine Liebesbegebenheit, gab mir aber sehr wenig Mühe sein Geheimniß zu erfahren. Nureddin kannte mich als einen Feind und Spötter der Liebe, und blieb also in diesem Punkte allemal zurückhaltend gegen mich, ohne daß übrigens unsere Vertraulichkeit darunter gelitten hätte. – Auf diesen Fuß lebten wir miteinander, als ihr, ich und die Belforte, durch das Loos, oder vielmehr durch die Wahl unsers Freundes Gerhard, zu Begleitern des Großmeisters auf der Reise nach Europa ernannt wurden. Ich trennte mich von meinen Freund Nureddin, und beschwor Gerharden, sich, seine Beschützung und Versorgung eben so angelegen seyn zu lassen, als sie mir gewesen war; er versprach es, und wir reißten ab.

Bey unserer Rückkunft nach Palästina, war eine meiner ersten Fragen an Gerharden nach dem Ergehen Nureddins. – Ich verlangte ihn zu sehen, aber Gerhard wußte immer so viel scheinbare Ausflüchte zu finden, daß unser Aufbruch nach Jerusalem heran kam, ohne daß ich meinen Freund

Noureddin had travelled; Saladin had spared nothing to complete his education. Amongst other Courts, Noureddin had visited those of the Greek Emperor and the Prince of Cyprus; he would often speak to me of the latter, and appeared to have something upon his mind which he wished to communicate to me, though he knew not how to introduce it.

„From this time I began to suspect that the heart of Noureddin had not escaped from the tender passion; but as I saw he was unwilling to give me his confidence upon this subject, I did not endeavour to extort what he appeared so desirous to withhold from me.

It was at this period that our friend Gerard de Ridese caused me to accompany the Grand Master to Europe.

„I need not say that I left Noureddin with regret; I requested Gerard to consider him as one of the dearest of my friends, and obtained his promise to that effect."

„Upon my return to Palestine, Noureddin was the first object of my enquiry. Gerard, however, under different pretexts, put me off from day to day, and I was compelled to leave Jerusalem without having seen my friend.

gesprochen hätte. Die Begebenheiten daselbst, und das traurige Ansehn, das die Sache der Christenheit gewann, nebst den Feinden, den ich in meinen eigenen Herzen zu bestreiten hatte, brachten Nureddins Bild eine Zeit lang aus meinen Gedächtniß; aber die Freundschaft zu ihm erwachte mit neuer Stärke, als ihr, da alles für uns verlohren war, den Entschluß faßtet, aus der Gefangenschaft des sarazenischen Prinzen einigen Vortheil zu ziehen.

Ich zitterte, daß ihr die Bedingungen seiner Freyheit zu schwer machen, und Saladin, der ohnedem alles in Händen hatte, lieber seinen Neffen noch länger gefangen sehen, als ihn durch wichtige Plätze auslösen mögte. Wie ich gedacht hatte, so gieng es. Ihr wißt, daß Saladin euch gegen Nureddin weder Graf Raimunden, noch Roger von Mulinis, noch eine unserer Hauptfestungen frey geben wollte. Auf mein wiederholtes Bitten gabt ihr endlich nach, fodertet nebst dem heiligen Kreuze nichts als den Großmeister unsers Ordens, welches euch auch endlich zugestanden wurde. Mit Entzücken eilte ich auf euren Befehl zu Gerharden, um ihm Nureddins Freyheit anzukündigen, und meinem Freunde die fröhliche Botschaft, daß er zu Saladin zurück kehren könne, selbst zu bringen; aber wie erstaunte ich, als ich Gerharden in die größte Verlegenheit gerathen sahe, und endlich das von ihm erfuhr, was ihr sogleich hören sollet.

Nureddin war schon seit langer Zeit nicht mehr in seiner Gewalt; da er ihn nicht so sorgfältig bewachet und nicht so fleißig besucht hatte als ich, war es kein Wunder, daß sich das ereignete was wirklich geschahe. Er fand eines Tages, als er einmal seinem Gefangenen zusprechen wollte, an seiner Statt eine verschleyerte Dame die sich ihm zu Füßen warf, sich Graf Raimunds Tochter und Nureddins Geliebte nannte, und ihn bat den Betrug, den die Liebe sie begehen gemacht, zu entschuldigen und zu verhehlen. — Durch Bestechung der Wache, sagte sie, glückte es mir zu meinem Geliebten zu kommen. Die Bitten der zärtlichsten Liebe bewegten ihn endlich, durch die Mittel die ich an die Hand gab seine Freyheit zu suchen und mich hier zurück zu lassen. Glaubt nicht, fuhr sie gegen Gerharden fort, daß meine Gegenwart hier in eurem Gefängnisse euch unnütz seyn wird, mein Nureddin liebt mich so sehr, daß er, wenn

The reverse of the Christian affairs for some time caused me to forget Noureddin; but my friendship returned with its former ardour when every thing appeared to be lost, and you took the resolution of procuring some advantages for the Christian cause through the exchange of Noureddin.

I trembled lest your demands should be greater than what you would obtain, and lest Saladin should even prefer the slavery of his nephew, to the conditions you might propose for his exchange.

You may remember that your first offers were rejected, and that Saladin refused to listen, till, upon my earnest entreaty, you were contented to confine your demands to the restoration of the Cross and the Grand Master.

„Upon the conclusion of the negotiation, I flew to the house of Gerard, to announce to him the liberty of Noureddin. How was I astonished when I beheld Gerard ready to sink with terror, and learned from his own mouth what follows!

„Noureddin for a long time had not been in his power; by a singular and almost incredible stratagem, he had effected his escape. Gerard had not paid a visit to his prisoner for some time; he at length approached his apartment with this purpose. What was his confusion when he discovered Noureddin to have escaped, and a woman in his stead. She threw herself at his feet – 'Pardon, Sir Knight,' said she, 'the fault which love has led me to commit – I am Matilda, daughter of the Count of Tripoli. I contrived to corrupt the guards, obtain admittance to my lover, and to effect his release by remaining in his stead; but I am convinced that the Christian cause will lose nothing by the exchange.

The generosity of Noureddin will procure a ransom for my liberty no less rich than what Saladin would have given for him.'

ihr meine Auswechslung dereinst zu euren Vortheil für nöthig findet, seinen Oheim bewegen wird alles für meine Freyheit zu thun. –

Gerhards Gedanken bey diesem Vortrage kann ich nicht genau bestimmen, nur so viel weis ich, daß er es für gut gehalten hat, diese seltsame Vertauschung der Gefangenen zu verschweigen, und er selbst hat mir gestanden, daß die Gesellschaft der großmüthigen geliebten Nureddins ihm endlich so unentbehrlich geworden sey, daß er mit Zittern daran dächte sich von ihr trennen zu müssen. Ihr kennt ja die weiche gefühlvolle Seele, wie leicht war es, daß weibliche Schönheit ihn bestrickte, da wohl Stärkere in dieses Netz fallen können.

Ich konnte mich nicht enthalten, genauer nach dieser Person zu fragen, und er sagte mir genug, um mich zu überzeugen, daß sie eure Matilde, daß sie eben diejenige wäre, welche ich damals für das Original meines angebeteten Bildes hielt. Der Name Graf Raimunds Tochter, – unter einen andern kannte er sie nicht, – und der Umstand, daß sie bisher in Zypern gelebt habe, und erst seit kurzen nach Palästina gekommen wäre, trugen das Meiste dazu bey, mich in meinen Gedanken gewiß zu machen. Nach ihrer Gestalt fragte ich gar nicht, hatte auch wenig Verlangen diejenige zu sehen, die euch um eines Sarazenen willen untreu werden konnte, und dadurch alle meine Achtung verlohren hatte. – Ich versprach Gerharden sein Geheimniß so lange wir in Palästina wären vor euch zu verschweigen, und überließ ihm es ihm die nöthigen Vorkehrungen zu machen, damit es euch und jeden andern verborgen blieb. –

Ihr truget kein Verlangen den Gefangenen den ihr euch von Akkon nachführen ließet zu sehen, und es war Gerharden also leicht Graf Raimundens Tochter in Mannskleidern an den Techedin auszuliefern, welcher, wie ihr wißt, um den Gefangenen in Empfang zu nehmen, uns auf halben Wege entgegen geschickt wurde. Dieser Techedin war niemand anders als Nureddin selbst, welcher seit seiner geheimen Befreyung, unter verdeckten

„You may guess the confusion of Gerard upon this singular adventure: it had another event, however, which it is not so easy to guess. Matilda was young and beautiful; Gerard visited her so often, that at length he became enamoured of her, and anticipated with terror the moment of their separation. You know the excessive sensibility which makes a part of his character, and you may thence judge how easily the beauty of Matilda might subject a heart like that of this Knight.

I enquired of Gerard the minutest traits of his fair prisoner, and I am convinced that the Matilda of Noureddin is the same with your's: the concurrence of circumstances is sufficient to persuade me of the justice of this conviction: the travels of Noureddin, his long abode at Cyprus, and the facility with which he might there become acquainted with Matilda, leave me no doubt upon this subject.

„I promised Gerard to keep you from the knowledge of his secret as long as we should remain in Palestine; and you behold how I have observed my promise.

„When the exchange was concluded, you expressed no desire to see the prisoner, and thus Gerard delivered to Techeddin Matilda, habited as a man. The eagerness with which this General advanced to receive Matilda, informed us of a secret which struck us with the utmost astonishment: this was no other, than that Techeddin and Nourredin were the same: – yes, my friend, it was Noureddin himself to whom the greater part of the late

Namen uns so viel Schaden gethan, welcher nur neulich noch den wüthenden Angrif auf Akkon gethan hat, den ihr mit Mühe durch das griechische Feuer zu nichte machtet, und welcher im Grunde auf nichts als auf die Befreyung seiner Dame, der tugendhaften Matilde abgesehen war, dieser treuen Geliebten, die ihren Walter vergessen, und nach Palästina reisen konnte, um die Freyheit eines Sarazenen mit ihrer eignen zu erkaufen. – O Weiber, Weiber! uns zum Unglück seyd ihr gebohren; einige von euch täuschen durch ihre Reize, und überlassen sich lieber jedem andern, als dem wahren treuen Liebhaber, und die guten, frommen, unschuldigen Seelen, die Engelsreize mit Engelsherzen verbinden, diese Rosemunden, gehen hin in ein besser Land, und lassen uns hier auf Erden vergebens suchen, ob wir ihres Gleichen finden werden. – – –

Walter hatte dem letzten Theile von Konrads Erzählung mit einem Erstaunen zugehört, welches ihm die Fähigkeit benahm ihn zu unterbrechen. Es war ihm unmöglich zu glauben, daß Matilde die Rolle bey der Befreyung Nureddins hätte spielen könne, die sie hier gespielt haben sollte, und gleichwohl wenn er alles zusammen nahm, was der Ritter von Staufen von Nureddins Geliebten hatte erfahren können, und was so wohl, so vollkommen mit Matildens Geschichte übereinstimmte, so durfte er fast nicht an der Wahrheit ihrer Beschuldigung zweifeln.

Er fragte Konraden, ob er denn die Gestalt der Dame nicht mit einem Blick gesehen habe; um ihm Gelegenheit zu geben, daß er sie mit Matilden vergleichen könnte? – Ihre Gestalt habe ich gesehen, erwiederte der andere, als wir sie dem Techedin, oder vielmehr ihrem Nureddin entgegen führten, und ich sahe so viel, daß sie in der männlichen Kleidung, die sie trug, ein großes und majestätisches Ansehen hatte; sie genauer zu betrachten, hatte ich weder Lust noch Gelegenheit. Ich haßte sie als diejenige, die euch untreu geworden war, und fürchtete ihren Zauberblick, weil ich sie für das Original meines geliebten Bildes hielt, von dessen Reizen ich mich, wie ich fühlte, mit Gewalt losreißen mußte. – Ich war so unmuthig, daß ich mich meinem Freund Nureddin nicht einmal offenbarte, welchen ich gleich unter der Gestalt des sogenannten Techedin erkannte, ich kehrte voll Unmuth zu euch zurück, und trachtete nach der Gelegenheit

Saracen victories are due; it was he who attacked you in Ackron with a vigour to which you must have surrendered, but through the use of the Greek Fire: he believed Matilda to be there. Such, my friend, is what I know of your Matilda: confess that she is unworthy of your love."

Walter listened to this narrative of Conrad with silent surprise; a doubt still remained.

He demanded of Conrad if he had seen her as Gerard delivered her into the hands of Noureddin.

„Yes", replied Conrad, „I beheld her shape, but my indignation would permit me to look no further – I averted my eyes; but here is an English Knight who saw her more distinctly." –

die sich heute gefunden hat, euch von der Liebe zu einer Treulosen abzumahnen.

Walter fragte, ob er ihm nicht jemanden unter denen, welche mit zu Schiffe gegangen waren zu nennen wüßte, welcher bey der Ueberlieferung des vermeynten Nureddin gegenwärtig gewesen wäre, und Konrad besann sich auf einen der Belforte, welcher sogleich vorgerufen und befragt wurde. Der Ritter war so nahe bey dem ausgewechselten Gefangenen gewesen, daß er vollständige Nachricht von seinen Gesichtszügen geben konnte. Er beschrieb eine morgenländische Schönheit mit feurigen schwarzen Augen, einer bräunlichen Gesichtsfarbe und lockigten schwarzen Haar. –

Walter wußte genug, er verlangte nichts mehr zu hören, und überließ sich von diesem Tage an dem tieffsten Gram, aus welchen ihn Konrad, welcher sich aus seiner unmöglichen Leidenschaft zu der verstorbenen Rosemunde, ein wenig besser zu reißen wußte, oft mit großer Mühe erwecken mußte. – So wie Walter Stunden hatte, in welchen ihn die Ursach seines Grams, Matildens Untreue, völlig erwiesen war, so kamen hingegen wieder andere, in welchen er sich mit tausend Zweifeln, die er in die ganze fabelhafte Geschichte setzte, zu trösten suchte, und es wäre zu wünschen gewesen, daß sein Freund die Klugheit besessen hätte, dieselben zu nähren, und ihn auf diese Art aufzurichten; aber Konrads Charakter ließ dieses nicht zu. Eine Sache, von welcher er selbst überzeugt war, konnte er um der Ruhe eines andern willen nicht für falsch ausgeben. Die Redlichkeit seines Herzens, ließ nicht die mindeste List, die nicht kleinste Verstellung zu, und er war allemal so bereit Walters Zweifel, mit denen er sich schmeichelte, zu zernichten, als ob die Glückseligkeit seines Lebens von ihrer Widerlegung abgehangen hätte. Wenn Waltern einfiel, wie Saladin, der doch schon längst der Gegenwart seines Neffen wieder genoß, diese ihm so vortheilhafte den Christen so nachtheilige Sache hatte verhehlen, wie er sich hatte bereden können, für Nureddin, der schon längst frey war noch hinten nach eine Auslösung zu geben, so wußte ihm Konrad dieses mit der Liebe des jungen Prinzen für die an seiner Statt gefangene Dame, und mit seiner Pflicht auch sie frey zu machen, aufzulösen.

Walter demanded of the Knight a description of her person. The Knight answered in a manner which left Walter no longer doubtful.

He was now convinced that Matilda was the most faithless of women, and became himself, under that conviction, the most miserable of men. He now lost all relish of life; and, had not the sacred canons of his religion forbidden it, he would not have hesitated to terminate his misery with his own hand.

His situation was rendered the more intolerable, as it still admitted a degree of doubt, insufficient either for hope or despair. Had he been fully, and beyond any possibility of doubt, persuaded of the infidelity of his mistress, he would have endeavoured to banish her from his mind, and have submitted to his fate; but there were many points in the history which Conrad had related, which still left Walter in suspense.

Wenn denn Walter weiter fragte, warum Gerhard von Riedesser nicht Graf Raimunds Tochter an ihren Vater ausgeliefert hätte, so versichertet ihm Konrad, daß er diese Frage gleich anfangs an Gerharden gethan, und dieser ihm gesagt habe, wie Nureddins Geliebte ihn oft mit Thränen gebeten hätte, dem Grafen von Tripoli nichts von ihrer Anwesenheit zu sagen, indem er von ihrer Ueberkunft nichts wisse, und sie nur für Nureddin diese Reise unternommen habe. Rechnet zu diesen Umstande, setzte Konradin hinzu, noch die Neigung die Gerhard für seine Gefangene hatte, und die ihn nur gar zu bereitwillig machte, den Bitten seiner Dame Gehör zu geben, und auf diese Art ihres Anblicks so lang als möglich zu genießen. Auch könnt ihr euch vorstellen, daß ihm vor der Verantwortung grauen mußte, die er zu gewarten hatte, wenn man die Verwechselung der Gefangenen innen wurde, welches ja unausbleiblich geschehen wäre, wenn er Graf Raimunds Tochter ihrem Vater überliefert hätte. – Walter war unwillig seine Fragen so gut, so mehr als wahrscheinlich beantwortet zu sehen, und nahm sich vor, seinen Freund, der so wenig geneigt war ihm zu schmeicheln, keinen von seinen Zweifeln inskünftige vorzulegen, sondern allen Trost und alle Hofnung bey sich selbst zu nehmen. – Die beste Aufklärung aller Widersprüche erwartete er bey Hunbergen, und er sahe mit Verlangen, dem Zeitpunkte entgegen, da er ans Land steigen und dem geliebten Kloster zu Brignolle würde zufliegen können.

Da Wind und Wetter ihm diesesmal günstig waren, und weder Sturm noch Windstille seine Fahrt verzögerten, so lief er eher als er hätte erwarten können im Hafen zu Marseille ein, fertigte seine Ritter an den Vikomte von Barral ab, um ihm seine Ankunft zu melden, und ihn daselbst zu erwarten, er aber richtete seinen Weg ganz einsam nach Brignolle, um in den Schooß seiner Pflegemutter der Gräfin von Flandern sein Herz auszuschütten, und Rath und Trost bey ihr zu holen.

If Gerard had known Matilda to be the daughter of Count Raymond, why had he not restored her to her father? – But Walter himself again answered the objections which his hopes thus raised: – „Gerard", said he, „loved Matilda; his love was doubtless the cause why he thus detained her. He could not restore her to her father without at the same time losing her himself."

It is impossible to conceive any state of mind more miserable than that of this uncertainty. The benevolence of Providence has so formed us, that we can support ourselves under the greatest calamity; we no sooner find it to be inevitable; than we summon up our fortitude, and seldom miss of the victory. It is not thus with the mind in a state of suspense; the mind is then the scene of the conflict of contending passions: one moment hope predominates, and raises a pleasing fabric – despair succeeds, and levels it with the ground: such was the state of the mind of Walter.

The winds and sea had been favourable during the whole of his voyage; neither storm nor calm occurred to impede his course. He arrived therefore sooner than he expected. He commanded his Knights to proceed to the Court of Marseilles, whilst he should take the road to Brignole.

Vierzehntes Kapitel.

Hunberga sieht weiter als Walter, und tröstet ihn.

Walters Ankunft in dem Kloster de la Celle, seine Aufnahme bey Hunbergen, und die Freude, welche seine Ankunft über die ganze Schwesternschaft von der Aebtißin bis auf die Pförtnerin verbreitete, sind Dinge welche ich meinen Lesern nicht umständlich erzählen darf, um mir die Zeit zu Erzählung wichtigerer Dinge nicht hinweg zu nehmen, auch sind sie bereits mit Hunbergens Klosterschwestern, und ihrem Aufenthalte ein wenig bekannt. Gutherzige, umgängliche, freundliche Geschöpfe waren diese Nonnen de la Celle, und meine Leser werden es ihnen zutrauen, daß sie nichts sparten, dem, der sie zu besuchen kam, seine Höflichkeit zu vergelten, und ihm den Aufenthalt bey ihnen so angenehm zu machen, als ihnen möglich war.

Man wird sich erinnern, wie viel unserm Helden seit der Zeit begegnet war, da er so plötzlich durch seinen Waffenträger von der Gräfin von Flandern abgerufen ward. Alle diese Begebenheiten, und noch mehr die Briefe der schönen Rosemunde die ihn Hunberga nachschickte, und tausend Dinge die er über dieselben zu fragen hatte, nahmen die ersten Gespräche hinweg, welche sie Gelegenheit hatten ohne Zeugen mit einander zu führen; aber zu der Frage, die Waltern am meisten auf dem Herzen lag, zu der Frage nach Matilden, fehlte ihm immer Muth und Anlaß.

Meine Leser kennen seine Schüchternheit in diesem Stück, welche jetzt noch durch die Furcht vermehrt wurde, Hunberga mögte, wenn er ihr seine eifersüchtigen Grillen in Ansehung Matildens entdeckte, ihm mit der Frage dazwischen kommen, die er nur gar zu oft an sich selbst that, war er für ein Recht habe, Matildens Handlungen zu meistern, oder sie untreu zu schelten, wenn sie einen andern liebte als ihn, den sie in so langer Zeit nicht gesehen, von dessen Liebe sie so wenig Beweise hatte? Auf diese Art ward immer der Name Matildens unterdrückt, und eine Frage die er

CHAP. XIV.

Blanche consoles Walter.

It is not difficult to conceive the satisfaction which Walter experienced at again finding himself with his benefactress.

Walter resolved to seize the first moment to communicate to her the secret of his heart; but he suffered many to pass away before he could persuade himself to enter upon the subject.

His natural reserve was further increased by the reflection that his confidence in Blanche might produce questions which he would find it difficult to answer. − „She may ask me", said he to himself, „what authority I have to become a critic of the actions of Matilda − one whom I have not seen these ten years, and who may now be ignorant that I yet exist." − This reflection kept him silent: often did the name of Matilda rise on his lips, but his natural reserve and this reflection still repressed it.

um ihrentwillen angefangen hatte, plötzlich in seinem Munde verändert, und auf Rosemunden, oder eine andere Sache angewendet, welche ihm jetzt bei weiten nicht so am Herzen lag. –

Hunberga sah seine Verlegenheit, und ermahnte ihn, ja nichts auf dem Herzen zu behalten, was er ihr etwa zu sagen hätte. Denn, setzte sie hinzu, wir haben dießmal wenig Zeit mit einander zuzubringen, deine Angelegenheiten erfodern deine schleunige Abreise nach England, und ich wüßte mir nichts Erwünschteres zu bedenken als deine Ankunft, ohne welche es hätte geschehen können, daß du dein Vaterland für dein Glück viel zu spät gesehen hättest. – Schon vor vier Monaten erhielt ich diesen Brief vom König von England, welcher dich, seinen Sohn so nahe angeht, daß du ihn selbst lesen mußt.

Walter nahm den Brief aus Hunbergens Hand, küßte ihn, und las folgende Zeilen.

Werthe Gräfin!

Die Undankbarkeit der Söhne Eleonorens vergilt mir es reichlich, daß ich für die Kinder meiner unglücklichen Rosemunde so wenig that. Von Henrichen und Gottfrieden will ich nichts erwähnen; sie sind dahin, ein früher Tod war die Strafe ihrer Undankbarkeit. Richarden wieder in meine Arme zu bekommen, habe ich mehr gethan als vielleicht ein Vater thun sollte, habe ihm alle unbescheidne Foderungen bewilligt, die er an mich that, habe ihm und allen seinen Mitrebellen volle unbedingte Vergebung ertheilt, aber Himmel! daß ich unter den Namen dieser begnadigten Rebellen, auch den Namen meines liebsten Sohnes finden mußte, daß Johann von Irrland, dessen Treue ich für unerschütterlich hielt, auch seinen Vater verrathen hat, das ist mehr als ich ertragen kann. Ich verzeihe ihm, und lege mich hin zu sterben; doch wünschte ich vor meinem Tode meinen Sohn Walter noch zu umarmen, und ihm das Land zu bestätigen, das ich, wie ihr wißt, fast von seiner Geburt an für ihn bestimmte. –

Blanche perceived his embarrassment, and demanded his confidence.

„Let us avail ourselves", said she, „of the present time, for we know not how long we may be together. It is necessary that you should depart almost immediately for England. I have received this letter", continued she, putting into his hand, „from the King of England." –

Walter took it, and read as follows: –

„My dear and worthy Countess, the ingratitude of the sons of Eleanora has punished me for having done so little for those of Rosamond. I do not speak of Henry and Godfrey – they are now no more! I have spared no efforts to recall the rebellious Richard to the memory of his duty; – alas! I have not only failed of success, but have made a discovery, the grief of which I do not expect to survive. My youngest, my best beloved son, John, has ranged himself amongst my enemies; but I pardon him, for I expect to live but a very short period. Before I die, I would wish to embrace my son Walter, and invest him in the province which you know I have so long intended for him. Hasten therefore, my dear Countess – recall Walter from Palestine, and let me see him ere I die."

Eilet, liebe Gräfin! und rufet ihn aus Palästina in die Arme seines sterbenden Vaters. Verlieret keine Zeit, ich bin sehr schwach. –

Diesen Brief, setzte die Gräfin hinzu, als sie sahe daß Walter vor Bewegung nicht sprechen konnte, hatte ich nicht sobald erhalten, als ich einen Boten nach dem gelobten Lande abfertigte, dessen langes Ausblieben mich auf die Gedanken brachte, er müsse dich nicht getroffen haben. Vor kurzer Zeit schickte ich einige andere ab, deren Wiederkunft du, Gottlob! durch deine Gegenwart zuvor gekommen bist. – Ich habe seit der Zeit fleißige Nachricht von deinem Vater gehabt, er ist fast völlig wieder hergestellt, aber ich halte es demohngeachtet für nöthig, daß du deine Abreise beschleunigest; – König Henrich ist alt, die Zeit ist kostbar, und du darfst keinen Tag verliehren, den du noch im Umgange dessen zubringen könntest, dem du das Leben zu danken hast.

Walters Gespräch mit Hunbergen hatte durch diese wichtige Nachricht wieder eine ganz andere Wendung bekommen. Die rückständigen Umstände von Rosemundens Geschichte, welche sie ehemals versprochen hatte ihm mündlich zu erzählen, kamen wegen angelegentlicherer Dinge nicht einmal an die Reihe, wie viel weniger würde an Walters Zweifel wegen Matildens Treue gedacht worden seyn, wenn er nicht ganz auf die Letzt, als er schon einmal von Hunbergen Abschied genommen hatte, wieder umgekehrt wäre, und ihr das entdeckt hätte, was ihm so schwer auf dem Herzen lag, und wozu er den ganzen langen Tag über keine Gelegenheit hatte finden können. –

Hunberga hörte seiner Erzählung mit Verwunderung zu, stand einige Augenblicke in Gedanken und fieng dann mit einem kleinen Lächeln an: Beunruhige dich nicht, mein Sohn! so wenig ich im Stande bin, alle diese räthselhaften Umstände aufzulösen, so kann ich dir doch so viel versichern, daß deine Matilde vor zween Monaten noch in Zypern war; ich hatte damals die letzte Nachricht von ihr, und sie versprach mir, daß ich bald wieder von ihr hören würde, welches ich nun täglich erwarte. –

„I no sooner received this letter", said the Countess, than „I sent a messenger to the Holy Land; and as he did not return at the time I expected, I sent another. Your arrival, however, has anticipated the return of either. Your father's health, indeed, has been re-established in this long interval; but as his age is rather critical, I must advise you to hasten your departure."

Walter now resolved to make an effort to enter upon the subject nearest his heart; but such was his natural reserve, and the kind of awe with which Blanche inspired him, that he again left her without entering upon the subject. He had gone, however, but a few steps before he reproached himself with this weakness, and returned to her with a resolution to delay his purpose no longer. In a few words he related to her what he had heard from Conrad.

„Let not this disturb you, my son", said Blanche; „I cannot indeed clear up this narrative, but I am certain that Matilda was still in Cyprus two months since. I received her last letter from thence about that period, and I am in daily expectation of another.

Nureddins Geliebte kann sie auf keine Weise seyn; denn erwäge nur den einigen Umstand, von dem ich nicht weis wie er deiner Aufmerksamkeit hat entgehen können: Rechne die Jahre zusammen, in welchen der sarazenische Prinz in der Gefangenschaft war; wo hätte er in dieser Zeit Matilden sollen kennen lernen, welche erst lange nachdem er seine Freyheit verlohren hatte, nach Zypern kam, und vorher nie da gewesen ist. Oder glaubst du, er hat sie in England gesehen, wo er vielleicht nie gewesen ist? oder sie hat sich ihm in Palästina gezeigt, welches Land sie seit ihrem zehenten Jahre nicht betrat? – Gehe, gehe, mein Sohn, quäle dich mit keinen unnützen Hirngespinsten, sondern brauche deinen Verstand; rechne dir die Möglichkeiten zusammen, und tröste dich. – Für diesen Abend lebe wohl, morgen vor deiner Abreise will ich dir noch einige kleine Erinnerungen, wegen deiner Angelegenheiten in England geben. –

Der getröstete Walter umarmte bey diesen Worten Hunbergen, und verließ sie.

Fünfzehntes Kapitel.

Träume.

Die Tröstungen der Gräfin von Flandern erfüllten das Herz unsers Walters mit einem Entzücken, welches ihm den größten Theil der Nacht schlaflos erhielt. – Tausend angenehme Bilder giengen vor seiner Seele über, er fühlte sich so glücklich als er kaum je gewesen war, der Kummer wegen Matildens Wankelmuth, der ihn bisher so gequält hatte, war gänzlich gehoben; je mehr er der Sache nachdachte, je unwahrscheinlicher fand er es, daß sie und Nureddin einander je könnten gesehen haben. Die ganze Sache war also eine Verwechselung der Personen; Graf Raimund hatte ja vielleicht mehr Töchter, eine von ihnen konnte eben sowohl als Matilde lange aus ihrem Vaterland entfernt, eben sowohl wie sie in Zypern gewesen seyn. Die Aehnlichkeit, die sich nach der Beschreibung des Ritters Belfort, zwischen Matilden und Nureddins Gebieterin fand, bestand ja in nichts, als in der Farbe der Augen und Haare, in dem bräunlichen Teint, und in der

But consider all the circumstances, and you will find it impossible that Matilda should be the mistress of Noureddin. Matilda was never in the island of Cyprus till long after Noureddin was the prisoner of the Christians. He could not have seen her in Palestine, for she quitted Palestine at the age of ten years. You cannot imagine that he saw her in England. Believe me, my son, you have no cause of disquiet upon this account, for there is no concurrence of circumstances which resemble truth."

Walter, thus consoled, embraced his mother, and took his leave for the night.

CHAP. XV.

Waking Dreams.

Such was the disposition of our hero, who was at once young and sanguine, that he was as liable as other to fall into the extremes of hope and despondency. The kind offices of Blanche had not only dissipated the suspicions which tormented him, but had placed in a brighter point of view the fidelity and tenderness of Matilda; and struck with the improbability of her connection with Noureddin, nothing now remained but to enquire the cause of an error which had so long disturbed his tranquillity. The Count Raymond had many daughters; why might not one of these have been at Cyprus, and thus become known to Noureddin? Conrad, by his own words, had seen only the mien and general deportment of the mistress of Noureddin: – this had doubtless agreed with that of Matilda; but could any thing be more natural than this resemblance between sisters.

majestätischen Gestalt, welche fast allen morgenländischen Schönen eigen war. – Walter fand dieses alles so wahr, so in die Augen fallend, daß er sich gar nicht erklären konnte, warum ihm dasselbe nicht längst eingefallen war, warum er erst nöthig hatte, von Hunbergen auf diesen Weg geführt zu werden. –

Ein anderer Gegenstand seiner angenehmen Betrachtungen, in dieser schönen schlaflosen Nacht, war der Gedanke, daß er nun seinen Vater bald sehen, daß er ihn nicht, wie er aus seinem Briefe fürchtete, dem Tode nahe, sondern völlig wieder hergestellt sehen sollte. – Dieser liebreiche Vater, streckte die Arme nach ihm aus, er wollte in seinem Anblick die Treulosigkeit seiner andern Söhne vergessen, und Walter nahm sich vor, ihm die kindliche Liebe in vollem Maaße sehen zu lassen, die ihm seine andern Kinder versagt hatten; er sollte in seinen Armen alle Leiden dieser Art vergessen, sein Beyspiel sollte auch seine Brüder zu ihrer Schuldigkeit zurück bringen, und König Henrich sollte den Abend seines Lebens so schön und heiter sehen, als vielleicht kaum der Morgen desselben gewesen war.

Der Gedanke, daß König Henrich, indem er ihn zu sich berufte, die Absicht hatte, ihm den Besitz des schönen Landes, das er ihm bestimmte, zu bestätigen, war auch kein kleiner Theil seines Vergnügens. Vielleicht hätte er mit Freuden auf den Besitz weltlicher Herrschaft Verzicht gethan, und wäre Zeitlebens dem Kreuze gefolgt, wenn keine Matilde auf der Welt gewesen wäre; aber sie war es, die ihm den Titel eines Grafen von Anjou nicht mit gleichgültigen Augen ansehen ließ. – Sein Plan war gemacht.

So bald als die ersten süßen Tage des Umgangs mit seinem königlichen Vater verflossen wären, sobald als er die Gewalt über sein Herz erlangt hätte, mit der er sich schmeichelte, so wollte er ihn bewegen, den verlassenen Christen in Palästina ein solches Heer zuzuschicken, als noch kein europäischer Fürst zu einem Kreuzzuge bewilligt hatte, er wollte dasselbe soviel als möglich aus seinem ihm bestimmte Lande verstärken, wollte vom König von Frankreich die Völker fodern die er ihm ehemals versprochen, und bey weiten noch nicht alle geliefert hatte, wollte seine durch ihn bekehrten Brüder, Johann und Richard, auch zu einem ansehnlichen

These reflections struck so powerfully upon his imagination, that he could not pardon himself that it had not suggested itself before.

Restored to his tranquillity upon this subject, he gave himself wholly up to the pleasure of again seeing his father. He promised himself, in the paternal affection of Henry, greater happiness than he had ever yet enjoyed. His example perhaps might recall his brothers to a sense of their duty; and the last days of Henry might thus be more happy than what he now expected.

Amongst the most brilliant images of this reverie was doubtless that of the Earldom of Anjou. Walter was indeed the most disinterested of Knights; he would not have hesitated to have renounced all the goods of life, and to follow the cross, had it not been for his Matilda. But his love of her caused him to regard the Earldom of Anjou with something beyond indifference; he considered it as an honourable and sufficient provision for his future establishment. –

„I will endeavour", said he, „in my present visit to my father, to establish a yet stronger interest on his affections. I will engage him to send effectual assistance to the Christian army in Palestine.
To the army which I shall doubtless procure from him, I will add what I shall procure from my own province.
As I have no doubt but that I shall prevail over my brothers to return to their obedience to my father, I will endeavour to obtain from them some liberal contributions towards the Holy Wars: – one of them will doubtless

Beytrag bewegen, und nun sich mit einem Heer aufmachen, das ganz Palästina überschwemmen, die Sarazenen völlig demüthigen, Jerusalem in seine Gewalt bringen, und ihn in den Stand setzen könnte, dem heiligen Lande Gesetze vorzuschreiben, welche den Christen auf ewig den Besitz desselben versichern sollten. Zuweilen gieng er in diesen Vorstellungen so sehr ins Detail, daß er schon vor den künftigen König zu Jerusalem sorgte, und sich vornahm, dem alten Raimund diese Krone aufzusetzen, auch war er entschlossen, große Veränderungen bey seinem Orden vorzunehmen, den boßhaften Terrikus abzusetzen, und den tapfern edeln Konrad, zum Großmeister zu machen. – Wenn nun alle diese großen Dinge zu Stande gebracht wären, denn wollte er, überzeugt seinen heiligsten Pflichten Genüge gethan zu haben, seinen Orden und sein Gelübde niederlegen, wollte vor Matilden gar nicht im Ordenskleide erscheinen, sondern sie in weltlicher Tracht aus Zypern abholen, sie nach England zu seinem Vater führen, und aus seiner Hand das edelste Geschenk nehmen das ein Mann sich wünschen kann, eine tugendhafte, schöne, fromme, treue Gattin. – – O wie gerieth seine Einbildungskraft in Feuer, wenn er sich Matilden als die Seinige dachte, wenn er sich die Tage mahlte, welche er als Graf von Anjou, als Vater seines Volkes, gehorsamer Sohn seines Vaters, treuer Bruder seiner Brüder, Helfer alles Elends das er lindern konnte, mit der Freundin seines Herzens verleben wollte! – Auf diese Art verwachte er die ganze Nacht, und träumte bey den schönen Bildern seiner Phantasie nicht davon, daß schon der nächste Morgen, einige von seinen schönsten Hofnungen zernichten, und ihn dadurch schlechte Vorbedeutung für die Erfüllung der andern geben würde.

Sechzehntes Kapitel.

Walter lernt zween seiner Brüder kennen.

Walter war des andern Morgens eben im Begrif sich auf den Weg nach dem Kloster zu machen, als ein Bote von Hunbergen erschien, welcher

accompany me, with an army thus powerful, we shall have nothing to fear; the pride of Saladin must submit, and Jerusalem must return to that state which our holy religion requires.

The race of Baldwin being extinct, the crown of Jerusalem will pass to Raymond, who will know how to support it with suitable honour. I will then make those changes which I think the common good requires.

Theodoric, unworthy of governing, shall be succeeded by the valiant Conrad: I will thus re-establish the power and dignity of the Order, and the Templars will be happy in the accomplishment of their duties.

For my part, as I can expect my happiness only from the possession of my Matilda, I shall take leave of my Order upon the accomplishment of these reforms: I will then pass over into Cyprus, present myself to my Matilda, and from the hands of my father receive the greatest treasure which Fortune, or rather Heaven can bestow – a virtuous wife."

Such were the reveries which now possessed the fancy of Walter, and during the whole of the night prevented him from any enjoyment of the blessings of repose. Nor, to confess the truth, did he much need it. There are moments when Nature is better recruited by the free indulgence of her powers, than by the most sound slumbers. Walter was now too happy to think insensibility a blessing. In these reveries did he pass the night. The return of the morning restored him to a more powerful exercise of his reason; his hopes therefore, in some degree, disappeared, and some gloomy presentiments succeeded. Alas! how short is the reign of hope! – alas! how long is that of misery!

CHAP. XVI.

Walter becomes acquainted with his Brothers.

Upon the following morning Walter was about to set off for the Convent, when he received a letter and message from Blanche. The messager

einen Brief an ihn brachte, und die Durchlesung desselben so eilend machte, daß er ihn mit Unruhe erbrach, und folgendes las:

Mein Sohn!

Wen du deinen königlichen Vater noch lebend antreffen willst, so eile nach Chinon bey Saumür, wo er sich, nach der Nachricht die ich vor einer halben Stunde erhielt, gegenwärtig aufhält; er ist dem Tode nahe, er verlangt darnach, dir noch seinen Seegen zu ertheilen, und es ist nothwendig, daß du keine Zeit verliehrst, nicht einmal von mir Abschied nimmst, wenn du denselben noch erhalten willst.

Hunberga.

Die Gräfin von Flandern stellte Walters Abreise so nothwendig, so eilig vor, daß wir uns nicht überreden können, sie durch eine weitläuftige Erzählung seiner Empfindungen bey dieser unerwarteten Nachricht zu verzögern. –

Er reiste ab, und setzte seinen Weg mit solcher Eile fort, daß er sich sogar die nöthige Nachtruhe abbrach, um bald an den Ort zu gelangen, wo er den zum ersten, und wahrscheinlich auch zum letzten Male sehen sollte, welchem er sein Leben zu danken hatte. Aber er kam zu spät. König Henrich hatte schon an eben dem Tage seinen Geist aufgegeben, da sein an Hunbergen abgefertigter Bote zu Brignoll angelangt, und Walter von da abgereist war.

Er fand zu Chinon alles in der tieffsten Betrübniß. Der königliche Leichnam war an dem Morgen des Tages, da Walter in dieser Stadt ankam, nach der nahe gelegenen Abtey Fontevrault abgeführt worden, wo er, wie man ihm berichtete, noch so lange zur Schau ausgestellt werden sollte, bis Prinz Richard, der ungezweifelte Erbe der Krone, sich einstellen, und der Beysetzung beywohnen würde. Man setzte noch hinzu, der Verstorbene habe dieses so verordnet, um durch den Anblick seines entseelten Körpers einige Empfindungen der Reue in dem Herzen des Sohnes zu erwecken, der ihm bey seinem Leben so viel Herzeleid gemacht hatte. –

recommended to him in such an earnest manner the perusal of the letter without a moment of delay, that he hastily broke the seal. The contents were as follow: –

––––––––

„Hasten to your father; he is at Chinon near Saumur, and upon his death-bed. He desires to give you his paternal blessing before he dies. Lose not a moment.

„Blanche de Monbary."

––––––––

Walter, breathless through terror, lost not an instant, and reached Chinon upon the following day.

He did not arrive, however, till too late; the King was no more, and even his body was removed from Chinon to the Abbey of Fontevraut.

Such was the command of Henry, that his body should remain exposed at Fontevraut till the arrival of Prince Richard, the heir to the Crown, to assist at his funeral.

Prinz Johann, er, dessen Untreu dem Herzen des Vaters, der ihn so vorzüglich liebte, den letzten Stoß gegeben hatte, war bereits des vorigen Tages zu Chinon angekommen, aber der traurige Anblick der Leiche verbunden mit den Erinnerungen, welche ihm der Bischof von Lincoln im Namen des verblichenen Königs hatte geben müssen, hatten ihn in eine so wüthende Verzweiflung gestürzt, daß er die Stadt halb sinnlos verlassen, und bey seinem Abschied, wie einige gehört haben wollten, gefährliche Absichten wider sein Leben geäussert hatte; einige andre aber, welche den guten Prinzen besser kennen wollten, versicherten, daß sein Schmerz eben so bald nachgelassen haben würde, als er sich von dem Anblick entfernt hätte, der denselben erregte, ja sie setzten sogar hinzu, daß er vermuthlich eben darum Chinon so schnell verlassen habe, um bey der schuldigen Betrübniß über den Tod seines beleidigten Vaters, so leicht als möglich hinweg zu kommen, und geschwind zu seinen gewohnten Vergnügungen zurück kehren zu können.

Walter schauderte über die Gesinnungen derjenigen, die er seine Brüder nennen mußte, und klagte den Himmel an, daß er ihnen das Glück gegönnt hatte, einen Vater zu kennen, und seiner Liebe zu genießen, den er nur im Tode erblicken sollte; einen Vater, den sie kränkten und beleidigten, und den er, hätte er ihn gekannt, ach wie sehr geliebt haben würde, den aus dem Grabe zurück zu rufen, er noch jetzt bereit gewesen wäre, sein Leben hinzugeben. –

Man erlaube mir, daß ich Walters Empfindungen, bey dieser Gelegenheit nicht umständlicher auseinander setze, ein jedes fühlendes, mit kindlicher Liebe erfülltes Herz kann sich dieselben vorstellen. – Er riß sich von dem Uebermaaß derselben so viel als möglich loß, und da er in der Erzählung, die man ihm gemacht hatte, den Namen des Bischofs von Lincoln unterschiedlichemal gehört hatte, so fragte er nach demselben, um bey ihm mehr von demjenigen zu hören, was jetzt seine ganze Seele einnahm. Man sagte ihm, dieser geistliche Herr wäre es eben, der dem König fast allein in seinen letzten Stunden beygestanden habe, und er habe sich auch nach seinem Tode nicht von seinem Leichname trennen wollen, habe ihn persönlich nach Fontevrault begleitet, wo er auch, wie man sagt, bis zur Beysetzung verweilen wollte.

Prince John had arrived at Chinon the evening before, and was affected with such remorse upon the sight of the body of his father, that his attendants, were not without terror of the consequences: but those who were better acquainted with the natural levity of this Prince, had other expectations; they had no apprehension that his grief would be sufficiently lasting to produce any serious effects, even of future reform.

Such was the situation of things upon the arrival of Walter at Chinon. It is not easy to describe the grief with which this event penetrated the heart of Walter. He lamented with the most acute anguish the sentiments of his brothers, and their fatal effect in shortening the life of their father. He almost cursed his fortune that he had deprived of the hapiness of seeing his father only by so short a period. He had taken the first advice of Blanche, and instead of giving himself up to the reveries of his passion for Matilda, had he hastened, in the moment of his arrival, his departure for England, he might have seen his father. It was some time before Walter could overcome these suggestions of his despair. His vigour of mind, however, at length succeeded, and he became more tranquil.

The name of the Bishop of Lincoln had been mentioned in all the answers he had obtained to his enquiries with regard to the circumstances which attended the death of his father. Walter was thus eager to see this venerable Prelate. He was told that the Prelate had attended the King in his last moments; that he had followed his body to Fontevraut, and that he would remain with it till its burial.

Walter fühlte nach dieser Beschreibung des ehrwürdigen Vaters, daß sich sein ganzes Herz zu ihm hinneigte; er liebte den Mann der so handeln konnte, und eilte nach Fontevrault, nicht allein die Leiche seines Vaters zu sehen, sondern auch den kennen zu lernen, der würdig gewesen war, die letzten Seufzer desselben aufzufassen, und aus dessen Munde er erwarten konnte so vieles zu hören, das ihm in seinem gegenwärtigen Zustande wichtig und tröstlich seyn mußte.

Es war Nacht als er zu Fontevrault ankam. Er stieg vor der Wohnung des Bischofs von Lincoln ab, aber man sagte ihm, daß er ihn in der Kirche bey der Leiche des Königs antreffen würde. Mit zitternden Schritten nahte er sich dem Orte, wo man ihn hinwieß, und welchen er, um keinen Zeugen bey dem Auftritte zu haben der ihm bevorstand, ohne Begleiter betreten wollte. – Die Nacht verbreitete tiefe Stille umher, das Volk, welches bey Tag um die Ueberreste seines guten Königs zu sehen und zu beweinen, unabläßig in dem Gotteshause ab und zu strömte, hatte sich verlaufen; die Kerzen, welche sonst in unzähliger Menge in dem heiligen Gewölbe zu brennen pflegten, waren bis auf einige wenige, die bey dem Leichname und auf dem Altare angezündet waren, ausgelöscht; die Gewohnheit, Tag und Nacht ohne Andacht bey der Asche der Verstorbenen murmelnde Gebete zu sprechen, war damals noch nicht durchgängig eingeführt, und nichts unterbrach das tiefe feyerliche Schweigen, das bey Walters Eintritt, in dem Gotteshause herrschte. Eine kalte Luft wie aus einem Grabe wehte ihm aus dem düstern Gewölbe entgegen, welches ihm anfangs ganz öde zu seyn schien, bis er hier und da die Gestalten einiger theils schlafenden, theils wie in tiefes Denken versunkenen Wächter unterscheiden konnte. In der Ferne, auf den Stufen des Altars, welcher der Thür zu welcher er eintrat,

Walter could not but be much interested with this portrait of the amiable Bishop; he thus loved him before he saw him: – such are the charms of virtue. – „How many circumstances", thought Walter, „of the most interesting nature may I not learn from this excellent Prelate – the friend of my father during his life, and the companion of his last moments! – This reflection caused him to hasten his departue for Fontevraut, not less through the desire of sesing the person of the venerable Bishop, than through a still more eager wish to see the body of his deceased father.

It was night when Walter reached the end of his journey. He dismounted from his horse at the house of the Bishop of Lincoln. The domestics of the Prelate informed him that the Bishop was in the Church, watching over the body of the King. Walter, dismissing his attendants, entered the Church: all was silence, solitude, and darkness. The long and lofty aisle was rendered more awful by the few lamps which depended from its walls. The sentinels were either buried in sleep, or involved in an insensibility which was nearly the same thing.

entgegen stieß, entdeckte er die Gestalt eines Betenden, der blos mit sich und dem, den er anrief, beschäftigt, nichts wahrzunehmen schien, was um ihn vorgieng. –

Walter trat weiter hervor. – In der Mitte des Gewölbes, nicht auf einem kostbaren Paradebette, sondern auf einer kleinen Erhöhung von schwarzen Marmor ruhte der Sarg, der den königlichen Leichnam enthielt; seine Tracht war nicht das königliche Gewand, sondern das schlechte ungezierte Ritterkleid, das er beym Leben beständig zu tragen pflegte. Sein Haupt war unbedeckt, und nur mit einigen grauen Locken geziert, welche seine Schläfen dünn beschatteten, und die hohe majestätische Stirn ganz unbedeckt ließen; seine Augen waren wie zu einem tiefen und ruhigen Schlafe geschlossen, eine Idee, welche durch die tief eingefallenen Schläfe und Wangen, und durch einen schmerzhaften Zug um den Mund schnell vernichtet, und mit dem Bilde des Todes verwechselt wurde. Keine Abzeichen königlicher Hoheit sahe man nicht um ihn her, als zu seinen Füßen auf einen noch niedrigern Stein als der Marmor auf welchen der Sarg ruhte, wie unachtsam hingeworfen, die Krone, die dem, der hier schlummerte, bey seinem Leben oft so eine drückende Last war, und welche, wenn man die Miene des Verstorbenen deuten wollte, kaum die Stelle verdiente, die man ihr, verächtlich genug, bey seinem Sarge gegeben hatte. – Walter stand jetzt dicht an der Seite seines verblichenen Vaters. Mit ineinander geschlungenen Armen, mit fest auf das ehrwürdige Gesicht des Todten gehefteten Augen stand er da; er hatte sich das, was er sehn würde, zu lebhaft vorgebildet, hatte sich zu fest vorgenommen, ein Mann zu seyn, und sich nicht von der Gewalt seiner Empfindungen hinreißen zu lassen, als daß er sich nicht lange hätte aufrecht halten sollen, ohne den Gefühlen seines kindlichen Herzens unterzuliegen.

Aber endlich siegte die Menschheit; der Schmerz ward ihm zu mächtig, er sank auf die Knie vor dem, dessen Knie er nie lebend hatte umarmen können.

At length, at the opposite end of the aisle, and within a few paces of the altar, he beheld the coffin of his fathers resting upon a pedestal, and by the side of it the venerable Bishop absorbed in prayer and pious meditation. Walter approached the coffin, which was still uncovered; he beheld the body of his fahter in his simple habit of Knighthood; his features still wore the impression of that grief to which his life had fallen a sacrifice. The pious Bishop having his back towards Walter, and engaged in prayer, did not perceive him: our Knight therefore had full liberty to enjoy the luxury of grief.

The countenance of Walter was expressive of his emotions. He had endeavoured to prepare himself for what he had expected. Nature however refused to be thus restrained: – giving way to his emotions, he fell upon his knees;

Seine Thränen strömten auf die kalte Hand dessen, der ihm so gern vor seinem Tode gesegnet hätte. Seine Empfindungen drückten sich durch Schluchzen und gebrochene Worte aus. Er stand auf, küßte die ehrwürdigen Wangen des Verstorbenen, sank wieder an seine Seite nieder, und würde vielleicht durch das Gedränge von Bildern, die auf seine Einbildungskraft zu stürmten, alle Besonnenheit verlohren haben, wenn nicht eine sanfte Hand ihn ergriffen, und einige freundliche, mit einer fast weiblichen holdseligen Stimme ausgesprochenen Worte, ihn zu selbst gebracht hätten.

Der beschämte Walter, welcher es seinem Stande für schimpflich hielt, sich von dem Uebermaaß irgend eines Gefühls zur Erde beugen zu lassen, erhub sich plötzlich, und sahe den an, der ihn so liebreich erweckte. Er erblickte die schlanke Gestalt eines jungen Mannes, der noch fast an das Alter eines Jünglings gränzen mußte, er war in gemeine Priestertracht gehüllt, und nur die Hauptzierde zeigte, daß er einen etwas höhern Rang in der Kirche behaupten mußte. - Sein Gesicht, ob es gleich bleich, und von den Zügen des tiefsten Grams entstellt war, war von einer fast blendenden Schönheit, und für Waltern desto rührender, desto auffallender, weil es ihm das vollkommne Bild seiner Mutter Rosemunde vorstellte. Er trat für Erstaunen einige Schritte zurück. Das, was er in den Briefen seiner Mutter von seinem Bruder Gottfried gelesen hatte, fiel wie ein schneller Lichtstrahl in seine Seele, er kannte den, der vor ihm stand, er eilte auf ihn zu, und schloß ihn mit dem Namen Bruder, in seine Arme.

Das Bild zweyer Brüder, die sich an der Seite ihres verblichenen Vaters zum ersten Mal umarmen, zu schildern, ist meine Feder zu schwach; ich übergehe daher diese Scene mit Stillschweigen, und sage nur so viel, daß Gottfried in den Zügen Walters, den Sohn König Henrichs eben so bald entdeckte, als dieser in den seinigen den Sohn der schönen Rosemunde gefunden hatte, und daß er ihn mit eben so heisser, inniger Liebe an seine Brust drückte, als Walter zuerst gethan hatte. –

Ach Bruder, rief Gottfried, nachdem er sich ein wenig von den ersten Sturm der Gefühle erholt hatte, ach, wo hast du so lang verweilt! Wie hat sich unser Vater nach deinem Anblicke gesehnt! seine Seele schien zu

his grief now sought ist natural vent; his heart could scarce support the quick and heavy pulsation which his agony produced. He sighed, he wept, he threw himself upon the pavement! Restored to greater tranquillity by this first gush of passion, he again raised himself, ventured to take another review of his deceased father, and even to salute his forehead. The deadly coldness which froze his lips, renewed the idea that his father was now no more. This again produced his former grief: he again fell upon his knees, and again rested his head upon the pavement.

A voice of celestial sweetness interrupted him in this indulgence of his grief. Walter raised his head: he beheld a young man in the habit of a Priest, and by his insignia evidently of high rank in the Church. Walter was struck with the uncommon beauty of his countenance; he regarded him again, and was still more struck by perceiving his resemblance to the portrait of Rosamond. He drew back with astonishment; conviction flashed into his mind; and, without a question or a word, he threw himself into the arms of the stranger, and saluted him by the name of his brother. – Godfrey gazed a moment at him in surprise: he was struck however with the same resemblance to Rosamond in the features of Walter, and delivered himself wholly up to his fraternal sensations.

„Alas, my Walter, my brother", said Godfrey, „why have you arrived so late? Why did you not ere this listen to the solicitations of our deceased father, and fly to receive his paternal benedictioin? Alas, you arrive only to

zögern, schien immer in den schon fast erstarrten Körper wiederzukehren, aber du kamst nicht, und der Tod brachte dich um das Glück, den Seegen aus seinem Munde zu hören, den er mir für dich zurück gelassen hat; nimm ihn an von meinen Händen! Ewig, ewig sey er kräftig über dir und mir, und das Gebet unsers Vaters am Throne Gottes bestätige ihn! Walter sank vor seinem Bruder auf die Knie, er legte die Hand auf seine Stirn, und segnete ihn mit den Worten des sterbenden Henrichs, die kurz und voll Nachdruck, Walters ganze Seele erschütterten, und eine Ahndung von demjenigen in ihm erregten, was ihm nur gar zu bald bevorstand.

Mich dünkt, sagte er, indem er aufstand, mich dünkt, du habest mich zum Tode eingesegnet; du sprachst viel von Leben und Glückseligkeit, aber unser Vater meynte das wohl für eine andre Welt, für diese ist der Grund meiner liebsten Hofnungen umgekehrt, da ich ihn nicht mehr lebendig angetroffen habe. – Was Gottfried hierauf antwortete, so wie auch der Inhalt ihres darauf folgenden Gesprächs, ist nicht wörtlich bis auf unsere Zeiten behalten worden; die Geschichte sagt nur so viel, daß sie dasselbe kurz abbrachen, und nach dem Altar eilten, wo Gottfried vorher gekniet hatte, um daselbst gemeinschaftlich für die Ruhe der Seele ihres Vaters zu beten. – Was nach dieser feyerlichen Handlung unter ihnen vorfiel, läßt sich errathen.

Walter wünschte den Bischof von Lincoln zu sprechen, um von ihm umständliche Nachricht von den letzten Stunden seines Vaters zu erhalten, und Gottfried gestand ihm mit einigen Erröthen, daß er, ungeachtet seiner Jugend dieses Amt verwaltete. Du weißt, setzte er hinzu, daß man Aemter von dieser Wichtigkeit ungern jemand vor dem fünfzigsten Jahre ertheilt, und ich bin noch nicht dreyßig; aber ich bemühe mich, um die Gnade dessen, der mich so erhob nicht zu beschimpfen, den Mangel der Jahre durch Fleiß und Eifer in meinen Pflichten zu ersetzen. Und wenn du, erwiederte Walter auf Gottfrieds bescheidne Rede, in deinem ganzen Amte noch nichts gethan hättest das dich desselben würdig machte, so hättest du es durch dasjenige verdient, was du, wie dir jedermann bezeugt, an unserm Vater in seinen letzten Stunden thatest. Gottfrieds Thränen drangen bey

regard the corpse of a father who loved us with the tendernest affection. But receive from my hands the blessing which he charged me to bestow in his name; receive the benediction which himself dictated to me with his last breath."

Godfrey here blessed his brother with a solemnity suited to the occasion, Walter having even involuntarily fallen upon his knees to receive it.

Walter arose as the ceremony was concluded. –

„I do not know, my brother", said he, „wheter your blessings will be realized in this world; for my own part, I am inclined to imagin that my father understood them only of my future state: my soul is at present to prey to the most gloomy presentiments, and I can scarcely think that my future lot is susceptible of the happiness which you promise me."

The two brothers conversed some time upon this subject. Godfrey endeavoured to reanimate the spark of hope in the soul of Walter; but the soul of Walter refused as yet to admit of consolation. They proceeded towards the alter, and supplicated the Almighty Throne for the peace of the soul of their departed father.

After this solemn duty, Walter expressed a desire to see the Bishop of Lincoln, and to learn from his venerable mouth the last circumstances of the life of Henry.

Godfrey smiled. – „My brother", said he, „you behold the Bishop of Lincoln before you. It is true that my mouth is not very venerable; but by a strict execution of my duties, I endeavour to supply the defect of my age, and vindicate the choice of my father in elevating me to a dignity so exalted. I have as yet scarcely reached the age of thirty; but I should blush if any Bishop, however venerable in age, should exceed me in the discharge of the sacred office of the episcopacy.

„I will answer for you, my brother", replied Walter, „that you are worthy of your high office, and would not disgrace it, though it were yet more exalted."

Erinnerung an den Todeskampf seines Vaters hervor; Walter begleitete sie mit den seinigen, und der Bischof begann, nachdem er sich etwas gefaßt hatte, die umständliche Erzählung, von König Henrichs Tode, welche wahrscheinlich den beyden Brüdern wichtiger war, als sie meinen Lesern seyn würde; sie verweilten während derselben und bey den durch sie veranlaßten Gesprächen, bald bey der Stelle wo sie gebetet hatten, bald giengen sie zu der Leiche, bald rissen sie sich, von Schmerz übermannt, von diesem traurigen Anblicke loß, und suchten in den entferntesten Gewölben des Gotteshauses Linderung. – So verstrich eine der merkwürdigsten Nächte in dem Leben unsers Walters, eine Nacht, die, so traurig sie war, doch mit keiner von den festlichen Nächten, die an Königin Sybillens Hof unter rauschenden Lustbarkeiten verstrichen, zu vertauschen gewesen wäre.

Der Morgen fieng bereits an den dämmernden Schein der erlöschenden Kerzen bey Henrichs Grabe zu verdunkeln, und der von vielen Wachen ermüdete Gottfried hatte sich auf einen niedrigen Sitz am Sarge niedergelassen, und sich ein wenig an die Seite seines Vaters zurück gelehnt, um zu schlummern, indessen Walter dem kein Schlaf in die Augen kam, mit starken Schritten in einiger Entfernung auf und ab gieng, als man ein starkes Geräusch von Pferden am Thore des Gotteshauses hörte, und bald darauf einen Mann in Begleitung vieler Kriegsleute hereintreten, und nach der Stelle, wo der Leichnam des unglücklichen Königs ruhte, zueilen sahe. – Wilde Verzweiflung sprach aus seinen Blicken; er faßte die kalte Hand des Verblichnen, und ließ sie schnell wieder fahren indem er mit einem Tone, der sich nicht beschreiben, nur hören läßt, ausrief: Todt? mein Vater todt? und ich sein Mörder? – Gottfried war bey dem ungestümen Eintritt der Ankommenden aus seinem Schlummer aufgefahren, und Walter hatte sich der Leiche genaht. Beyde wurden von kalten Schauer übergossen, als sie auf die Worte des Fremden, König Henrichs bleiches Gesicht mit einem Strom von Blut überdeckt sahen, das aus seinen Augen quoll, und sein Gewand sowohl als die erstarrten Hände fürchterlich entstellte. – Bist du Richard? fragte Gottfried den Ankommenden mit einem Blick der

Walter now demanded of his brother a detailed narrative of the last hours of Henry, and the manner in which he had met the moment which must, sooner or later, present itself to every one who lives. Godfrey endeavoured to repress his feelings, and with some difficulty gave the desired narrative.

It is needless to say how much this augmented the grief of both. Godfrey was not unfrequently interrupted both by his own tears, and by those of his brother.

In this manner did the night pass – a night memorable to our hero – a night full of horrors! Yet such is the nature of the benevolent affections, that Walter felt some pleasure even in the indulgence of his grief.

The darkness of the night was already givign way to the dawn of approching day – the gloomy light of the Gothic windows already caused that of the lamps around the tomb of Henry to burn with a paler lustre. Godfrey, exhausted at once by grief and watching, threw himself upon the steps of the pedestal which supported the coffin of his father, whilst Walter, equaly unable to sleep, walked along the vaulted aisles. They were interrupted on a sudden by the noise of horses, and immediately afterwards by the opening of the Church doors, and the entrance of a young man. The young Chevalier rushed toward the tomb of Henry; he appeared to tremble, and to recoil with terror.

He took the hand of the deceased, drew it towards his lips, but, seized with sudden terror, suffered it again to fall. – „My father dead!" said he; „and am not I his murderer!"

Godfrey and Walter here approached the coffin; their terror was inexpressible when they beheld the blood to issue from the mouth of the King. – „Art thou Richard?" said Godfrey, with a voice of emotion.

sein ganzes Gesicht veränderte. – Ja, sagte der andre, ja, ich bins; dieses Blut, das über mich um Rache schreyt, sagt es, daß ich Richard, daß ich der Mörder meines Vaters bin! –

Der Unglückliche sank bey diesen Worten sinnloß zur Erde, und kam auf wiederholtes Bemühen der Umstehenden nur darum zu sich, um einen verborgenen Dolch zu zücken, mit welchem er sich das Herz durchbohrt haben würde, wenn nicht ein junger Mann in Minstrelstracht, welcher besonders um ihn beschäftigt war, ihm denselben aus der Hand gewunden hätte. Nicht nur Gottfrieds Herz erweichte sich bey der fürchterlichen Angst, in der er seinen Bruder sahe, auch Walter, der ihn anfangs mit Wuth und Abscheu angesehen hatte, ward bewegt. Er nahte sich Richarden, und bemühte sich gemeinschaftlich mit dem Bischofe von Lincoln ihm Trost zuzusprechen, eine Bemühung welche ganz vergebens war, denn Richard hatte den Gebrauch seiner Vernunft völlig verlohren, und man war genöthigt ihn mit Gewalt von diesem Orte des Schreckens hinweg zu tragen. Gottfried ließ ihn in seine Wohnung bringen, und bat Waltern, ihn dahin zu begleiten. –

Er selbst blieb zurück, um ehe die Kirche mit Leuten erfüllt wurde, Anstalten zu machen, die um allen Aufruhr zu verhüten höchst nöthig waren. Was würde das Volk gesagt haben, wenn es die Leiche seines geliebten Königs mit Blut überströmt gesehen, und erfahren hätte, daß sich dieses schreckliche Zeichen bey der Annäherung Richards, ihres künftigen Königs begeben hätte. –
Gottfried fand, als er den Sarg seines Vaters zudecken lassen wollte, den Dolch, welchen man Richard entrissen hatte, und an welchem etliche Tropfen seines Blutes hiengen, weil sein Retter die Stärke des Stoßes zwar hatte hemmen, aber ihn nicht ganz verhindern können. – Der Bischof von Lincoln hob ihn auf und trat mit demselben zu der Leiche des Königs, welche, so sehr man sich bemühte sie von dem hervorquellenden Blute zu reinigen, doch immer von neuen damit überdeckt ward.

„Yes, I am Richard", replied the Chevalier, „and this blood declares me the murderer of my father: yes, I am one of the sons to whose ingratitude the life of Henry has become a victim."

After these words he fell upon the pavement; nor was he recovered from a stat of insensibility till after a long interval, and the repeated efforts of his attendants. He no sooner regained his reason, than he drew from his person a secreted poniard, and was about to plunge it in his heart, had he not been prevented by a young man in the habit of a minstrel, who appeared to watch over him with most singular attention. Godfrey and Walter were not unmoved spectators of the agony of his remorse. They endeavoured to console the unfortunate Richard; their efforts, however, were fruitless. The unhappy Richard had lost the use of his reason. It was necessary to withdraw him from this scene of horrors. Godfrey commanded him to be carried to his house, and requested Walter to attend him, whilst he remained with the body. The despair and distracted remorse of the Prince rendered these precautions necessary: there was nothing which his present emotions might not lead him to attempt.

Nor was less to be apprehended from the indignation of the people; they would not fail to construe the blood with issued from the corpse of the King, into a proof that Richard had been his actual murderer. – „How then", said Godfrey to himself, „will they suffer him to ascend the throne in the place of the father whom he has murdered?"
As Godfrey was occupied about the coffin of his father, he perceived upon the ground the poniard with which Richard had endeavoured to stab himself: – it was stained with some drops of blood; for, though the minstrel had arrested the arm of Richard, he had been unable to prevent the dagger from making a slight wound in the body of the Prince. Godfrey took it, and approaching the body of the King, which still continued to eke blood, he thus addressed the deceased.

O! sagte er, indem er den Mordstahl langsam aus der Hand zu Henrichs Füßen fallen ließ, o daß das Blut des unglücklichen Richards, die Stimme dieses Blutes hemmen könnte, das hier zum Himmel schreyt! o daß sich der Fluch, den der sterbende Vater über seinen ungehorsamen Sohn aussprach, sich in Seegen verwandeln, daß, wenn er sich in den Wohnungen der Seligen unserer erinnert, Richard ihm hinfort so theuer als Gottfried und Walter seyn mögte! –

Mit gefaltenen Händen und starr von Erstaunen standen die Mönche, welche um Henrichs Leichnam beschäftigt waren, gegen Gottfried da, dessen gen Himmel gerichtete Blicke, bey Aussprechung dieser Worte etwas übermenschliches zu haben schienen. – Er trat zurück; das Blut hörte auf zu fließen; man verschloß den Sarg und die Kirche, und der Bischof von Lincoln eilte, um seinen unglücklichen Bruder zu besuchen, von welchen er, nach der Weise seiner Zeit aus dem Zeichen, das er eben gesehen hatte glaubte, daß er nun völlig mit seinem beleidigten Vater ausgesöhnt, und fähig wäre, Theil an allen Tröstungen zu nehmen, die sein frommes brüderliches Herz ihm zubereitete. – Kein Wort sollte er von den schrecklichen Aufträgen erfahren, die der sterbende Henrich ihm an ihn gegeben hatte. Die Absicht des gekränkten Vaters war keine andre, als Reue in dem Herzen seines verführten Sohnes zu erwecken, und wie hätte er dieselbe in höherm Grade fühlen können, als er sie diesen Morgen geäussert hatte? – Gottfried glaubte nicht unrecht zu thun, wenn er den Fluch Henrichs für Richarden in Seegen verwandelte, und nahte sich dem Zimmer, worinnen er zu Bette gebracht worden war, mit der Miene, welche vor Zeiten die Engel hatten, wenn sie den Sterblichen eine Friedensbotschaft brachten.

Siebenzehntes Kapitel.

Auch Blondel von Nesle erscheint.

Gottfried hatte den trostvollen Zuspruch, den er im Sinne hatte, für seinen

„Henry, my father, receive the remorse of the unfortunate Richard; and may this blood of an ungrateful, but now repentant son appease thy paternal wrath, which now exclaims for vengeance against him. May thy dying curses be exchanged into paternal benedictions! Henry my father, if such be thy will, let thy fainted spirit now exhibit us a sign, in causing thy blood to cease from its present unnatural flowing."

The attendants of Godfrey, Richard, Walter, and all who were around the pedestal, remained with hands joined in prayer, whilst Godfrey thus invoked the spirit of his father. Nor was the invocation fruitless: the spirit of Henry listened, and the poniard stained with the blood of Richard was no sooner laid at his feet, than the blood of Henry ceased to flow.

According to the superstition of the age, as all had been at first equally indignant against Richard, so all were now equally satisfied. Godfrey resolved to hasten to his brother; and as his remorse appeared to merit rather pardon and lenity, than malediction and reproach, he prepared to administer to him that comfort which a son of the Holy Catholic Church was bound in duty to bestow upon a broken and contrite heart. Divine religion of the Saviour of the world! thy benevolence alone might prove thy divine origin!

CHAP. XVII.

Blondel de Nesle makes his Reappearance.

In vain, however, did Godfrey endeavour to administer consolation to the

Bruder umsonst bereitet; er war nicht fähig, seine Stimme zu hören; er lag entweder im todtenähnlichen Schlummer oder er erwachte aus demselben zu einen fürchterlichen Toben, welches zu bezähmen bey seiner außerordentlichen Stärke, welche durch die Wuth der Krankheit vermehrt ward, die Kraft seiner Wächter, so zahlreich sie waren, oft kaum hinlangte.

Das weiche Herz des Bischofs von Lincoln vermogte nicht solche Anblicke auszuhalten, und Walter bat ihn also sich hinweg zu begeben; für die Beerdigung des Königs, und für die Befriedigung des Volks zu sorgen, welches von Richards Ankunft gehört hatte, und ihn als seinen künftigen Beherrscher zu sehen verlangte. Gottfried zeigte sich ihnen und meldete Richards Krankheit; sie sahen dieselbe als die Folge kindlicher Betrübnis bey dem Tode eines beleidigten Vaters, verfluchten die, welche Uneinigkeit zwischen Henrichen und seinen Söhnen stiften konnten, und erhuben die kindliche Zärtlichkeit ihres künftigen Königs, die ihn ihren Gedanken nach in diesen Zustand gestürzt hatte, bis an den Himmel.

König Henrichs Beysetzung ward diesen Abend in aller Stille veranstaltet; niemand als seine beyden Söhne Walter und Gottfried sahen ihn einsenken, und sprachen den Seegen der Auferstehung über die heiligen Gebeine ihres Vaters.

Die hierauf folgenden Tage brachte Walter fast beständig bey dem unglücklichen Richard zu, für welchen er, wo nicht Liebe, doch ein unaussprechliches Mitleiden fühlte. – Man sagt immer, daß in einem Zustande, da ein Mensch seiner Vernunft nicht mächtig ist, sich die unverdächtlichsten Züge seiner Seele entwickeln. Walter mußte dieser Meynung zugethan seyn, denn er glaubte, in Richards Phantasien so viel Kennzeichen eines großen und guten Charakters zu entdecken, daß er sein Schicksal immer mehr zu beklagen, und immer gewisser zu glauben anfieng, er würde bey genauerer Kenntniß seiner Geschichte, Gründe zu

unfortunate Richard: the latter was no longer in a condition to receive it or even to hear him. He awoke from a profound and almost deadly state of insensibility, only to experience a frenzy still more alarming.

His natural gigantic strength was so far from being dimished by the effect of his malady, that it was rather increased, and his numerous attendants were scarcely sufficient to restrain him.

Walter saw the effect which the sight of these sufferings produced upon the sensibility of Godfrey; he requested him, therefore, to leave the Prince a while to his attendants, and think of the funeral rites of their father. It was necessary, moreover, to endeavour to appease the people, who had heard of the arrival of Richard, and demanded tumultuously to see their young King. The latter Godfrey immediately effected without difficulty: he appeared before the windows, and informed the people of the illness of Richard, and its cause – his grief for the death of his father. The people were satisfied, and cursed those profligate companions of the young Prince, who had seduced into rebellion a heart like that of Richard.

Godfrey and Walter attended their father to his vault the same evening.

The funeral was distinguished only for its simplicity, and the real grief of those who attended as mourners.

This duty discharged, Walter gave himself wholly up to a strict attendance upon the unhappy Richard.

In the intervals of this Prince's delirium, Walter thought he perceived those noble traits of true virtue and generosity which Richard was reputed to possess. He thus became attached to him, and already loved him as a brother.

Verminderung seiner Schuld und Hofnung finden, dereinst einen Bruder in ihm zu umarmen, der seiner ganzen Liebe würdig wäre. –

Richards Krankheit fieng an sich zu mindern, und die tobende Wuth verkehrte sich nach und nach in eine todtenähnliche Schwäche; seine Vernunft war zurück gekehrt, und er war jetzt im Stande Gottfrieds und Walters freundliches und trostvolles Zureden zu verstehen, und zu erwiedern. Er fieng an stärker zu werden, und sich um andre Dinge zu bekümmern, als um die fürchterlichen Ideen, die ihm anfangs beständig vorschwebten, und die man ihm mit Mühe benehmen konnte. –

Eine von seinen ersten Fragen in diesem Zeitpunkte war nach seinem Freunde Blondel. Blondel? wiederholte Walter als er den jungen Minstrel seinem Bette nahen sahe, der Richarden das Leben rettete, und sich bisher gemeinschaftlich mit ihm seiner Pflege angenommen hatte. Blondel? rief er aus, indem er ihn in seine Arme schloß, mit dir konnte ich so lange umgehen, ohne in deinen Zügen den ersten Freund meiner Jugend zu erkennen? Und du konntest den Namen deines Walters täglich hören, ohne dich ihm zu offenbaren?

Wie konnte ich, antwortete Blondel, an irgend eine Freude denken, so lange mein Richard in Gefahr war? Mit diesen Worten eilte er aus Walters Armen zu dem Kranken, welcher sich aufgerichtet hatte, um das, was unter den beyden Freunden vorgieng, mit anzusehen. Blondel mußte auf sein Verlangen ihm die Freude erklären, die Walter über seinen Namen äusserte, und er erfuhr nicht sobald, daß unser Tempelherr eben der Walter wäre, den er aus Blondels Erzählungen schon seit langer Zeit kannte, als sich sein ganzes Gesicht aufheiterte, und er über diese Entdeckung ein Vergnügen bezeugte, welches Blondels Empfindungen bey dieser Gelegenheit fast übertraf.

Wie? sagte er, eben der, den Gottfried meinen Bruder nennt, eben der, den ich diese ganze Zeit über, so oft ich mich ein wenig erholte, an meinem Bette erblickte, eben dieser ist dein Walter, den ich mir so oft zum Freunde gewünscht habe? – O komm in meine Arme, kein Name auf der Welt, selbst der Brudername, kann dich mir so theuer machen, als der

The disease of Richard gradually gave way to the remedies of his skilful physician; he began to be susceptible of consolation, and to receive pleasure from other images than those connected with the subject of his grief.

„Where is Blondel?" demanded Richard.

„Blondel", cried Walter, regarding the minstrel who was addressed by this name; „Blondel", repeated he, throwing his arms around the youth, „how is it that I have been so near you, and not recognized in your features those of the friend of my infancy? And you, Blondel, how could you hear my name repeated without knowing me?

„As long as Richard, my Prince, is in danger, I have no attention for any one but himself", replied Blondel; and after having returned the embrace of Walter, threw himself into the arms of Richard.

Richard no sooner learned that our Templar was that Walter with whom the narratives of Blondel had already rendered him intimate, than the features of his countenance assumed a most lively expression of satisfaction –

„What", said he, "is the constant attendant of my sickness no other than that Walter whom I have so often wished to salute by the name of my friend? Come to my arms, my friend! – the friend of Blondel must be ever dear to the heart of Richard." – The physician was fearful lest the ardour

Name des Freundes meines Blondels. – Die beyden Freunde erschracken über das Feuer mit welchen Richard diese Worte aussprach, und besorgten von demselben einen Rückfall seiner Krankheit; aber sie hatten sich geirrt, seine Besserung nahm täglich zu, und die Tage, welche Walter, Gottfried und Blondel an seinem Bette zubrachten, fiengen an ruhig und durch die Hofnung seiner baldigen Wiederherstellung oft gar heiter zu werden. Eine dieser heitern Stunden, da Richard in einem erquickenden Schlummer lag, ward von Blondeln zu Erfüllung einer Bitte angewendet, welche Walter schon oft an ihn gethan hatte, und die er ihm, um in der Seele des Kranken keine unangenehme Erinnerungen zu erregen, nicht gewähren konnte, wenn dieser Zeuge davon war.

Achtzehentes Kapitel.

Blondel vertheidigt seinen Freund, und erzählt seine Geschichte.

Du hast, sagte Blondel von Nesle, so oft die Erzählung meiner Geschichte und der Begebenheiten deines Bruders Richard von mir gefordert, und ich eile, dir sie in dieser stillen ruhigen Stunde beyde auf einmal zu geben, da sie beyde auf das Genaueste mit einander verwebt sind. Vielleicht, daß das, was ich dir sagen werde, dich zu billigern Gedanken gegen deinen vortrefflichen Bruder bringt, als ich weis, daß du gegenwärtig von ihm hast, und als er selbst von sich hegt. – Der Unglückliche nennt sich den Mörder seines Vaters, und gleichwohl, was hat er mehr gethan, als seine Brüder, die geliebter wie der von jeher vernachläßigte, zurückgesetzte Richard sich weit mehr gegen einen gütigen Vater versündigten, als er gegen den, der jederzeit streng gegen ihn war.

Er wurde aufs Grausamste verführt und getäuscht, und sie hatten wenig

with which Walter had pronounced these words, should produce a relapse; but his health, on the other hand, appeared daily more established, and the three friends, who never quitted him, passed within a few days from hope to certainty. Every moment convinced Walter and Godfrey that Richard of himself was of an open and generous nature, and wholly incapable, but through malignant seductions, of that rebellion with which the fame of his former life was stained. They saw, however, at the same time, that he had one of those natures which of all others are most easily seduced. In one of those moments in which Richard was involved in the slumbers of approaching health, Walter requested Blondel to relate the history of his Prince. The minstrel thus began.

CHAP. XVIII.

Blondel justifies his Friend.

„My own history, and that of Richard", said Blondel, „are so connected together, that one must of necessity involve the other. I commence the narrative of the history of Richard with the more pleasure, as it will tend to give you more favourable ideas of that Prince.

You will find that Richard was ever treated by his father with an unjust

andre Verführung als ihr eigenes böses Herz. Er war jederzeit bereit zu seinem beleidigten Vater wiederzukehren, und ihm ward seine Gnade fast nie so milde, so väterlich angeboten, als denen andern, die weit schuldiger als er, sie tausendmal verschmähten. – Nun kommt er, der reuige Sohn auf den ersten Wink seines Vaters, ist bereit, auf alle Bedingungen Verzicht zu thun, die andere in seinem Namen vorgeschlagen hatten, will sich unbedingt der Gnade seines Königs überlassen, und findet ihn – todt. – Er nennt sich seinen Mörder; – der erstarrte Leichnam fängt an zu bluten; – der mit Vorurtheilen angesteckte Richard nimmt dies als Bestätigung seiner Schuld an. O Walter, laß mich abbrechen. Gern mögte ich meine Augen vor den Gräueln eures Aberglaubens verschließen, mit denen die edeln Seelen unserer Zeit, selbst die Walter und Richarde angesteckt sind. – Nie hielt ich viel von dergleichen Zeichen, aber das gegenwärtige wendet mich vollends ganz von dem Glauben an solche Dinge ab. – Wenn König Henrichs Blut um Rache wider seinen Mörder schreyen sollte, warum quoll es nicht bey der Annäherung des gottlosen Johannes aus dem Leichnam hervor? – Wenn einer von Henrichs Söhnen sich den Mörder seines Vaters nennen kann, so ists gewiß dieser, dessen Untreu wie jedermann weis, das Herz des unglücklichen Greises vollends gebrochen, und ihn ins Grab gestürzt hat? – Blondel gerieth bey Endigung dieser Worte in ein tiefes Nachdenken, und Walter überließ sich der angenehmen Vorstellung mit Entzücken, den edeln Richard nicht ganz so schuldig zu finden, als die Meisten, und als er sich selbst hielt. Blondel von Nesle kam nach einer Weile aus seinen tiefsinnigen Betrachtungen zurück, und nahm das Wort von neuen. – Ich muß dich bitten, Walter, sagte er, die Gesinnungen die ich jetzt gegen dich geäussert habe, vor jedermann, selbst deinen Bruder Gottfried zu verschweigen; er ist gut und edel, und es würde mich kränken, wenn er um meines Unglaubens willen schlecht von mir dächte. Er ist ein geistlicher, und die Lehre von den Vorzeichen gehört ja leider bey uns unter die Glaubenslehren, die man nicht ohne Ruchlosigkeit bezweifeln kann; aber noch einmal, ich bleibe dabei, daß das Bluten der königlichen Leiche von natürlichen Ursachen herkommen kann, und daß mein Richard um dieses Umstandes willen, nicht um ein Haar mehr Schuld an dem Tode seines Vaters ist als seine Brüder.

rigour; and that; whilst his brothers were led into rebellion by their natural depravity, Richard was seduced by an artful mother.

– Walter getraute sich nicht etwas auf diese Meynung seines freydenkerischen Freundes zu sagen, welcher er im Grunde beygepflichtet hätte, und erwartete den Anfang von Richards Geschichte, welche ihm Blondel folgendermaßen gab.

Die Umstände, begann er, in der Erzählung von Richards Begebenheiten sind so zahlreich, daß ich, um dich nicht zu lange bey denselben aufzuhalten, dir das Meiste nur Auszugsweise werde liefern, und dabey vielleicht manchen kleinen Umstand werde übergehen müssen, welcher eine kräftige Apologie meines Freundes seyn könnte; aber auch das Wenige was ich dir sagen werde, wird hinlänglich seyn, ihn in den meisten Fällen zu entschuldigen.

Du erinnerst dich der Zeit, da ich England zum erstenmal sah, um in diesem Mutterlande der fröhlichen Kunst zu der ich mich bekenne, meine Laufbahn als Minstrel anzutreten. – Die englischen Minstrels welche mich nach England begleiteten, und Rollo, welcher lange an König Henrichs Hofe gelebt hatte, und vorzüglich von ihm geschätzt wurde, führten mich bey ihm ein, und verschaften mir eine Aufnahme, welch fast meine Erwartungen überstieg. –

Die Uneinigkeiten zwischen König Henrichen und seinen Söhnen, hatten damals bereits verschiedne Jahre fortgedauert. Königin Eleonore, das boshafteste Weib das ich jemals gesehen habe, eine Person, der ihr ganzer Charakter aus den Augen sprach, hatte sichs angelegen seyn lassen, das Herz ihres ältesten Sohnes, des jungen Henrich, bey Zeiten wider seinen Vater ihren Gemahl, den sie haßte, weil sie, nicht eben mit Unrecht, seine Treue in Zweifel zog, zu empören. Des alten Henrichs Liebe zu seinem erstgeborenen Sohn hatte gemacht, daß er mit vieler Leichtigkeit in alle unbescheidne Foderungen, die dem jungen Prinzen und seiner Mutter in den Sinn kamen, gewilligt hatte.

Der junge Henrich hatte bereits die Salbung als Nachfolger seines Vaters erhalten; man hatte ihn mit der französischen Prinzeßin Margaretha vermählt, ihn samt ihr zu Rouen schon im Voraus die Krone aufgesetzt, die sie erst nach des Königs Tode tragen sollten, und ihm über dieses,

„The adventures of Richard are so numerous, that I must confine myself to the relation of a part. – You may remember, when I came to England with the purpose of dedicating myself to my profession of a minstrel, Rolla, who had long lived at Court, procured me a reception above my hopes.

„The contest of Henry and his children had already commenced. The Queen had long hated her husband, and had spared no efforts to alienate from him the affections of his children. She had never loved the King since she had discovered that she was not beloved by him. Henry, moreover, had given her too many causes to suspect his fidelity to her bed.

„The love of this King for his eldest son led him into the most imprudent concessions to this haughty Prince. After having married him to Margaret of France, his father conferred on him the Duchies of Maine, Anjou, and

um ihm indessen einen Vorschmack von der königlichen Hoheit zu geben, die Besitzung der Grafschaft Anjou, Maine und Tourraine überlassen. Zur Belohnung dieser mehr als königlichen Gnade, die meines Erachtens sehr nahe an Thorheit und Unbesonnenheit gränzte, trennte er sich ganz von seinem Vater, hieng nur an seiner Gemahlin und an ihrem heimtückischen Vater dem König Ludwig von Frankreich, und war durch keine Bitten, keine Vorstellungen des Königs von England zu bereden, die ihm überlassenen Lande zuweilen zu verlassen, und am Hofe seines Vaters zu leben. – Die ganze Welt weis, und es kann also auch dir nicht unbekannt seyn, wie weit sich diese Widerspenstigkeit erstreckte, zu was für immer größern Forderungen an seinen Vater er sich nach und nach verleiten ließ, und wie es endlich dahin kam, daß er die Waffen wider ihn ergrif.

König Henrich sahe den Fehler ein, den er in Ansehung seines ältesten Sohns gemacht hatte, und er nahm sich vor, denselben an seinen drey jüngern Söhnen zu verbessern. Was er dem ersten zu viel gegeben hatte, das gab er denen andern zu wenig, besonders hatte mein Richard das Schicksal, hinter alle seine Brüder zurück gesetzt zu werden. Gottfrieds Lebhaftigkeit – ich meyne nicht Rosemundens, sondern Eleonorens Sohn – und Johannes einschmeichelndes Wesen erwarb ihnen noch zuweilen eine königliche Gnade, aber Richard, welcher keine von diesen beyden Gaben besaß, der immer ernst, immer nur mit denen ritterlichen Uebungen beschäftigt war, in denen er vollkommen zu werden suchte, bekam wenig freundliche Blicke von seinem Vater. –

Die Vollkommenheit zu der er es in allen kriegerischen Künsten brachte, seine unglaubliche Stärke, sein Heldenmuth und die Tapferkeit, von der er bey seiner großen Jugend bereits wichtigere Proben abgelegt hatte, machten ihn seinen Brüdern verhaßt, und seinem Vater furchtbar. Der unglückliche Richard mogte sich bemühen wie er wollte, dem König durch seine großen Eigenschaften Freude zu machen, ein munterer Einfall von Gottfrieden, oder eine Schmeicheley des falschen Johannes that allemal bessere Wirkung. König Henrich sahe in Richarden nicht den Helden der ihm nachzuahmen strebte, nicht den Sohn, der einst die Stütze seines

Tourraine. Louis, thus become a neighbor to the young Duke, was enabled to seduce him from his allegiance to his father, I need not add that he was at length persuaded to take arms against his father,

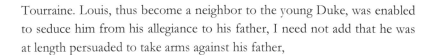

„The King saw the fault he had committed with regard to his eldest son, and fell into one of a contrary nature with respect to his others. Richard was treated less generously than any of his brothers.

The envy of his brothers represented the excellence of Richard in the arts of chivalry and arms, as a quality which rendered him justly suspicious to Henry. The King, thus deceived, beheld every quality of Richard with a jealous eye. He did not see in him the hero who imitated himself, he saw only an ardent, ambitious youth, who might be easily seduced to imitate the practices of his elder brother, and whose great qualities rendered him only a more formidable rebel. The truly heroic virtues of Richard – his elevation

Reichs geworden seyn würde, sondern einen zweyten Heinrich, einen Feind, der ihn noch furchtbarer seyn mußte, da er alle großen Eigenschaften des ältern Prinzen in doppelten Grade besaß. Himmel! wie war es möglich, daß ein so guter, so weiser König ein Herz wie das Herz meines Richards so verkennen, so von sich hinweg schleudern konnte? Warum sahe er nicht ein, daß Richards Tapferkeit, da sie nicht mit dem Stolze und der übeln Gemüthsart seines ältern Bruders verbunden war, ihm nicht nachtheilig seyn konnte?

Unmöglich wär es gewesen, daß der König sich selbst so hätte täuschen können, wenn nicht die beyden Prinzen Johann und Gottfried die Kunst gewußt hätten, ihn auf einen falschen Weg zu leiten, und alle Handlungen ihres Bruders verkehrt vorzustellen. Sie hatten zu Boßheiten von dieser Art einen getreuen Gehülfen und Anführer an dem jungen Grafen von Leicester, dessen Name dir schon aus der Geschichte der Fräuleins Anna und Edita bekannt seyn wird. Er war ein Mensch, dessen ganzer Sinn nur darauf gerichtet war, Unheil anzurichten, er that Böses, nicht um einiges Vortheil willen, sondern darum weil es böse war, er konnte heute auf dieser, morgen auf der andern Seite seyn, dann von dem Feinde zum Freunde, und wieder von diesem zu jenem übergehen, ohne einen andern Nutzen dabei zu haben, als jedermann gegen einander aufzubringen, und seine Freude an der daraus entstehenden Unordnung zu sehen. Graf Leicester war ein ganz guter Freund Prinz Richards, und einer von seinen eifrigsten Gefährten in ritterlichen Uebungen, Richard hatte ihn nie beleidigt, als etwa durch höhere Talente, und doch spielte er in Ansehung seiner fast wie nur zum Zeitvertreibe, eine solche Rolle. –

König Henrich ward durch fleißiges Zureden seiner beyden jüngern Söhne und ihres würdigen Gefährten, so furchtsam gegen den unschuldigen Richard gemacht, daß er ihn vom Hofe entfernte. – Der junge Prinz welcher sich den Vorwand, den man zu seiner Entfernung brauchte, so nichtig er seyn mogte, gern gefallen ließ, und zu wenig geneigt war, etwas Arges zu denken, bat um Erlaubniß nach Guienne zu seiner

of soul – his contempt of baseness – a courage which nothing could appal – and a generosity which might dignify a King, were all left upon his father. Such is the effect of prejudice.

„The natural penetration of Henry would not thus have been deceived, if the Princes Godfrey and John had not employed every art in injuring their brother in his esteem. The young Earl of Leicester was at once the confidant and the instrument of the Princes in these efforts. The Earl was a true courtier: he preferred his own interests and those of is matters, to every consideration of honour or justice.

„Henry was at length so worked upon by the insinuations of these two Princes, and their confidant, young Leicester, that he abruptly commanded Richard to leave the Court.

„The young Prince did not hesitate to obey, but requested that he might retire to Guienne, near his mother. The King refused his consent to this so

Mutter gehen zu dürfen. König Henrich, welcher den bösen Einfluß kannte, den Eleonorens Ueberredungen haben konnten, und der sie aus dieser Ursach sehr weislich vom Hofe entfernt hatte, schlug diese Bitte ab. Graf Leicester, welcher diese Bothschaft überbringen mußte, richtete sie auf so eine Art aus, hütete sich so sorgfältig eine einzige Ursach einzuführen warum der König seinen Sohn von seiner Mutter entfernt halten wollte, daß Richard aufgebracht wurde, und auf einige verrätherische Winke, die ihm Leicester gab, sich entschloß, des Verbots seines Vaters ungeachtet, die Königin zu besuchen. – Dieses war der erste Ungehorsam den er seinem Vater bewieß, seinen Gedanken nach, da es einer Mutter zu Liebe geschah, ein sehr unschuldiges, unschädliches Vergehen, aber für ihn der Grund tausendfacher Verirrungen, aus denen er sich nie ganz wieder hat heraus finden können.

Unter verdeckten Namen kam er zu seiner Mutter, die er seit seinen Kinderjahren nicht gesehen hatte, und die ihn mit einer Zärtlichkeit empfieng, welche ihm, der nie von elterlicher Liebe etwas wußte, etwas ganz Neues war, und sein ganzes Herz zu Eleonoren hinriß. Er lebte lange glücklich bey ihr, die einigen trüben Stunden die er bey ihr hatte, waren diejenigen, da sie ihn mit Klagen über seinen Vater unterhielt. Seine Untreu gegen sie, vornämlich die Begebenheiten mit Rosemunde Kifford. – Verzeihe mir Walter, daß ich diesen dir heiligen Namen hier nenne – die Grausamkeit, mit welcher der König sie, seine Gemahlin vom Hofe verstieß, und ihr sogar den Anblick ihrer Söhne mißgönnte, die Ermordung des Thomas a Becket, des Beichtvaters Eleonorens, und eine Menge anderer Dinge wurden Richard von seiner Mutter so oft, und auf so eine Art vorgebracht, daß er, so ungern er diese Gattung von Gesprächen auch hörte, und so sehr er auch immer die Partie seines Vaters nahm, doch oftmals ingeheim dachte, Eleonore hätte nicht ganz unrecht, und König Henrich sey zu tadeln.

Nach und nach gieng die Königin weiter. Sie beklagte die Härte seines Vaters gegen ihn, legte es ihm deutlicher vor Augen als er es zu sehen wünschte, wie sehr er seinen übrigen Brüdern nachgesetzt würde,

slight and so natural request. Henry indeed knew the influence of Eleanora over her children, and knew her eagerness to seduce them from their allegiance. The King might thus be justified in this refusal; but the terms of it might still have been such as became his paternal affection. The Earl of Leicester, however, was commanded by the King to express his will to the Prince. – The Earl obeyed; and delivered it in a manner of such severity, as to draw at first tears, and after some interval, a lively burst of indignation from Richard.

„Richard rushed from the palace, and obeying the impulse of his indignation, fled to his mother. Behold his first act of disobedience.

„The Queen, as passionately attached to her children, as she hated her husband, received him with transport, and cherished the indignant pride which the injustice of his father had excited in Richard. She soon began to execute what Henry had suspected. The daily repetition of her injuries, which were doubtless great, her tears, her caresses, at length seduced her son from his duty to Henry.

Eleanora saw her time, and endeavoured to inflame still farther the ardent spirit of Richard, by the mention of the King's unjust preference of his

sie erinnerte ihn an die Liebe die Johann und Gottfried vor ihm genossen, und an die Vortheile, die sein Vater seinem ältesten Sohne vor allen seinen übrigen Kindern eingeräumt hatte. Bey diesem Punkte hielt sie sich am längsten auf, und machte dem ehrgeizigen Richard die verächtliche Rolle, die er gegen seinen Bruder Henrich spielte, so sichtbar, daß er kein Mensch hätte seyn müssen, wenn nicht ein Funken von Unwillen in seinem Herzen angeglommen wäre. Ihm, diesem so sehr begünstigten Bruder, gab man große Länder ein, gab ihm den Titel eines Königs, da er indessen unter erborgtem Namen, in der Dunkelheit, von der Gnade seiner Mutter leben mußte. Dem jungen Henrich gab man eine der schönsten und größten Prinzeßinnen zur Gemahlin, an ihn dachte man nicht, und wenn er selbst an sich dachte, wenn er seine Augen auf diese oder jene Dame warf, so trat man ihm gleich in den Weg, und suchte alle seinen kleinen Intriguen zu zernichten; dieses letztere, das ihm, so lange er am Hofe seines Vaters war, so oft begegnete, gieng seinem zur Liebe geneigten Herzen am allernächsten. Alle Schönheiten die er angebetet hatte, und die man ihm schnell aus den Augen rückte, stellten sich seiner Phantasie vor, und er fieng von neuen an das zu beklagen, was er längst verschmerzt hatte. – Eleonore sah die gute Wirkung welche ihre Worte auf das Herz Richards thaten, sie fieng an weniger von diesen Dingen zu sprechen, und überließ sie seinem eigenen Nachdenken. – Doch säumte sie nicht lange, ihn zu einem Schritte zu verleiten, der noch bedenklicher war als der Besuch, den er wider seines Vaters Willen bey ihr gemacht hatte.

Eleonorens ältester Sohn Henrich, dankte seiner Mutter das, was sie ehemals für ihn that, so schlecht, daß er kein Bedenken trug, sich unter mancherley Vorwand, eines Theils ihrer Besitzungen in Guienne zu bemächtigen, und sie zu seinen Ländern zu ziehen. Anstatt wegen dieser Ungerechtigkeit Hülfe bey ihrem Gemahl zu suchen, beredete sie Richarden, an den französischen Hof zu gehen, seinen Bruder wegen seines Verfahrens zur Rede zu stellen, und ihn zu bedrohen, daß man, im Fall er sich weigerte, das angethane Unrecht zu vergüten, sich durch die Waffen Recht zu verschaffen suchen würde. – Ein ansehnliches Heer stand zu dieser Absicht bereit, und es ist kein Zweifel, daß Richard, der es anführen

brothers to himself. – 'See, ' said she, 'your brother has received the title and appanage of a King, whilst you are exiled from the presence of your father. Richard, my son, what hast thou done to merit this? Alas, thou art the most faithful of the children of Eleanora.' – It is needless to relate the effects which an address like this must have produced upon a spirit like that of Richard.

„It was at this period that Henry, the eldest son of Eleanora, still unsatisfied with all that his mother had procured him from his too credulous father, demanded, with a tone of authority from his mother, some of her own possessions in Guienne. Eleanora sent Richard to the Court of France to seek a conference with his brother, and to menace him unless he desisted from his pursuit.

sollte, durch dasselbe alles würde haben erlangen, und seinen Bruder ziemlich in die Enge treiben können.

Richard trat seine Reise an, aber er hatte nicht sobald seine Unterhandlungen mit seinem Bruder begonnen; als man in England schon alles, und noch viel mehr wußte, als wahr war. – Graf Leicester hatte dafür gesorgt, daß König Henrich zeitig erfuhr, daß Richard seinem Befehl zuwider, sich alle diese Zeit über bey Eleonoren aufgehalten hatte, seiner Reise nach dem französischen Hofe wurde auf die gehäßigstes Art vorgestellt, und der unglückliche Prinz mit seinem rebellischen Bruder völlig in eine Reihe gesetzt. –

König Henrich, welcher ein großer Freund von geistlichen Waffen war, schickte nach Rom, und ließ sich einen Bannstrahl wieder seine ungehorsamen Söhne ausbitten, den er unweigerlich erhielt. Der junge Henrich, der von der freyen Denkungsart am französischen Hofe angesteckt war, machte sich wenig aus dem Donner des heiligen Vaters, aber Richards noch unverdorbenes, unverführtes Herz wurde durch den Gedanken, von der Gemeinschaft der Christenheit ausgeschlossen zu seyn, um eines Verbrechens willen von derselben ausgeschlossen zu seyn, dessen Name ihm schon abscheulich war, ganz zu Boden geschlagen. – Er war anfangs willens nach England zu gehen, und sich seinem Vater zu Füßen zu werfen; aber die Vorstellung, daß man ihn doch nicht als einen Unschuldigen, der er war, sondern nur als einen reuigen Sünder aufnehmen würde, empörte seinen Stolz. Er wollte der Welt zeigen, daß er kein Rebell war, daß er die Hoheit seines Vaters zu beschützen, nicht zu erschüttern suchte. – Aller Gift den Eleonore in sein Herz ausgegossen hatte, um ihn gegen König Henrichen aufzubringen, und der nicht allemal seine Wirkung verfehlte, war jetzt ohne Kraft. –

Er brachte die Angelegenheit seiner Mutter mit seinem Bruder zur Richtigkeit, und verließ Frankreich plötzlich, um nach Schottland zu gehen, und daselbst die grausamen Beschuldigung seines Vaters durch die That zu widerlegen. – Du weißt, mein Walter, wie viel Unruhen Wilhelm von Schottland dem Könige von England in den damaligen Zeiten machte,

„Richard had no sooner commenced this negotiation, than his voyage was known in England, and represented to Henry as an open revolt. The Earl of Leicester persuaded the King that Eleanora had engaged all her children in one common conspiracy.

Henry, indignant at this general ingratitude of his family, had recourse to the Pope, and procured a bull of excommunication against all of them. Prince Henry despised the threats of the Holy Father, and replied to the bull by a parody of it, excommunicating the Pope.

Richard was more terrified, and was almost upon the point of returning to his father.

He terminated the differences between his mother and his brothers, and then quitted France for Sweden.

„You need not be here told that Henry was a long time in dread of William, King of Sweden; and you must have heard of the immense preparations which were caused by this apprehension.

auch wirst du vielleicht etwas von den Gegenanstalten gehört haben, die König Henrich machte. – Ansehnlich war das Heer, das er Wilhelmen entgegen schickte, aber die Anführer waren schlecht, und alles würde verlohren gegangen seyn, wenn Richards Heldenarm der Sache nicht ein gänzlich anderes Ansehn gegeben hätte. Wilhelm von Schottland ward gänzlich gedemüthigt, und diejenigen vom Heere, welche Richarden kannten, bestanden darauf, ihm die Krone dieses Landes aufzusetzen. Mit Abscheu verwarf er diesen Antrag, und eilte nach England, um den überwundenen Wilhelm zu seines Vaters Füßen zu führen, und sich ihm zu zeigen, als der, der er wirklich war, kein Rebell, sondern der Schützer der Hoheit seines Königs und Vaters. –

Das Gerücht von dem Siege über die Schottländer war Richards Ankunft zuvorgekommen, und man war, als er erschien, schon so mit dieser fröhlichen Zeitung bekannt, daß man sie fast vergessen hatte. König Henrich hatte zu der Zeit als die erste Nachricht von Wilhelms Niederlage nach England kam, eben eine Wallfahrt zu dem Grabe des heiligen Thomas a Becket gethan, dessen Ermordung man ihm schuld gab. – Jedermann behauptete, daß die Vorbitte des lieben Heiligen diesen Sieg über die Schottländer zu wege gebracht hätte; was hatte denn also der tapfere Richard dabey gethan? –

Man empfieng ihn sehr kaltsinnig, und entließ ihn mit Mühe des Verdachts, daß er Schottland aus rebellischen Absichten betreten habe. Das eroberte Land, die Frucht von Richards Siegen wollte man anfangs dem Prinzen Johann, des Königs Lieblinge geben, aber man besann sich doch anders, meynte, Johann könnte indessen mit Irrland zufrieden seyn, und bestätigte den überwundenen Wilhelm im Besitz von Schottland, welches er vom König von England zur Lehn nehmen sollte.
Richard war das Letzte wohl zufrieden, aber daß er sich sonst so in Ansehung seines Empfangs bey seinem Vater geirrt hatte, das durchbohrte sein Herz. Man besann sich lange, ob man ihm des päbstlichen Banns

Henry sent an army against William: the army was upon the point of defeat, when Richard suddenly arrived, and put himself at its head. Victory now declared for the English. William was taken prisoner, and Richard returned to England, to present him to his father.

„The fame of this victory had already reached England: but as the King had at the same time made a pilgrimage to the tomb of Thomas á Becket, the victory was imputed as much to the protection of the saint, as to the courage of the hero.

Richard was thus received with coldness, and deprived of the praise he had so well earned; he had even the mortification to see the conquered countries assigned to his brother John; and when the peace restored William to his throne, John was recompensed by the grant of the Dutchy of Ireland.

Richard was forgotten. This Prince was indifferent to these arrangements, but could not but be sensible of the coldness with which his father treated

und der väterlichen Ungnade gänzlich entnehmen sollte, und als man dieses nicht Umgang haben konnte, so gab man ihm wenigstens zu verstehen, er mögte nicht bey Hofe bleiben, sondern sich auf ein gewissen geringes Kastell begeben, das ihm verehrt wurde. Nach Frankreich zu gehen, sollte ihm untersagt seyn, denn man hielt dieses Land für die Tugend der englischen Prinzen höchst gefährlich. Prinz Gottfried war vor einiger Zeit heimlich dahin gegangen, und man fieng an Zeitungen von ihm zu hören, welche nicht die besten waren.

Richard sehnte sich nicht nach König Ludwigs Hof, aber seine Mutter hätte er gern in Guienne besucht, und ich weis nicht, was er des Verbots seines Vaters ungeachtet gethan haben würde, wenn ihn nicht die Ueberredungen der Freundschaft davon abgehalten hätten.

Alle diese Dinge, mein Walter, trugen sich vor meiner Ankunft in England zu, und ich habe das Hauptsächlichste, das Innere derselben, erst nach der Zeit, zum Theil erst kürzlich erfahren. – Als ich König Henrichs Hof zum ersten Male sah, waren schon einige Jahre nach dem Siege in Schottland verflossen, und Prinz Richard hatte alle diese Zeit über seinem Kastelle in trauriger Einsamkeit gelebt, die er nur zuweilen mit einem ganz kurzen Besuche bey seinem ungewogenen Vater verwechselte, welchen Prinz Johann, Graf Leicester und andere seines Gleichen so umlagert hielten, daß sich Richard keiner einzigen Privatunterredung mit dem Könige rühmen konnte. – Doch fieng der alte Henrich an, Richarden ein wenig geneigter zu werden, als er täglich neue widrige Zeitungen aus Frankreich von seinen rebellischen Söhnen Henrich und Gottfried erhielt, und hingegen das stille und unsträfliche Leben sah, das Richard vor seinen Augen führte.

Dieses stille, eingezogne Leben, würde indessen nicht sehr nach dem Geschmack des feurigen Richards gewesen seyn, wenn nicht die Widerwärtigkeiten die er erlebt hatte, seinen Muth niedergeschlagen, und ihm einen Hang zur Schwermuth gegeben hätten, den er zuvor nicht hatte.

Musik und Dichtkunst waren seine Hauptbeschäftigungen in seiner Einsamkeit, und die Liebe zu diesen beyden Wissenschaften, die bis

him, and the mortifications to which the cabals of his brothers exposed him in the Court.

„It was at this period that, instead of the favours which he expected, he received an order from the Court to confine himself to a castle appointed for his residence. To this was added an express prohibition to return to France – a prohibition which I believe would have been fruitless, had not the voice of friendship persuaded Richard to obey.

„It was at this period that I became the attendant, or rather the friend of Richard. To relieve the melancholy with which the injustice of the King inspired him, he applied himself to cultivate the arts of music and poetry: – he thus became my pupil; and, by a natural consequence in a heart generous like his, my friend.

„Richard now passed whole days in listening to my harp and songs. I now

zum Enthusiasmus gieng, war es auch die mir die Freundschaft des edelsten Herzen erwarb, das ich kenne. Verzeihe mir, mein Walter, wenn ich dich durch diesen Ausdruck beleidige. Es ist wahr, du bist mein ältester Freund, und ich weis deinen Werth zu schätzen; aber du warst beynahe noch ein Kind als ich von dir getrennt ward, ich habe dich erst seit kurzen wieder, und du kannst meinem Herzen also bey weiten das noch nicht seyn, was mir mein Richard in so vielen Jahren geworden ist.

Er sah mich bey einen von den kurzen Besuchen am Hofe seines Vaters, er hörte meine Lieder, hörte mein Harfenspiel, lud mich zu einem Besuch auf seinem Schlosse ein, und von da an, wurde ich ein unzertrennlicher Gefährte seiner Einsamkeit. – Alle seine Anliegen schüttete er in meinen Schooß aus, alle seine Angelegenheiten stellte er mit mir in Rath, und ich kann mich rühmen, daß ich vielleicht manche seiner raschen Entschließungen gehindert, mancher eine bessere Wendung gegeben habe, als sie ohne die Leitung eines Freundes erhalten haben würde. – Ich war es, der ihn immer von dem Entschluß abhielt, wider den Willen seines Vaters seine Mutter zu besuchen, und die Wahrheit zu gestehen, that ich dieses nicht sowohl aus Ehrfurcht gegen das königliche Verbot, als weil ich eine schlechte Meynung von Königin Eleonoren hatte, und es ihr nicht gönnen konnte, mit ihren giftigen Anschlägen das Gemüth meines Freundes anzustecken. – Richard hörte mein Einreden gefällig an, und folgte gern meinen Rathschlägen.

Er sagte mir oft, daß, seit er mich kenne, ihm das Leben wieder anfange lieb zu werden, daß er um meine Freundschaft kein Königreich eintauschen mögte, und daß er in meinem Umgange die ganze übrige Welt vergessen könne. – Seit ich bey ihm war, besuchte er den Hof seines Vaters seltner als jemals, und das Gerücht von den glänzenden Festen, die man in London feyerte, konnte ihn nicht bewegen seine Einsamkeit zu verlassen. – Ich, ein Liebhaber der Freude, tadelte ihn oft wegen seiner Eingezogenheit, und nöthigte ihn zuweilen Menschen zu sehen, weil ich fürchtete, das Leben, das er auf dem öden Kastelle führte, mögte nach und nach der Gesundheit seines Leibes oder Geistes schädlich werden; aber wenn

became his inseparable companion: – our intimacy soon produced the most unrestrained confidence; he concealed nothing from me of what he suffered, and what was his purpose.

I dissuaded him from visiting his mother contrary to the commands of the King: I could not forgive her for the manner in which she had poisoned the mind of Richard with her malignant infusions against his father. – Richard listened to my arguments, and was persuaded of their justice.

He would not unfrequently tell me that my friendship for him had revived his relish of life, and that he would henceforth renounce the world, and give himself wholly up to the charms of private friendship. I rallied this spirit of misanthropy; and as London was at this period the scene of brilliant fétes , I persuaded him not unfrequently to accompany me to that city. With such coldness, however, was he at these times received at Court, that we returned to our solitude in disgust, and resolved every time to take a final farewell of the Court, and seek our happiness within the precincts of the castle.

ich ihn zuweilen zu einem Besuch bey Hofe beredete, so fand er allemal daselbst so viel Stof zu neuen Mißvergnügen, daß ich Tage lang zu thun hatte, ehe ich sein Gemüth wieder aufheitern konnte, und daher selbst anfieng, die Einsamkeit für ihn zuträglicher, als das Hofleben zu finden.

Um diese Zeit war es, als das Gerücht in unserer Einöde erscholl, König Henrichs Hof würde bald einen sehr seltenen, sehr unerwarteten Besuch bekommen, auf welchen man, so wenig man sich auch denselben zur Ehre oder Freude schätzte, die größten Zubereitungen machte.

Nachdem der heilige Thomas a Becket, sich durch seine Vorbitte so wunderthätig erwiesen, und mit derselben König Henrichen Schottland unterwürfig gemacht hatte, war der Ruf seiner Heiligkeit, und der Kraft seines Gebets in alle Lande ausgegangen, und hatte der Kirche zu Canterbury, wo er begraben lag, häufige Wallfahrten und Opfer zugezogen. – Was Richarden und mich anbelangt, wir wallfahrteten nicht zu ihm, ob wir gleich in der Nähe seines Heiligthums lebten, und ob es uns gleich nicht an mancherley Anliegen fehlte, in welchen uns die Hülfe eines Heiligen erwünscht genug gewesen wäre; aber nicht gerechnet, daß wir Minstrels, wie uns die Welt schuld giebt, nicht in allen Stücken einen Glauben mit der heiligen Kirche haben, so fühlten Richard und ich auch einen besondern Widerwillen wider den heiligen Erzbischof Thomas a Becket, weil er einen Eingrif in unsere Ehre gethan, und sich den Sieg in Schottland angemaßt hatte, den der tapfere Richard mit seinem Blute erkaufte, ohne zu argwohnen, daß ihm das Gebet eines Heiligen, diesen Ruhm streitig machen würde. Bey diesen Gesinnungen war uns die Post, daß König Ludwigs Majestät sich aus Frankreich zu einer Wallfahrt herüber bemühen würde, mehr ärgerlich als angenehm, und wir beschlossen, weil wir auch übrigens nicht viel von König Ludwigen hielten, bey keinen von den Festen zu seyn, die um seinetwillen angestellt werden sollten.

Kaum konnten wir uns entschließen, nach der Ursach seiner Andacht zu fragen, und als wir erfuhren, daß er das Leben seines kranken Sohnes, des Prinzen Philip, vom heiligen Thomas erbitten wollte, so waren wir einig,

„It was at this period that Louis, King of France, arrived in England under the pretext of visiting the tomb of Thomas á Becket; but, if any argument may be drawn from the event, with a secret purpose very different.

I suspected this from the first moment that his intention came to my knowledge; not from any superior discnernement of my own, but from a

daß dieses Geschäft nicht der Mühe lohnte, einen so weiten Weg zu unternehmen, und daß König Henrich um so einer Kleinigkeit willen, nicht so bereitwillig hätte seyn sollen, einen Feind, mit dem er nur nach Hofart ausgesöhnt war, in sein Land zu lassen.

Ludwig von Frankreich langte mit aller seiner Andacht an König Henrichs Hofe an, und wir erhielten bald Nachricht, daß er seine Tochter Alice mitgebracht habe; ob durch ihr Gebet für das Leben ihres Bruders mehr beym heiligen Thomas auszurichten als er von dem Seinigen hofte, oder ob er durch ihre Gegenwart andere Endzwecke zu erreichen suchte, kann ich nicht entscheiden, oder vielmehr ich konnte es damals nicht, denn nach der Zeit fiel es jedermann, ausser Richarden, deutlich genug in die Augen, daß König Ludwig sich der Schönheit seiner Tochter bedienen wollte, noch einen von den englischen Prinzen in sein Netz zu ziehen, so wie es ihm vormals durch Margarethens Reize bey dem jungen Henrich geglückt war.
Ich weis nicht, ob Prinz Johann der Prinzessin Alice und ihrem Vater, keine Eroberung von genugsamer Wichtigkeit zu seyn schien, oder was sie sonst bewegen mogte, ihre Absichten mehr auf Richarden zu richten. –

Genug, es war offenbar, daß man seine Augen auf ihn, auf ihn allein gerichtet hatte. – König Henrich hatte seinen Sohn nie aus seiner Einsamkeit zu irgend einem Feste, das bey Hofe gefeyert wurde, einladen lassen, jetzt kamen dergleichen Einladungen sehr oft, und ich erfuhr nachher, daß dieselben nicht die Wirkung des guten Willens König Henrichs, sondern der dringenden Bitten des Königs von Frankreich gewesen waren. Richard nahm keine von diesen Einladungen an, und machte damit seinem Vater eine herzliche Freude, der jetzt nicht sowohl aus Widerwillen gegen Richarden, als aus Furcht, er mögte mit den Gästen aus Frankreich in irgend eine Verbindung gezogen werden, seine Gegenwart bey Hofe nicht gern gesehen hätte. –

more accurate knowledge both of the character of Louis himself, and of that of the French Court.

„Louis arrived in England with a train and splendour suited to his exalted rank. His daughter Alice accompanied him. What was the purpose of the King in bringing this Princess? The event will shew. One of the sons of Henry remained still unseduced: – why might not the Princess Alice have the same success with her sister Margaret?

I could not help remarking that Richard was now frequently invited to Court; though previous to the arrival of Louis, this had very seldom occurred. I did not fail to impute this to the right cause – the instigation of Louis, who desired nothing so much as the introduction of Richard to Alice. Richard, however, always declined these invitations.

Als König Ludwig sahe, daß alle seine Bemühungen Richarden bey Hofe zu sehen, vergebens waren, so ließ er sich gefallen, ihm einst ganz unvermuthet einen Besuch auf seinem Schlosse zu geben. – Es ist unglaublich, was für Mühe er sich bey dieser Gelegenheit gab, meinem Richard zu gefallen; es glückte ihm nur gar zu gut, und ich kann nicht leugnen, daß ich selbst eine Zuneigung für diesen huldreichen König zu fühlen und zu glauben anfieng, er könne wohl nicht so falsch und boßhaft seyn, als man ihn insgemein schilderte.

Der König von Frankreich fand die Gegend und vornehmlich die Waldung in dem Disktrikte unsers Kastells sehr schön, und bat Richarden, zuweilen hier jagen zu dürfen; wer konnte Ludwigen etwas abschlagen? Richard liebte die Jagd selbst, sie war die einzige ritterliche Uebung, die er seit einiger Zeit zu treiben pflegte, und es wurden von diesem Tage an, so fleißige Jagdpartien in Richards Wäldern gemacht, daß man bey Hofe davon zu sprechen anfieng, und dem Prinzen zu verstehen gab, er würde seinem Vater einen Gefallen erweisen, wenn er den Umgang mit König Ludwigen einschränkte. So geneigt Richard gewesen war, die Höflichkeiten des Königs von Frankreich zu erwiedern, so bereitwillig war er auch, dem Befehl seines Vaters zu gehorchen; und als er kein anderes Mittel wußte sich der Zudringlichkeiten Ludwigs zu erwehren, so trug er kein Bedenken, dem Könige von Frankreich nach seiner gewöhnlichen Offenherzigkeit die Ursach zu gestehen, warum er genöthigt wäre, sich seiner Gesellschaft zu entziehen.

König Ludwig lachte, versicherte Richarden, daß er lange so ein Verbot von dem mißtrauischen König von England vorausgesehen hätte, daß er der Schwachheit des guten Königs nachgeben, und seine Besuche bey ihm einschränken wollte, und daß er übrigens hofte, es würde den Vornehmsten seiner Hofstatt nicht versagt seyn, sich zuweilen in seinen Wäldern mit der Jagd zu belustigen.

König Ludwig kam von dieser Zeit an nicht mehr, uns in unserer Einsamkeit zu besuchen. Seine Leute besuchten unser Jagdrevier fleißig, und

„Louis, seeing that Richard refused to come to Court, resolved to visit him in his castle. He executed his purpose without delay. It is impossible to describe the imposing qualities of this Monarch: he had the most dangerous kind of dissimulation; for he had the art of concealing it under an appearance of a candour extending even to simplicity.

„Louis appeared enraptured with every thing about the castle of Richard, and more particularly with the majestic forests which surrounded it. He demanded permission to hunt in them: – could Richard refuse him? From this day commenced an increasing friendship between Richard and Louis. Each was passionately fond of the chace.

Every day therefore produced a hunting party. The King of England became jealous of the increasing intimacy of Louis and the Prince. He prohibited the Prince from accompanying him upon these frequent hunting parties. Louis perceived the restraint of the Prince, and demanded an explanation. Richard produced the letter of his father.

'Well,' said Louis with a smile, 'we must pardon your father a distrust which appears natural to his character. I shall abstain from hunting in your forests; but as I perceive the prohibition does not extend to my suite, you will still permit them to enjoy their favourite amusement.'

„From that day Louis returned no more. His attendants, however, still made parties to the forests.

Prinz Richard hielt es nicht für seine Schuldigkeit, Theil an ihren Vergnügungen zu nehmen; ihr Umgang war seinem Stolz zu geringe, und er wußte nicht, ob ihm nicht derselbe, wenn er auch Gefallen daran gefunden hätte, bald ebenfalls vom Hofe würde verboten werden.

Verschiedne von unsern Jägern, welche den Jagden unserer französischen Gäste beywohnten, erzählten, daß sich oft auch Damen in unserm Walde einzufinden pflegten, davon sie die eine besonders schön beschrieben. Es wird die Prinzeßin Alice seyn, dachte ich, und sagte Richard, ohne daß einer von uns Neugierde genug besessen hätte, ihr zu Gefallen einen Ritt zu thun. Wir hielten uns eingezogen in unserm Schlosse, und erhielten dafür, wie wir von unsern Leuten erfuhren, von den schönen Jägerinnen die oft nach Prinz Richarden fragten, den Namen Menschenfeinde, und mürrische Einsiedler. – Ich scherzte oft mit meinem Freunde über die Mühe die sich Alice seinetwegen gab, er nannte sie weibliche Neugier, und versicherte, daß er sie nie befriedigen würde. Ich leugne es nicht, setzte er hinzu, daß ich ein Freund der Damen, ein Anbeter der Schönheit von jeher gewesen bin, aber sobald ich bey einem Weibe ein größeres Bestreben nach meiner Gesellschaft merkte – sollte es auch aus bloser Neugier entsprungen seyn, - als ich nach der ihrigen bezeugte, so verlohr sie alles Interessante für mich, und ich flohe sie gewiß in eben dem Maase als sie mich aufsuchte.

Es ist zu glauben, daß Richard seinem Grundsatze treu geblieben seyn würde, wenn ihm Alice nicht näher getreten wäre, und ihn mit der ganzen Macht ihrer Reizungen angegriffen hätte.
Es war an einem trüben Tage, der uns, ungeachtet wir Männer waren, auf keine Weise ins Freye gelockt haben würde, da sich eine Begebenheit ereignete, welche der Sache auf einmal eine ganz andere Wendung gab. Der Himmel hieng voll Gewitterwolken; der Donner ließ sich bereits von Weiten hören, und abwechselnde Regengüsse kühlten die Hitze, die das Land schon verschiedne Tage gedrückt hatte. Richard und ich saßen in der untern Halle des Schlosses, verkürzten uns die Zeit mit mancherley

We were told by some of the domesties of the castle, that some females, and one of them of the most superior beauty, were often of these hunting parties. – 'It must be the French Princess,' said I to Richard. 'Be it so,' replied he, 'it is nothing to us. I confess that I like women less than courtiers: they are equally inconstant, and equally light.'

„Richard might have remained some time longer in this opinion, but for a sudden event.

„One day the sky was covered with clouds, and the thunder began to roll over the forest: Richard and myself were enjoying our usual sports – the harp and the song, in an open gallery of the castle; but the lightning became at length so powerful, that we were compelled to withdraw into the inner apartments.

Gesprächen, mit Gesang und Saitenspiel, weideten uns an Wohlgerüchen die uns aus der erfrischten Gegend entgegen dufteten, und freuten uns des majestätischen Schauspiels, das das immer näher kommende Gewitter unsern Augen gab. Es kam heran, mit so fürchterlichen Blitzen und Schlägen, und mit so einen überschwemmenden Regen, daß wir genöthigt waren, den Eingang unsers Saals den wir gegen das Feld geöfnet hatten, verschließen zu lassen, um vor den überhandnehmenden Sturme sicher zu seyn.

Er hatte bereits über eine Stunde in einem fort getobt, als unsere Leute herein traten, und meldeten: eben wäre ein ganzer Trupp französischer Jägerinnen in unserm Schlosse abgestiegen, welche vom Ungewitter im Walde übereilt, bey uns Zuflucht suchten; die Ueberbringer dieser Zeitung hatten noch nicht ausgeredet, als wir das Geräusch der Kommenden hörten, und eine Menge Damen eintreten sahen, die, so übel ihnen auch das Ungewitter mitgefahren hatte, doch einen schönen Anblick machten. Vornehmlich zeichnete sich die Vorderste von den andern aus, die ich mir aus ihrem Vortritt und der prächtigen Kleidung die sie trug, gleich von Anfang als die, die sie war, als die Princeßin Alice vorstellte. Sie trug ein bleichgrünes Jagdkleid, das ein demantner Gürtel schloß, und ein funkelnder Stein von gleicher Kostbarkeit, hoch über das linke Knie hinauf zog, um den schönsten Fuß zu zeigen, den man sich denken kann. Ihre Gestalt war schön und zierlich, ob sie gleich kaum das Mittelmäßige erreichte, ihre Brust und Arme waren kaum zur Hälfte bedeckt, und der Glanz ihrer funkelnden Augen wurde durch die von der Erhitzung erhöhte Farbe ihrer Wangen, und durch das dunkle Haar, das sie in wilder Unordnung umflatterte, fast verblendend gemacht. – Richard fuhr voll Erstaunen auf, sie zu empfangen, er war über ihren Anblick so ausser sich selbst gesetzt, daß er kaum vermogte ihr etwas auf die Worte, mit welchen sie ihn in dem einnehmendsten Ton anredete, zu antworten. – Und das war Alice? unterbrach hier Walter die Erzählung seines Freundes, ists möglich, daß irgend jemand an der Figur dieser Prinzeßin etwas Einnehmendes finden kann? – Was mich anbelangt ich habe sie gesehen, und nichts an ihr bewundern können, als ihre Frechheit und den Hang zu der zügellosesten

The trampling of horses announced a party having sought shelter in the castle. The entrance of a domestic informed us that it was the party of French hunters. Richard descended to receive them. They were several women, and one whose beauty, and majesty of deportment, announced her for the Princess Alice. She was dressed in the habit of a huntress, of the colour of pale green. Her beauty was indeed striking, and Richard appeared to fell its force. Though the most graceful of Knights in his address, he appeared as confused as if he had been little accustomed to such exalted company with an awkwardness which was truly ludicrous: – the Princess perceived it; and, as I guessed from the expression of her countenance, understood the cause.

Lebensart, der ihr aus den wilden Augen blickt.

Kann wohl seyn, erwiederte Blondel, aber du bedenkst nicht, daß eine Dame von Alicens Gattung, eine andre Figur am Anfang ihrer Laufbahn, als am Ende derselben macht. –

Genug, damahls war sie noch schön, sehr schön, und unterließ nichts, uns beyden zu gefallen, doch Richarden etwas mehr als mir. – Ich vermißte freylich in ihrer Person, in ihrem ganzen Wesen den Zauber der Sittsamkeit, der mich bey dem weiblichen Geschlecht immer am Meisten hingerissen hat, aber Richard übersah diesen kleinen Mangel bey ihren übrigen Reizen. Er nannte das, was mir schon damals ein wenig frech an ihr vorkam, Lebhaftigkeit; die üppige Nachläßigkeit in ihrer Kleidung, die sich nicht nur diesen, sondern alle künftigen Tage die sie bey uns verweilte an ihr zeigte, Ungezwungenheit, oder jugendliche Unachtsamkeit; und kurz diese Zauberin nahm das Herz deines Bruders in wenig Tagen so völlig ein, daß er ganz an ihr hieng, für nichts Gefühl hatte, als für sie, und die kleinen Erinnerungen, die ich zuweilen wagte ihm zu geben, auf so eine Art aufnahm, daß ich endlich für gut hielt zu schweigen.

Ich habe schon von mehrern Tagen gesprochen, und du wirst also errathen, daß sich Alice keine kleine Zeit bey uns aufhielt. An Zeitvertreib konnte es ihr nicht bey uns fehlen, denn sie hatte ja die Jagd, und da Richard sie allemal auf derselben begleitete, so ist zu glauben, daß ihr diese Uebung noch angenehmer seyn mußte als zuvor. – Was mich anbelangt, so konnte ich nichts thun, als die Verblendung meines Freundes betrauren.

So wenig ich Alicen ihre Schönheit ableugnen konnte, so gefiel sie mir doch gar nicht mehr; tausend Spuren ihres leichtsinnigen Charakters entdeckte ich täglich an ihr, und ich hätte ihr noch gern alles vergeben wollen, wenn ich mich nur hätte versichern können, daß sie die redliche Liebe meines Freundes eben so redlich erwiederte; aber dawider hatte ich großen Zweifel, unter denen die freundlichen Blicke die sie mir oft nur gar zu freygebig verlieh, noch die geringsten waren. – Du kannst wohl denken, daß ich nicht ermangelte, Richarden meine Gedanken hierüber

„Alice remained many days at the castle; the hunting parties were resumed, and Richard followed his fair mistress with the eagerness of a lover. I now discovered the blind attachment which seemed to to posses my friend.

Alice was doubtless lovely and amiable; but there was still something about her which not a little displeased me. I remarked in her so much levity, so much caprice, so much art, that I could not but compassionate the situation of my friend. The sincerity of her love of Richard would have consoled me for these defects; but I was not without my doubts even upon this point. I thought she regarded me with looks somewhat too favourable. I did not hesitate to mention my suspicions to Richard: but, blinded by his

zu entdecken, aber Alicens Jugend und Lebhaftigkeit entschuldigte alles, und ich hatte geirrt.

Doch merkte ich, seit meinen freundschaftlichen Erinnerungen eine große Verminderung der Vertraulichkeit gegen mich bey dem Prinzen; ich erfuhr wenig von seinen Unterhaltungen mit Alicen; sie reiste ab, er begleitete sie, und ich hörte erst bey seiner Rückkunft, daß er einen geheimen Besuch bey König Ludwigen gemacht, ihm seine Absichten auf seine Tochter entdeckt, und ihm angelegen habe, auf Mittel zu denken, wie die Einwilligung seines Vaters zu erlangen wäre.

König Ludwig hatte ihm Alicen zugesagt, hatte sich erboten alles beym Könige von England durchzusetzen, aber zugleich auch versichert, daß es ihm unmöglich sey, seine Tochter einem Prinzen ohne Land zu geben, und daß er darauf dringen würde, daß König Henrich ihn wenigstens eben so gut als seinen ältesten Sohn mit einigen Ländern versähe, deren Beherrschung er sogleich antreten könne.

Dieses war das Signal zu allen den mannichfaltigen Mißhelligkeiten, die nach der Zeit zwischen Richarden und seinem Vater fast nicht aufgehört haben. König Ludwig fieng seine Unterhandlungen sehr listig mit der Vorbitte für Richarden an, daß sein Vater doch einigermaßen auf seine Versorgung denken mögte. König Henrich ward beleidigt, daß Richard Ludwigen zum Fürsprecher wählte, und schlug alles ab.

Der König von Frankreich ließ sich nicht abweisen, und erhielt endlich, daß Richarden Poitu und Guienne angewiesen wurde, beydes Landschaften, die seine Mutter besaß, und die ihr eigenthümlich gehörten, weil sie selbige König Henrichen zugebracht hatte. Richard wurde beleidigt, daß man ihn mit den Gütern seiner Mutter belehnte; aber ich beredete ihn, alles anzunehmen, weil er auf diese Art am besten im Stande seyn würde die Königin bey ihrem Eigenthum zu schützen, ohne nöthig zu haben, sich eines Rechts über dasselbe anzumaßen. Königin Eleonore, welche man insgeheim darum befragte, war es zufrieden, daß Richard Graf von Guienne und Poitu hieß, und versprach, ihn bey diesen Titel durch

passion, he replied only by ridiculing my vanity.

„Nor did the evil stop here. – I remarked with concern that my fidelity to him had diminished his confidence. Richard spoke to me no more upon Alice. She finally departed, and Richard attended her. I learned upon his return that he had secretly conversed with Louis, confessed his passion, and requested Louis to arrange every thing with his father.

„The King of France, with this success of his project, affected nevertheless to oppose some obstacles, and proposed some conditions previous to his consent. Richard, he said, must procure for himself an appanage equal to that of his brother, and enter into immediate possessions of it.

„Louis for some time negotiated in vain with Henry; he was careful to make no mention of the proposed marriage. Henry, unsuspicious of his secret purpose, was at length with difficulty induced to give Richard Poictou and Guienne. These provinces more properly belonged to the Queen than to Henry, but Eleanora consented, and Richard thus became Count of Guienne.

ansehnliche Einkünfte aus ihren Landen zu unterstützen.

König Ludwig konnte sich bey König Henrichs Mildigkeit in diesen Stücken nicht beruhigen, er verlangte eine bessere Versorgung für seinen künftigen Schwiegersohn, und trat allgemach mit den Vorschlägen zu Richards und Alicens Vermählung hervor, welche aber mit solchem Unwillen aufgenommen wurden, daß der König von Frankreich sich entschloß, nebst seiner schönen Tochter England zu verlassen; welches mit desto bessern Anstand geschehen konnte, da er die scheinbare Absicht seiner Reise erreicht, und Nachricht aus Frankreich erhalten hatte, wie Sankt Thomas a Becket den Prinzen Philip völlig gesund gebetet hatte.

König Ludwig reiste ab, und es ward ihm leicht den aufgebrachten Richard zur Mitreise zu bewegen. So wenig Gefallen ich auch an seiner Verbindung mit dem französischen Hofe hatte, so konnte ich mich doch nicht überreden, ihn zu verlassen; ich begleitete ihn, und ich hatte bald Gelegenheit, ihm als Freund in neuen Widerwärtigkeiten beyzustehn. König Ludwig hatte eine Wallfahrt für das Leben seines Sohnes gethan, und recht, als ob er dasselbe mit seinem eigenen erkaufen sollte, ward er vom Schlage getroffen, ehe er noch seinen wiederhergestellten Sohn zu sehen bekam.

Richard begleitete seine Alice nach Rouen, ward aber von dem neuen Könige Philip so schlecht empfangen, daß er, weil er keine Macht hatte sich zu rächen, weichen, und seine Zuflucht bey seiner Mutter in Guienne suchen mußte

Es würde zu weitläuftig fallen, dir alle Unruhen und Zwistigkeiten zu erzählen, die in einer Zeit von etlichen Jahren, zwischen dem Könige

„Louis now ventured to mention to Henry the proposed marriage; – this proposal, however, was received with such coldness, that Louis resolved to quit England.

It was not difficult through Alice to engage Richard to accompany him. I did not approve of this voyage, but could not resolve to leave Richard. A melancholy incident rendered this voyage but too memorable – Louis expired suddenly in a fit! –

Richard accompanied the Princess Alice to the capital; but was so ill received by the new King, that he immediately quitted the Court, and withdrew to his mother in Guienne."

Blondel was interrupted here by the arrival of visitors to the castle.

CHAP. XIX.

The Sequel of Blondel's Narrative.

Upon the departure of the visitors, Blondel resumed his narrative.

„I will not exhaust your patience", said he, „by a detailed narrative of the

von England und seinen Söhnen, und zwischen diesen unter einander vorfielen, es sey genug dir zu sagen; daß, wenn von Bestrafung der Rebellen die Rede war, der unschuldige Richard, der sich ganz ruhig bey seiner Mutter verhielt, oben an stand, da er hingegen, wenn eine Streitigkeit zwischen ihm und seinen Brüdern, oder irgend etwas das seinen Vortheil betraf zu entscheiden war, allemal nachstehen mußte.

Ich weis nicht was es war, das zu der selbigen Zeit dem alten Henrich auf einmal gütigere Gesinnungen gegen seine Söhne Richard und Gottfried einflößte, ob er seinen ältern Sohn Henrich durch die Gnade gegen seine jüngern Brüder kränken, oder ob er die Vermählung des jüngsten, des Prinzen Johann mit der savoyschen Prinzeßin Adelaide, durch die Gegenwart der beyden andern Prinzen verschönern wollte, genug er berufte sie an seinen Hof, und versprach ihnen völlige Vergebung des Vergangenen, nebst andern ansehnlichen Vortheilen.

Richard ließ sich durch kein Zureden seiner boßhaften Mutter bewegen, die Gnade seines Vaters zu verschmähen; er erkannte das Unrecht, das er seinem väterlichen Ansehen gethan hatte, indem er sich vormals mit Alicen wider seinen Willen einließ. Der üble Empfang den er am Hofe ihres Bruders fand, und der wenige Antheil den sie in all der Zeit, in der er von ihr getrennt war, an ihm zu nehmen schien, hatten ihn fast ganz von der Liebe zu ihr getheilt, und meinen Zuredungen bessern Eingang verschaft, als sie ehedem hatten. –

Er nahm sich vor, zu seinem Vater zurück zu kehren, ohne die geringsten Forderungen zu seinen Vortheil zu machen. Nur einer einzigen Bitte konnte er sich nicht enthalten, und er trieb sie bey seiner Ankunft am englischen Hofe mit solchem Eifer, daß König Henrich, welcher damals auf der Laune war, Gnade zu erzeigen, sie ihm nicht abschlagen konnte. Es war die Zurückberufung Eleonorens an den englischen Hof; sie ward verwilligt. Die Königin kam auf Einladung ihres Gemahls nach London, ward sehr wohl aufgenommen, bezeigte sich so, daß man mit ihr zufrieden seyn mußte, und verschafte durch ihr Zureden, auch Richarden besseres Ansehn und mehrere Gnade bey seinem Vater, als er je gehabt hatte.

various dissensions between Henry and his sons. It is sufficient to my purpose to add here, that whilst Richard war endeavouring to remain at peace, and even to conciliate the disputes between his brothers and his father in Guienne, he was still persecuted as a rebel by the English Court.

„The nuptials of Prince John induced Henry to recall Godfrey and Richard to England; and as their long separation had doubtless softened his heart, he received them with paternal affection.

Richard employed this return of natural affection to solicit the recall of his mother, and pressed his purpose with so much persevering vigour, that Eleanora at length returned to Court.

Dieses waren glückliche Tage für meinen Freund, Tage die ihm noch durch eine andre Begebenheit zu den merkwürdigsten seines Lebens gemacht wurden. Du wirst errathen, was ich meyne.

Die Erscheinung Matildens bey Hofe, und der Eindruck, den ihre Schönheit auf Richarden machte, ist dir bekannt; aber eins weißt du noch nicht, das ich dir auch schwerlich sagen würde, wenn mich nicht das Kleid, das du trägst, überzeugte, daß du keinen Anspruch mehr auf diejenige machst, die du in deinen ersten Jünglingsjahren zu lieben schienst.

Ja Walter, ich bekenne dir es frey, Matilde war mir von dem ersten Augenblick an, da sie zu Montçon erschien, nicht gleichgültig. Ich unterdrückte bloß dir zu liebe die wachsende Leidenschaft in meinem Herzen. Unaussprechlich schwer ward mir die Trennung von ihr, und in aller der Zeit, da ich von ihr entfernt war, kam ihr Bild nicht aus meiner Seele. Du weißt, wie sehr die Grundsätze der Minstrels die hohe idealische Liebe begünstigen, und du wirst dich nicht wundern, daß ich, ohne Hofnung Matilden jemals zu besitzen, sie zu der Dame meines Herzens gewählt, zum Gegenstand aller meiner Lieder gemacht hatte. Unaussprechlich liebte ich sie, und du kannst dir also eine Vorstellung von dem Eindrucke machen, den ihre Erscheinung bey Hofe auf mein Herz hervor brachte. –

Die Güte, mit welcher sie sich meiner erinnerte, die Freundschaft, die Vertraulichkeit, mit welcher sie mir ihren Umgang gönnte, alle diese Dinge sind dir aus ihrer Geschichte bekannt, aber du weißt nicht, wie viel mein Herz dabey fühlte, wie es so ganz zu derjenigen hingerissen wurde, die ich nur anbeten durfte. –

Laß mich hiervon abbrechen. Du weißt was für eine traurige Wendung unser unschuldiger Umgang durch die Eifersucht ihres Gemahls gewann; du weißt, mit wie vielem Glück Prinz Richard unsere Unschuld vertheidigte, auch wirst du dich erinnern, wie schlecht sie seine Liebe, selbst nach dem Tode ihres Gemahls belohnte.

It was at this period that Matilda appeared at Court. You need not to be told the impression she made upon Richard, and to confess the truth, upon myself.

„Matilda had never been indifferent to me. From the first moment in which she appeared at Mouçon, I loved her. Friendship, however, triumphed over love; but even absence did not expel her from my heart. You need not to be told that there is a species of natural affinity between a minstrel and a lover. I chose Matilda for the object of my affection. You may judge with what pleasure I saw her appear at Court.

The goodness with which she acknowledged our former acquaintance – the confidence with which she received my visits, filled me with joy; and I cannot describe to you the strength of the impulse which at the same time tempted me to throw myself at her feet as her adorer, and which restrained me from an act I thought so little respectful.

„I was not displeased when the jealousy of Clifford, the husband of Matilda, terminated our intimacy. Prince Richard protected Matilda against the indignation of her suspicious husband; but even after the death of Clifford, Matilda still refused to listen to the love of Richard.

Richard hatte bey Matildens höhern Reizen, Alicen ganz vergessen. Eleonore, welche die Verbindung mit der französischen Prinzeßin so ungern gesehen haben würde als der König, begünstigte seine Liebe zu Matilden, und bewegte auch ihren Gemahl in dieselbige zu willigen. Nur die, auf welche bey dieser Sache alles ankam, nur Matilde blieb unerbittlich; sie schlug die Hand des Prinzen hartnäckig aus, und war dadurch Ursach, daß er in halber Verzweiflung das Königreich verließ, und nach Frankreich gieng.

Ich folgte ihm, und unglücklicher Weise begleitete ihn noch einer, den ich damals noch nicht genugsam kannte, um ihn nach Verdienst zu verabscheuen, und meinen Freund vor seinem Umgange zu warnen. Graf Leicester, welcher bey dem König, und der Königin in Ungnade gefallen war, gesellte sich zu Richarden, um sich an den Eltern zu rächen, indem er ihren Sohn wider sie aufwiegelte. – Er wußte es Richarden so wahrscheinlich vorzustellen, daß Henrich und Eleonore seine Liebe zu Matilden nur zum Schein begünstigt, und ihr insgeheim Hindernisse in den Weg gelegt hätten, daß selbst ich anfieng es zu glauben, und Richarden seinen Unwillen über so eine Falschheit nicht ganz verdenken konnte. Er nahm sich vor, die Hofnung, seinen Vater zu väterlichen Gesinnungen gegen sich zu bewegen, gänzlich aufzugeben, und da Schutz und Ruhe zu nehmen, wo er sie finden würde, ohne weitere Rücksicht auf den Willen desjenigen zu nehmen, der sich jedem kleinen Glück das er sich wünschte mit solcher Härte entgegen setzte. – Er hatte demohngeachtet, die schlechte Begegnung die er von König Philipen erdulden müssen, und die Vergessenheit der Prinzeßin Alice noch in zu frischem Andenken, als daß er sich an den französischen Hof hätte wenden sollen. Er nahm sich vor, zu seinem Bruder Henrich zu gehen, der sich, wie er erfuhr, damals zu Martell, einem Kastell bey Turenne aufhielt.

Er fand den Prinzen tödtlich krank, und nur in manchen Stunden fähig, alles das anzuhören, was er auf dem Herzen hatte. – Der junge Henrich, der bey Annäherung des Todes anfieng alles zu bereuen, was er jemahls wider seinen Vater verübt hatte, war nicht geneigt, Richards Unwillen

„Eleanora rejoiced that Alice of France was thus completely effaced from the heart of Richard, and encouraged his amour with Matilda.

Matilda, however, still remained inflexible, and Richard in despair left England to return to France.

„I accompanied him in this voyage. Unfortunately we were followed by the Earl of Leicester, whom I did not as yet know, sufficiently to detest him as he merited. Disgraced successively by the King and Queen, he now attached himself with a secret purpose of vengeance to the Prince, and employed all those talents of seduction which he was known so eminently to possess.

„Richard was satisfied with the efforts of his parents to promote his happiness by an union with Matilda. Leicester endeavoured to persuade him that these efforts were only feigned, and that the King was secretly at the bottom of the opposition he had experienced from Matilda. He confirmed this assertion by so many arguments, that he almost persuaded even me of its truth. He contrived to deprive Richard of all hope of ever regaining the affection of his father, and advised him to seek other protection and dependance.

„Discontented with the Court of France, and disgusted with Alice, Richard resolved to withdraw to Rouen, and pass some time with his brother Henry, who at this period lived at Martel, a castle in Tourraine.

„Henry was at this time at the point of death: he testified, therefore, the greatest remorse at his acts of disobedience to his father, and advised Richard against an imitation of his conduct. –

wider König Henrichen zu stärken; er stellte ihm sein Exempel vor, und redete ihm zu, sich dem kindlichen Gehorsam, den er ihrem gemeinschaftlichen Vater schuldig wäre, auf keine Art zu entziehen. –

Bleib bey mir, mein Bruder, setzte er hinzu, ich habe Boten an unsern Vater geschickt, mir seine Vergebung, seinen Seegen, und wo möglich, seinen Besuch vor meinem Tode zu erbitten. – Er wird kommen, er wird mich begnadigen, und dich in meine Rechte einsetzen; sein Herz wird sich gegen dich erweichen, gegen dich, der du ihn nie so sehr beleidigt hast als ich, da er ja selbst gegen mich, den ungehorsamsten seiner Söhne, nicht wird hart seyn können.

Richard blieb bey seinem kranken Bruder, und erwartete von einer Zeit zur andern die Ankunft seines Vaters; aber er kam nicht. Der König von England, der schon so oft die Falschheit seines Sohns Henrich geprüft hatte, hielt alles was er ihm sagen ließ, für einen gelegten Fallstrick, ihn in die Hände seiner Feinde zu bringen, und schickte den Boten des Prinzen mit abschläglicher Antwort zurück. – Das wenige Leben, das bisher noch in dem Kranken geglimmt hatte, verließ ihn auf diese schreckliche Nachricht, er ward ohnmächtig. – Also verstoßen, verlassen von meinem Vater, von Gott verworfen, soll ich mein Leben endigen? sagte er, als er wieder zu sich selbst kam. – Mit diesen Worten kehrte er sich nach der Wand, antwortete nichts mehr auf das Zureden seines Bruders, und verschied.

Richards Betrübniß über den Tod seines Bruders, und sein Unwille, über die Härte des Vaters, der ihn ungetröstet sterben ließ, ist nicht zu beschreiben. Er vergaß die Ermahnungen des Verstorbenen, sein Herz empörte sich wider König Henrichen, ohne daß er im Stande war, dasjenige zu erwägen, was zu seiner Entschuldigung dienen konnte. Selbst die bittre Reue des Vaters, als er erfuhr, daß er dem büßenden Sohne Unrecht gethan hatte, indem er ihm die Vergebung versagte, selbst diese Reue, die den alten König dem Tode nahe brachte, konnte ihn nicht gänzlich mit seinem Verfahren aussöhnen, und Graf Leicester trug Sorge, daß das, was ich zu Vertheidigung des unglücklichen Königs von England

'Remain with me, my brother,' said he; 'I have sent an embassy to my father to obtain his pardon and blessing. I expect that my father will see me before I die, and his softened heart will then doubtless pardon you.'

„Richard remained with his brother, in expectation of the arrival of the King; but that Monarch, fearing some artifice concealed under a submission so little probable, dismissed the ambassadors with a refusal to see Henry. The Prince had supported life till the return of these messengers: the refusal of the King overcame him – 'Is it thus,' said he, 'that my father rejects me? Alas! I have but too well merited it; and God will reject me likewise!' – Saying this, he turned upon his side, and, without another word, expired.

„The affliction of Richard was only equally by his indignation against his father, who could thus abandon his son to his despair. His ardent disposition did not suggest that the King might have acted from motives which were at least justifiable.

Had Richard heard the reproaches which Henry made to himself when he was informed of the death of the Prince, and that his repentance had been real, his anger would have been changed into pity.

„I endeavoured in vain to tranquillize the turbulent spirit of Richard; but

vorbrachte, nicht in Richards Gemüthe Platz fand. – Er eilte an König Philips Hof, der ihn diesesmal freundlicher als vor etlichen Jahren empfieng. Der nunmehrige Erbe der englischen Krone war ja wohl mehrerer Ehrenbezeugungen werth, als der damalige Richard, ein Herr ohne Land und nur der zweyte Sohn eines kargen Vaters. –

Das Herz meines Freundes war noch so voll von seiner fehlgeschlagenen Hofnung auf Matilde, daß er gewiß nicht an Alicen gedacht haben würde, wenn König Philip ihn nicht selbst erinnert, und ihn versichert hätte, daß er ihre Hand haben könnte, sobald er sie foderte. Richard, ohne zu bedenken, ob Alice seiner Liebe auch noch so werth seyn mögte, als ehemals, erinnerte sich seiner Versprechungen ewiger Treue die er ihr wohl ehe gethan hatte, verdammte seine mißlungene Liebe gegen Matilden als einen Bruch des ritterlichen Worts, und hielt sich für verpflichtet, es Alicen zu halten, ob er gleich nichts mehr für sie fühlte. Er verlangte sie zu sehen, und erfuhr mit Unmuth, daß sie sich gegenwärtig in der Provinz aufhielt; sein Herz brauchte Beschäftigung; er mußte etwas haben, das ihn aufrecht erhielt, und er hofte dies in der Liebe derjenigen zu finden, die ihm ehmals so theuer war.

Ich bedauerte meinen unglücklichen Freund; die Gerüchte, die in Rouen von Alicen giengen, überzeugten mich, daß sie nicht einen Blick, wie vielweniger die Hand des edeln Richards verdiente, Richard und ich waren ein einzigs Mal bey einer Art von Lustbarkeit, welche am französischen Hofe Mode war, und fanden sie so ungesittet, daß wir ihr nicht noch einmal beyzuwohnen verlangten. Ich sagte meinem Freunde, daß man mich versichert hätte, Alice pflegte diese Gattung von Festen kein einzig Mal zu versäumen, wenn sie zu Rouen wäre. Richard erkundigte sich weiter, und der Umstand, daß Alice allemal maskirt dabey erschienen wär, tröstete ihn mit der Hofnung, daß man die Prinzeßin verkannt, und sie falsch beschuldigt habe. – Ich schwieg, und schmeichelte mir, daß sich schon Gelegenheit finden würde, ihm die Augen zu öfnen, ehe er sich durch eine Verbindung von dieser Art ins äusserste Elend stürzte. –

the Earl of Leicester rendered all my efforts fruitless, and persuaded the Prince to withdraw to the Court of King Philip. Philip now received him in a manner the most flattering. The heir of the throne of England merited another reception than a Prince without appanage and without hopes.

„Still occupied with his passion for Matilda, who had rejected him, Richard would have seen Alice without danger; but not seeing her at Court, he demanded of her brother where she had retired.

Philip, with a smile, reminded him of his former engagements with her. Ashamed of the reproach, which the jealous honour of Richard considered as involved in the words of Philip, Richard blushed, and began for the first time to accuse himself of infidelity to Alice and a breach of the laws of chivalry.

Alice was doubtless the first object of his affections; he had sworn an eternal love to her, and this oath in his present mood appeared sacred to him.

„Whilst Richard was thus accusing himself of his infidelity to the Princess, and resolving to repair it, I discovered that Alice was unworthy the attachment of any man of honour: I learned that the secret conduct of this Princess was as immoral as her public deportment was confident and frontless.

I did not conceal what I had heard from Richard; but such was the blindness of this ardent Prince, that he was at no loss to prove my information groundless.

Der Vorsatz den er faßte, Alicen zu besuchen, so sehr man ihn auch bey Hofe zu hindern suchte, machte mir das größte Vergnügen, und ich bemühte mich, ihn auf alle Art zu befördern, weil ich ihn für das beste Mittel hielt, ihm seine Alice kennen zu lernen; aber es fanden sich bald Angelegenheiten, die seine ganze Aufmerksamkeit erforderten, und ihm alle andre Gedanken völlig vertrieben. Dir alle diese Dinge umständlich zu melden, würde nicht das Werk eines einzigen Tages seyn, auch würde dir es wenig Vergnügen machen, die verwirrten Streitigkeiten des Vaters und des Sohnes zu hören, bey welchen man oft selbst nicht wußte, welchem von beyden man Recht geben sollte. – Das ist gewiß, daß wenn Richard auch zuweilen zu hartnäckig war, man doch oftmals Foderungen an ihn that, welche alle Billigkeit überstiegen, und bey welchen er recht that, sie nicht einzugehen.

Dir nur ein Beyspiel zu geben: Der liederliche Gottfried hatte es durch seine Ausschweifungen dahin gebracht, daß die meisten Herrschaften des Landes, das man ihm überlassen hatte, der schönen Grafschaft Bretagne verpfändet waren; um ihm aufzuhelfen, wollte man Richarden nöthigen, ihm Poitu und Guienne abzutreten, Lande, welche nicht einmal sein Eigenthum waren, sondern Eleonoren gehörten. Richard stellte die Unmöglichkeit vor, diesen Vorschlag einzugehen, erbot sich aber, das kleine Einkommen, das er aus den Landen, von denen er bloß den Namen führte, durch Gnade seiner Mutter genoß, mit Gottfrieden zu theilen. – König Henrich verwarf dieses Erbieten, und Prinz Gottfried, dem daran gelegen war, nur eine Hülfe zu haben, nahm es an.

Zur Dankbarkeit gegen den, der seinen Nothdürftigen Unterhalt mit ihm teilte, trachtete er ihm nach dem Leben. Bey einem zu Rouen angestellten Turnier faßte er einen Ritter in die Augen, den er, wie er noch sterbend bekannte, für Richarden hielt. Er fiel ihn wieder die Gesetze des Ritterspiels mit mörderlichen Waffen an, und derjenige der so angegriffen wurde, war so unglücklich, in Vertheidigung seines Lebens ihn tödtlich zu verwunden. –

Gottfried starb, und man ermangelte nicht, Richarden bey seinem Vater als

Richard had not as yet seen her: he was about to pay her a visit, when a new incident in his family diverted him from his purpose.

„Godfrey, his brother, had dissipated all the revenues of his province of Brittany, and being compelled to seek other supplies by oppressing the people, the province revolted. He demanded assistance of Richard. – Richard did not consider himself as authorized to assist the oppressions of his brother: he refused, therefore, any thing but his mediation.

Godfrey swore to be revenged upon what he was pleased to call this unworthy conduct of his brother: and being a short time afterwards at a public tournament, and seeing a Knight whom he mistook for Richard, he seized him by the hair, and stabbed him with a poisoned dagger. Godfrey did not perceive his error till the dying Knight, removing his visor, returned the blow of Godfrey, by plunging his sword into the throat of that Prince.

Godfrey fell from his horse, and expired, together with his adversary, upon the spot.

die Ursach dieses Unfalls anzugeben, da doch ganz Rouen, vor dessen Augen die That geschehen war, es besser wußte. Laß mich aufhören Walter, es ist ein mühseliges Geschäft die Ränke nach zu erzählen, mit welchen die Lasterhaften das Leben der Guten und Edeln zu verbittern, und ihre Handlungen zu verleumden wissen.

Sobald als Richards Streitigkeiten mit seinem Vater nur ein Wenig ins Gleiche gebracht waren, so dachte König Philip mit Ernst auf Alicens Vermählung mit deinem Bruder. Es lag ihm zu viel daran, sich die Last, die ihm eine solche Schwester machte, endlich abzuwälzen; aber er war weit entfernt ihm es merken zu lassen, wie froh ihn diese Versorgung der ausschweifenden Prinzeßin machen würde; er rechnete Richarden seine Einwilligung in diese Verbindung als eine Gnade an, und erkühnte sich, Bedingungen zu machen, unter welchen er sich dieselbe allein gefallen ließ. – Eine derselben war, daß Richard seine Braut vor der Vermählung nicht zu sehen bekommen sollte, und die andere, daß er selbst mit König Henrichen wegen seiner Einwilligung handeln, und einige Foderungen an ihn machen wollte, die Richard nicht eher als nach ihrer Bewilligung erfahren sollte. Auf diese Art kam es, daß man dem guten Könige, der damals ohnedem genug durch die Abtrünnigkeit seines Lieblingssohnes Johannes gekränkt werden sollte, die Einwilligung in die Vermählung mit Alicen abtrotzte, und Foderungen an ihn that, die nicht viel geringer waren, als wenn man die völlige Abtretung der Krone an Richarden von ihm verlangt hätte.

Ich war so glücklich, diesen letzten Punkt zu erfahren; ich entdeckte ihn meinem Freunde, welcher über die Beleidigung erstarrte, welche man seinem Vater zuzufügen gedachte. Er gieng zu König Philippen, um ihm alle Freundschaft aufzukündigen, und wegen dieses letzten boßhaften Streichs völlig mit ihm zu brechen. Er nahm keine Einrede an, sondern eilte nach Chinon um sich seinem Vater zu Füßen zu werfen, und alles zu wiederrufen, was Philip in seinem Namen gethan hatte; aber, – er kam zu spät.

Er fand seinen unglücklichen Vater todt. Du weißt das Uebrige und kannst nun selbst urtheilen, ob Richard sich mit Recht den Mörder seines Vaters nennen kann.

„In spite of the publicity of this event, Richard was accused in England of having been the murderer of his brother. – Such was the triumph in the Court of England of calumny over innocence.

„As soon as the new dissension between Richard and his father was in some degree appeased, Philip, impatient to establish his sister, and perhaps eager to remove her from his Court, endeavoured to hasten her marriage. But far from shewing this impatience, he assumed the air of one who was granting a favour, and imposed conditions: – one of these was, that Philip should endeavour to obtain from Henry a sufficient appanage for Richard, and that the latter should know nothing of the negotiation till it had terminated. Richard consented, and Philip demanded of Henry the most extravagant concessions. The negotiation was terminated by the refusal of Henry to listen to such demands.

Richard no sooner learned what they were, than, indignant with Philip, and refusing to admit of his excuses, he left the French Court, and hastened to Chinon, to throw himself at the feet of his father.

I need not say that he arrived too late."

Neunzehntes Kapitel.

Richards fromme Vorurtheile. Walter Graf von Anjou. Blondel Schiedsrichter zwischen zween Brüdern. König Henrichs Todtenfeyer.

So beschloß Blondel die Geschichte seines Freundes, und wir würden uns freuen, wenn sie auf unsere Leser eben die Wirkung thäte die sie auf Waltern hatte.

Ganz mit dem unglücklichen Richard ausgesöhnt, und statt des Widerwillens, den er ehemals gegen ihn fühlte, mit dem lebhaftesten Bedauern erfüllt, entschloß er sich, doppelten Fleiß anzuwenden, sein gekränktes Herz zu beruhigen, und ihm die Vergehungen, in die ihn sein hartes Schicksal gestürzt hatte, in einem mildern Lichte vorzustellen, als er sie sich selbst mahlte. –

Es gelang ihm nicht so gut als er gehoft hatte. Richard besserte sich, sein Körper erlangte die völlige Gesundheit; aber seine Seele blieb krank. Er dankte seinem Tröster, dem freundlichen Walter, er liebte ihm mit immer stärkerer brüderlicher Liebe, aber seine Worte die auf die Verringerung seiner Vergehungen abzielten, fanden wenig Eingang. Weit besser glückte es, als der Bischof von Lincoln einst von Büßung derselben sprach, und der Tempelherr hinzusetzte, wenn eine Büßung nöthig wäre, so könnte dieselbe nicht besser geschehen, als durch eine ansehnliche Hülfe, die der leidenden Christenheit im Orient zugeschickt würde.

Mit Entzücken faßte Richard dieses Wort auf, ehe es noch ganz ausgesprochen war. Er sprang auf, ergrif Walters Hand, und gelobte mit einem feyerlichen Eide, nicht nur Völker nach Palästina zu schicken, sondern sie selbst dahin zu führen, und durch diese heilige Handlung alle Schuld von seinem Gewissen zu wälzen.

CHAP. XX.

Reconciliation of the Brothers.

Blondel thus concluded the history of his friend, and, we should hope, with a similar effect upon the reader as upon Walter.

The compassion of Walter for Richard was now increased, and he already acquitted that Prince of having been voluntarily disobedient to a father like Henry.

He now ascended to the chamber of that Prince: he found him awakened from a slumber of many hours, and in a state of almost perfect health. The attentions of Walter had entirely gained the friendship of the Prince; but however the health of Richard appeared to return, his peace of mind seemed still to sink under the remorse of having shortened the days of his father. The Bishop of Lincoln, as the best means to dissipate this melancholy, proposed a penance. Richard embraced the proposal with eagerness, and demanded what it should be.

„If penance be necessary", replied Walter, „you cannot do one more acceptable to Heaven, than by departing to the assistance of our afflicted brethren in the Holy Land."

Richard embraced this proposal with rapture; and before Walter had finished to speak, rose up, seized his hand, and took a solemn oath to expiate his sins by a pilgrimage to Jerusalem.

Der Kreuzzug war also beschlossen, Walters heissester Wunsch, den er, bisher mit andern Angelegenheiten beschäftigt, noch nicht hatte äussern können, war erfüllt, und die Seele des armen Richards mehr als zur Hälfte beruhigt. – Die Wolke der Schwermuth, die noch zu manchen Stunden über ihn schwebte, auch diese ward endlich zerstreut, aber nicht etwa durch die Gründe, mit welchen Walter, Gottfried und Blondel ihn zu beruhigen suchten, sondern durch die Erzählung die ihn einst einer von seinen Kammerdienern von demjenigen machte, was, nachdem man ihn sinnlos von seines Vaters Leiche hinweg getragen, noch daselbst vorgegangen war. Der mit seinem Blute benetzte Dolch, den Gottfried zu den Füßen seines Vaters legte, das feyerliche Gebet das er für ihn that, und nach welchem das Blut aus dem Leichnam zu quellen aufhörte, diese Dinge waren ihm weit tröstlicher, überzeugten ihn weit mehr von der Verzeihung seiner Verbrechen, als alles, was die Gelehrtesten zu seiner Aufrichtung hätten sagen können.

Richtet den edeln Richard nicht über diese Schwachheit, meine Leser, richtet ihn nicht, er war vielleicht zu sehr von den Vorurtheilen seiner Zeit eingenommen, aber sein Herz war fromm, rechtschaffen und gut, und seine Schwachheiten verzeihlich.

Die Mühe, die sich Gottfried und Walter, ihm zum Besten gaben, erfüllte sein Gemüth mit wahrer brüderlicher Liebe gegen sie. – Gottfrieden hatte er lange dem Namen nach, als den Sohn Rosemundens, der Feindin, der Nebenbuhlerin seiner Mutter, gekannt, und alle Gelegenheiten vermieden ihn zu sehen, weil es ihm unmöglich dünkte, daß er seiner Mutter wegen, jemahls ein brüderliches Herz gegen ihn würde haben können. Walter ward ihm ebenfalls als ein Sohn der verhaßten Rosemunde angekündigt, und die Vorstellung, daß er auf diese Art sein Bruder seyn sollte, flößte ihm anfangs mehr Widerwillen als Zuneigung gegen ihn ein. Nun waren diese beyden die Einzigen, die sich ausser Blondels seiner annahmen; sie rissen seine Gewogenheit wie mit Gewalt an sich; sie machten sich ihm unentbehrlich, und er nahm sich vor, den Namen ihrer Mutter zu vergessen, und sie nur als Söhne seines Vaters anzusehen. –

A new crusade to the satisfaction of Walter was thus resolved upon.

The cares and attentions of Walter and Godfrey during the illness of Richard, had wholly effaced from the heart of that Prince the impressions which the enmity of Eleanora had engraved upon it against the children of Rosamond. For a long time Richard had regarded Godfrey only as the son of his enemy; and Walter himself he found it difficult to love. But he now became attached to them as his brothers, and the name of Rosamond was forgotten. He saw nothing in them but what more endeared them to his heart.

Walters großer heldenmüthiger Charakter verschafte ihm in Richards Herzen einen großen Vorzug vor dem stillen, weiblichsanften Gottfried; er nahm sich vor, ihn, da er nun die Macht dazu hatte, so hoch als möglich zu erheben, und er machte den Anfang dazu damit, daß er ihm die Grafschaft Anjou, von welcher er wußte, daß sie ihm von seinem Vater bestimmt worden war, übergab, und ihn dem Volke, als er sich demselben nach seiner Genesung zum ersten Mal zeigte, als seinen künftigen Beherrscher vorstellte. Walter dankte seinem Bruder mit edlem Stolze, und das Volk jauchzte seinem bestimmten Fürsten Heil zu, und wünschte ihn näher kennen zu lernen: aber Richard befriedigte sie damit, daß er ihn seinen besten Freund, seinen Bruder nannte, ohne sich weiter auf seine Herkunft einzulassen, weil er das Vorurtheil des Pöbels wider Rosemunden und ihre Kinder nur gar zu gut kannte, und sich einiger Widersetzlichkeit von ihnen befahrte, wenn sie erführen, daß Walter auf diese Art sein Bruder wäre.

Walter ließ diesen Umstand, der sonst seinen Stolz und seine kindliche Liebe zu Rosemunden sehr beleidigt haben würde, aus der Acht, versprach seinem Volk alles, was ein Vater seinen Kindern versprechen kann, und sagte ihnen, daß er sich jetzt nur noch auf kurze Zeit von ihnen trennen wollte, um dem Kreuz nach Palästina zu folgen, und dann sich nimmer wieder von ihnen zu trennen. – Das Volk, welches durch die große einnehmende Gestalt seines künftigen Beherrschers, und durch sein leutselige Betragen ganz bezaubert ward, begleitete den edeln König Richard, und den guten, tapfern, frommen Grafen von Anjou, mit tausend Seegenswünschen, und dieser Tag schloß sich mit einem Feste, das um so viel angenehmer war, je weniger man es zuvor gesehen, und Zubereitungen darauf gemacht hatte.

Richard konnte eigentlich den Titel eines Königs, den ihm das Volk zurief, noch nicht führen, er mußte sich das Recht zu demselben erst in England holen, und dieses so schleunig als möglich zu thun, war das Anrathen aller seiner Freunde. Walter sollte ihn begleiten, aber er schlug es aus, und zwar mit einer Art, die Richarden ein wenig beleidigte; er schützte den

Walter especially appeared to possess an unusual and truly royal grandeur of mind. Richard loved him as a model of himself, and resolved to invest him without delay in the province of Anjou. – He accordingly summoned the assembly of the province, and presented Walter to them as their Earl. The people received him with acclamation. Walter addressed them.

„I quit you, my friends", said he, „to make a voyage into Palestine; but after this crusade, I shall dedicate the whole of my future life to your happiness."
Walter and Richard were reconducted to the palace by joyful multitude, who expressed their transports by thousand benedictions upon the valiant and pious Earl of Anjou.

It was now time for Richard to obtain the acknowledgment of his accession to the Crown of England. Although he had been saluted as such at Chinon, his friends advised him no longer to delay this important ceremony. Richard allowed himself to be persuaded, and requested Walter to accompany him. The Chevalier excused himself. Richard, naturally

Widerwillen vor, den er haben würde, Eleonoren, die er die Mörderin seiner Mutter nannte, zu sehen. Richard beantwortete dies mit einigen empfindlichen Reden auf Rosemunde, und es war möglich, daß sich durch einige unüberlegte Worte ein Zwist unter den beyden Brüdern entsponnen hätte, der die schlimmsten Folgen hätte haben können, wenn nicht Blondel sich mit eingemischt, und durch die Gewalt die er über beyde hatte, sie dahin gebracht hätte, feyerlich zu geloben, daß keiner von beyden der Mutter des andern ohne die größte Ehrfurcht gedenken, oder wäre ihm dieses nicht möglich, lieber ihren Namen nie in den Mund nehmen sollte. Dir, Walter, setzte er hinzu, muß ich noch das Gelübde auflegen, daß du dich nie erkühnest, deine Hand wider die Mutter deines Bruders aufzuheben, um das Blut Rosemundens an ihr zu rächen. Walter mußte in Blondels dringendes Begehren willigen, und versicherte, daß ihm dieses Versprechen sehr leicht würde, da fast keine Nacht vergieng, in welcher ihm nicht Rosemunde erschien, und ihn von aller Rache gegen ihre Feindinnen abmahnte. O die sanfte, milde, verzeihungsvolle Seele! rief er, indem er ihr Bild küßte, welches er nie von sich ließ. Betrachte sie Richard, und siehe, ob du im Stande bist, diesen Engel zu schmähen. Richard nahm das Bild, betrachtete es, und gab es Waltern mit einem Seufzer zurück. Laß es genug seyn, Bruder, sprach er, indem er seine Hand drückte. Laß uns nicht mehr über das Recht oder Unrecht derjenigen streiten, die uns die Liebsten auf der Welt sind. Verehre Eleonoren als die Mutter deines Richards, so wie ich Rosemunden als die Mutter meines Walters, ohne ihre gegenseitige Feindschaft weiter in Betrachtung zu ziehen. –

Blondel fand für gut, daß dieses Gespräch abgebrochen und nie wieder hervorgesucht würde, auch sorgte er selbst dafür, daß Walter Richarden nicht mit nach London begleitete, sondern, dafern er ja mit nach England gehen wollte, sich einen andern Weg wählte. Walter hatte sich diesen andern Weg schon längst gewählt. Nichts war ihm jetzt in England so theuer, als das Grab seiner Mutter, und der Wunsch dieses zu besuchen, war jetzt das einzige, was ihn in das Land trieb, wo er zuerst das Licht der Welt erblickt hatte. – Richard trat seine Reise zuerst an, und Walter verweilte noch einige Tage zu Saumür, theils um als nunmehriger Graf von

haughty, and naturally ardent, was indignant at this refusal. Walter replied, and a quarrel was about to ensue.

Blondel here interposed, and the brothers became reconciled. Richard acknowledged, with his characteristic generosity, his too ardent temperament. – He embraced Walter, and departed for England.

Anjou einige Verfügungen in seinem neuen Lande zu treffen, und sich den Besitz desselben zu versichern, theils um Boten an die Gräfin von Flandern, und an Konraden von Staufen zu schicken. Der erstern meldete er alles, was sich bisher mit ihm zugetragen hatte, und bat sie zugleich um Bestellung eines Briefs an Matilden. Und Ritter Konraden trug er die Besorgung der Ordensangelegenheiten in Frankreich, und besonders die Zusammenbringung der Völker auf, welche König Philip ehemals nach Palästina hatte schicken wollen, und von denen man kaum die Hälfte gesehen hatte.

Den Tag vor seiner Abreise nach England, besuchte er nochmals das Grab seines Vaters in der Abtey Fontevrault, und gelobte bey seiner Rückkunft aus Palästina seiner Asche ein Denkmaal, welches der Größe dessen, für den es bestimmt war, und der kindlichen Liebe dessen, der es errichtete, angemessen seyn sollte. – Lange betete er in dem heiligen Gewölbe, und prieß sich glücklich, daß das Land, das ihm die Milde seines Vaters bestimmt hatte, den Ort mit einschloß wo seine Gebeine ruhten.

He now hastened to Fontevraut to take a last farewell of the tomb of his father. From hence he wrote both to Conrad and Countess of Flanders. He requested of the first to assemble the troops which Philip, King of France, had promised him for ensuing crusade. His letter to the second contained a narrative of all that had occurred to him. He now proceeded to pay a short visit to the province which he had obtained.

END OF VOL. III.

Personen im Buch und ihre Zeit

Montbarry/Monbary
Montbard
- die Familie von Montbard gehörte zum Hochadel von Burgund
- Ritter Tescelin le Roux, seine Frau Aleth von Montbard
Kinder: Guido, Gerhard, Andreas, Bartholomäus, Nivard, Bernhard und Humbelina

Hunberga/Blanche
Humberga, Humbelina von Jully-sur-Sarce
(* im 11. Jh. in Frankreich, + vor 1136)
- Schwester des Heiligen Bernhard von Clairvaux (Zisterzienser-Orden)
- Tochter des Ritters Tescelin le Roux und seiner Frau Aleth von Montbard
- der Überlieferung zufolge bewog ihr Bruder Bernhard sie dazu, den Ordensstand zu wählen
- sie war verheiratet mit einem burgundischen Edelmann, erst zwei Jahre später wurde sie von ihrem Ehemann freigegeben
- sie trat in die Abtei von Jully-sur-Sarce ein, wurde 1130 Priorin des Klosters
- André de Montbard (5. Großmeister des Tempelritter-Ordens, einer der neun Ordensgründer) ist wahrscheinlich der (sehr viel jüngere) Halbbruder von Aleth de Montbard, der Mutter von Bernhard und Humberga

Großmeister des Tempelordens/Grand Masters of the Knights Templars
- Hugo von Payns (1118/19; + 24.5.1136)
- Robert de Craon (Juni 1136; + 13.1.1147)
- Everard des Barres (Januar 1147; + 25.11.1174, Rücktritt April/Mai 1151, danach Mönch in Clairvaux)
- Bernard de Tromelai (Juni 1151; + 16.8.1153)
- Andre de Montbard (14.8.1153; + 17.1.1156)
- Bertrand de Blanquefort (Oktober 1156; + 2.1.1169)
- Philippe de Milly oder de Naplouse (27.1.1169; + 3.4.1171, Rücktritt Anfang 1171)
- Eudes de Saint-Amand (April 1171; + 19.10.1179) /Odo/Odon
- Arnaud de Toroga (1179; + 30.9.1184)
- Gerard de Rideford (Oktober 1184; + 1.10.1189, Schlacht von Akkon)/ Gerhard/Gerard de Ridese

Einige Quellen sagen, die Großmeisterstelle blieb zwei Jahre unbesetzt, bis 1191.
aus: The history of the Knights Templars: The temple church and the temple, Charles G. Addison, 1842
„To Gerard de Riderfort succeeded the Knight Templar, Brother WALTER. Never did the flame of enthusiasm burn with fiercer or more destructive power than at this famous siege of Acre. Nine pitched battles were fought, with various fortune, in the neighbourhood of Mount Carmel, and during the first year of the siege a hundred thousand Christians are computed to have perished."
- Robert de Sable (Ende 1189? /1191; + 13.1.1193)
- Gilbert Erail (Februar 1193; + 20.12.1200)

Robert Burgundio/ Robert de Burgondio
Robert de Craon (Robertus de Burgundio, Robert der Burgunder)
(+ 13.1.1147)
- zweiter Großmeister des Tempelordens (1136/37-1149) nach Hugues de Payns
- 1093 erstmals erwähnt, wurde „Der Burgunder" genannt, weil er über seinen Großvater mit den Kapetingern (Dynastie, deren Mitglieder im Mannesstamm von König Hugo Capet, 987-996 abstammen, Könige von Frankreich 987-1792 sowie 1814-1848) verwandt war
- 1126 trat er in Palästina in den Templerorden ein
- zwischen 1132 und 1136 war er Seneschall des Ordens in Europa, kümmerte sich vor allem um die spanischen Angelegenheiten

König Henrich/King Henry
Heinrich II. Plantagenet
(* 25.3.1133 + 6.7.1189 in Chinon)
- Heinrich II. und seine Frau Eleonore von Aquitanien hatten fünf Söhne und drei Töchter:
Wilhelm (* 17. 8. 1153 + Juni 1156), Herzog der Normandie und Graf von Poitiers
Heinrich der Jüngere (* 28. 2. 1155 + 11. 6. 1183), Mitkönig von England; Ehefrau Margarete von Frankreich; Krönung am 27. September 1172 in der Kathedrale von Winchester
Matilde (* Juli 1156 + 28. 6. 1189) – Ehefrau Heinrichs des Löwen
Richard I. (* 8. 9. 1157 + 6. 4. 1199), König von England; Herzog von Aquitanien

Gottfried (* 23. 9. 1158 + 19. 8. 1186), Herzog der Bretagne, fiel in einem Turnier in Paris

Eleonore (* 13. 10. 1161 + 22. 10. 1214) - verheiratet mit Alfons VIII., König von Kastilien

Johanna (* 10. 10. 1164 + 24. 9. 1199) in erster Ehe verheiratet mit Wilhelm II. von Sizilien (* um 1153 + 18.11.1189)

Johann I. (* 24. 12. 1167 + 19. 10. 1216), (Adelheid von Savoyen verlobt sich 1172 mit ihm, sie stirbt aber schon 1173), König von England

Heinrich II. soll etwa zehn weitere nichteheliche Kinder mit wenigstens vier anderen Frauen gehabt haben; Eleonore sorgte dafür, dass die meisten dieser Kinder am Hofe aufgezogen wurden; einige dieser nichtehelichen Kinder verblieben am Hofe.

Königin Eleonore/Queen Eleanora
Elonore von Aquitanien
(* um 1122 +1.4.1204)

- 1152 vermählte sich Eleonore mit dem zehn Jahre jüngeren Heinrich Plantagênet, einem Sohn von Geoffrey le Bel, Graf von Anjou und Herzog der Normandie, der dadurch große Teile von Frankreich erwarb
- Heinrich Plantagenet war der Anwärter auf den Thron Englands, den beide am 19. Dezember 1154 bestiegen
- außer ihren beiden Töchtern aus der ersten Ehe brachte Eleonore acht weitere Kinder zur Welt
- nachdem ihr zweiter Mann, Heinrich II., sich Rosamunde Clifford zuwandte, unterstützte Eleonore 1172 den Aufstand ihrer Söhne Heinrich der Jüngere (* 1155, 17 J.), Richard I. Löwenherz (* 1157, 15 J.) und Gottfried von der Bretagne (* 1158, 14 J.!) gegen deren Vater
- Eleonore wurde eingesperrt, durfte England nicht verlassen, erlangte aber 1189 nach dem Tod ihres zweiten Gemahls erneut Autorität
- am 3. September 1189 wurde ihr Lieblingssohn Richard Plantagênet, genannt Richard Löwenherz (1157–1199), in London zum König gekrönt
- 1192 unterdrückte sie während der Kreuzfahrt von Richard Löwenherz die Rebellion ihres Sohnes Johann I. ohne Land (1167–1216) und führte für Richard die Regentschaft
- am 2. Februar 1194 erreichte Eleonore bei einem Treffen mit Kaiser Heinrich VI. (1165–1197) in Mainz, dass der während der Rückkehr von einem Kreuzzug gefangen genommene Richard Löwenherz wieder freigelassen wurde
- während Johann Ohneland die Bezahlung des Lösegeldes verweigerte, ja sogar dagegen intrigierte, um selbst länger an der Macht bleiben zu können, begann Richards Mutter Eleonore inzwischen, das Lösegeld für ihren Sohn

aufzubringen (sechstausend Eimer Silber), diejenigen Güter, die Richard nicht für seinen Kreuzzug verkauft hatte, verkaufte jetzt seine Mutter für das Lösegeld, es sind bis in die heutigen Tage keine wertvollen Gegenstände (Lüster, silbernes Besteck, etc.) aus dieser Zeit in England vorhanden; wirtschaftlich waren diese Kapitalabflüsse für England verheerend und zogen Unruhen nach sich, die später den Robin-Hood-Mythos hervorbrachten
- nach dem Tod Richards am 6. April 1199 setzte sie den letzten ihrer fünf Söhne, Johann ohne Land, als Nachfolger ein
- Grab in Fontevrault: Eleonore von Aquitanien stellte man auch auf dem Todesbett als Lesende dar, dies unterstreicht ihre legendäre Gelehrtheit, eine der bedeutendsten Frauen des Mittelalters

Richard
Richard I. Löwenherz
(*8.9.1157 + 6.4.1199)
- am 3.9.1189 wurde Richard Löwenherz in Westminster als Richard I. zum König von England gekrönt und war damit durch seine französischen und englischen Besitzungen der mächtigste Herrscher Europas nach Kaiser Barbarossa
- 1189 während der Krönung von Richard Löwenherz werden tausende Juden als „Hochzeitsgabe" hingemetzelt und die meisten Londoner jüdischen Hauser verbrannt
- Richard ging jedoch zunächst nicht an die Festigung seiner Herrschaft, sondern bereitete die Erfüllung des Kreuzzugsgelübdes vor, das er gemeinsam mit Philipp II. August abgelegt hatte
- 1190 trafen sich in Vézelay der französische König und Richard zum Aufbruch ins Heilige Land
- nach der Einnahme von Akkon zog er nach Süden weiter, rechts von sich das Meer, links Saladins Heer, das die gleiche Richtung einschlug.
- am 7. September kam es zur Schlacht von Arsuf nördlich von Jaffa, bei der Saladin unterlag
- Richard erobert Jaffa am 10. September, schaffte sein eigentliches Ziel, die Eroberung Jerusalems, bis zum Sommer 1192 aber nicht
- als immer deutlicher wurde, dass sein Bruder Johann Ohneland sich in England zum Usurpator entwickelte, schloss Richard am 2. September 1192 den Dritten Kreuzzug durch einem Vertrag mit Saladin ab; Saladin gewährt den Christen freien Zugang zu den heiligen Stätten
- am 30. Oktober 1192 brach Richard Löwenherz vom Heiligen Land auf, extrem spät für die Fahrt über das Mittelmeer, bevor die Winterstürme anfingen

- er wurde im Vorort Erdberg/Wien gefangen genommen, Leopold V. befahl, den König gefangen zu setzen
- zunächst auf der österreichischen Burg Dürnstein inhaftiert
- hauptsächlich englische Chronisten berichteten, dass Richard im dunklen Kerker schmachten musste; andere Chronisten berichten dagegen von einer ehrenvollen Behandlung
- dann wurde er an Kaiser Heinrich VI. (ein Sohn von Kaiser Barbarossa) ausgeliefert, am 28. März 1193, bis 4. Februar 1194, Burg Trifels (Pfälzerwald)
- nach der Rückkehr 1194 in sein Reich versöhnte sich Richard wieder mit seinem Bruder Johann und ging dann gegen den einstigen Verbündeten Philipp II. August vor
- in den folgenden Jahren konzentrierte sich Richard auf die Auseinandersetzung mit dem aufständischen Adel in Aquitanien
- bei der Belagerung der Burg Chalûs wurde er von einem Armbrustbolzen oder Pfeil getroffen
- am 6. April 1199 starb Richard Löwenherz im Alter von 41 Jahren an Wundbrand in Chinon/Frankreich
- er wurde in der Abtei Fontevrault, sein Herz in der Kathedrale von Rouen beigesetzt

Berengaria/Berenger Princess of Navarre

Berengaria von Navarra
(* 1165/1170 + 23.12.1230)
Tochter von Sancho VI. von Navarra (historisches Königreich in den westlichen Pyrenäen)
- heiratete Richard I. von England am 12. Mai 1191
- Berengaria wurde ihm von seiner Mutter Eleonore nahe gebracht
- weil Richard gerade auf einem Kreuzzug war, mussten die beiden Frauen eine lange und schwierige Reise auf sich nehmen, um ihn einzuholen
- auf dem Weg zum heiligen Land lief das Schiff von Berengaria vor der Küste Zyperns auf Grund und sie wurden vom Herrscher der Insel, Isaak Komnenus fast gefangengenommen
- Richard kam zu ihrer Hilfe, nahm die Insel ein, nahm Komnenus gefangen und heiratete Berengaria
- Richard hatte mindestens einen unehelichen Sohn, Philipp (+ ca. 1211), und vielleicht noch einen anderen
- er nahm seine neue Ehefrau mit auf den Kreuzzug; sie kehrten getrennt zurück, weil Richard gefangen genommen wurde
- Berengaria blieb in Europa und versuchte, sein Lösegeld zusammen zu bekommen

- nach seiner Befreiung kehrte Richard nach England zurück und entschuldigte sich bei Berengaria für sein voriges Verhalten, jedoch lebte er nicht mehr mit seiner Frau zusammen
- Berengaria hat während Richards Lebenszeit England nie betreten; Richard war auch nur drei Monate dort gewesen; sie schickte nach Richards Tod manchmal Boten nach England, hauptsächlich, um nach der Pension zu fragen, die sie als Königin und Richards Witwe erhalten sollte, die König John ihr allerdings nicht zahlte
- Berengaria ließ sich in Le Mans nieder, einem ihrer Besitze, sie war Stifterin der Abtei von L'Epau, trat in das Kloster ein und wurde in der Abtei begraben

Rosemunde Klifford/Rosamond Clifford
- Mätresse Heinrichs II. von ca. 1165 bis 1176, + 1176
- zu Godstow begraben, jedoch ließ Bischof Hugo von Lincoln ihr Grabmal 1191 nach Heinrichs Tode zerstören
- Historiker sind sich nicht einig, ob aus dieser Beziehung Kinder hervorgingen

Die Söhne Gottfried und Walter/Godfrey and Walter
Gottfried
Geoffrey, Erzbischof von Lincoln und später von York
(* um 1152 + 12.12.1212)
- unehelicher Sohn von Heinrich II., König von England, vermutlich mit Ykenai, einer weiteren Geliebten von Heinrich
- war immer seinem Vater treu, im Gegensatz zu seinen Halbbrüdern
- wurde mit 21 Jahren zum Bischof von Lincoln ernannt
- wurde später der Kanzler seines Vaters
- Richard I. ernannte ihn 1189 zum Erzbischof von York
- Streit mit Richard I. und dem Papst: er führte die Geistlichkeit in ihrem Kampf gegen die Besteuerung durch Johann Ohneland, wurde 1207 gezwungen, das Reich zu verlassen
- gestorben in Grandmont, Normandie, sein Grab in dortiger Kirche Notre-Dame

Walter ??
William de Longespée, 3rd Earl of Salisbury
(* um 1176 + 7.3. 1126)
- unehelicher Sohn von Heinrich II., Mutter vermutlich Comitissa Ida (Ehefrau von Roger Bigod 2. Earl of Norfolk)

- englischer Adliger, bekannt aufgrund des Kommandos über die englischen Truppen bei der Schlacht von Damme/Flandern, 1213
- loyal zu König John
- Richard verheiratete ihn mit Ela, Countess von Salisbury
- Grabmal des William Longespee in der Kathedrale von Salisbury:
Quelle:
http://www.ceeol.com/aspx/getdocument.aspx?logid=5&id=33
34CAAA-B521-49EE-AE1C-0BA05431C69F
Grabfigur aus der Kreuzfahrerzeit; auf einem schmucklosen Katafalkdeckel lang ausgestreckt die lebensgroße Figur eines Ritters, den Kopf umschließt der knappe Helm jener Zeit, der Körper ist zur Gänze in einen enganliegenden Kettenpanzer gehüllt, über den sich eine hemdartige, von einem schmalen Gürtel zusammengehaltene Tunika in feinem Gefältel legt. Der Ritter hält mit der Linken einen Schild.
Die beweglichen Glieder des Kettenpanzers folgen dem Bau des Körpers und daß dieser so durch die eiserne Hülle mehr offenbart als verhüllt wird; man errät die vollkommene Formung der Schultern und der Brust, den zugleich kraftvollen und zarten Muskelbau der Glieder, und man weiß, daß unter diesem Eisenkleid, unter der in zierlichen Falten niederfließenden Tunika ein Leib verborgen ist, der an Adel und Schönheit einem klassischen Apoll nicht nachsteht.
William Longespée war ein großer Herr aus fürstlichem Geblüt, ein Halbbruder König Johanns und einer der Barone, die der Magna Carta zu Gevatter standen. Sein Grabmal war das erste, das in dieser Kathedrale aufgestellt wurde. Es ist anzunehmen, daß es, dem Range des Dargestellten entsprechend, dem ersten Künstler seiner Nation und Zeit aufgetragen wurde.

http://www.salisburycathedral.org.uk/history.facts.php
A dead rat which carried traces of arsenic was found inside the skull of William Longespée when his tomb was opened centuries later.

Prinz Johann/Prince John
Johann Ohneland
(* 24.12.1167 + 19.10.1216)
- er war zweimal verheiratet: 1189 erste Ehe mit Isabel Countess of Cloucester (*1170 + 1217), wegen Kinderlosigkeit bald wieder geschieden
- heiratete am 24. August 1200 in Bordeaux Isabella von Angoulême (* um 1188 + 31.5.1246) ein Jahr, nachdem seine erste Ehe annulliert worden

war; zu dieser Zeit war Isabella etwa 13 Jahre alt und sie war von unglaublicher Schönheit; er hatte mit ihr fünf Kinder

Prinzessin Alice/Princess Alice
Alix/ Adelaide, Gräfin von Vexin ab 1197
(* 1160 + um 1220)
- Tochter des französischen König Ludwigs VII. aus seiner 2. Ehe mit Konstanze von Kastilien
- 1169 wurde Richard (12 Jahre alt) mit Alix von Frankreich (9 J.) verlobt
- ab 1170 lebte Alix am Hof von England, war eine Art Geisel in den Händen des Königs von England
- sie galt vielfach als Geliebte Heinrichs II. (nach Rosemundes Tod), ab 1177
- Bekräftigung der Verlobung durch Heinrich II. kurz vor seinem Tod (1189)
- März 1191: Königin Eleonore präsentierte ihrem Sohn Berengaria von Navarra als Braut
- obwohl Ludwig VII. und Philipp II. mehrmals ab 1187 die Eheschließung Richards mit Alix angemahnt hatten, entschied sich Richard für Berengaria von Navarra, 1191 Hochzeit
- Lösung der Verlobung von Alix; sie wurde auch Prinz Johann zur Gemahlin angeboten
- als sie endlich frei kam (nach 22 Jahren Verlobung), heiratete sie 1195 den Grafen Wilhelm II. Talvas (oder Wilhelm III. von Ponthieu /Guillaume III. de Ponthieu, 1179-1221), sie war ca. 18 Jahre älter als er

König Philip/ King Philip
Philipp II. August
(* 21.8.1165 + 14.7.1223)
- von 1180 bis 1223 König von Frankreich
- Philipp und Richard beschlossen gemeinsam in den Kreuzzug zu ziehen, das lag in erster Linie daran, dass keiner dem anderen wirklich traute und die Abwesenheit des einen Königs einen unvorstellbaren Vorteil für den Daheimgebliebenen bedeutet hätte
- die Heere Philipps und Richards setzten sich am 4. Juli 1190 in Marsch
- auf dem Weg ins Heilige Land zerstritt sich Richard mit König Philipp II. von Frankreich, dem zweiten Führer des Kreuzzugs und Verbündeten während der Verschwörung gegen Heinrich II.
- der französische König kehrte daraufhin nach Frankreich zurück und schloss einen Pakt mit Johann Ohneland

- außenpolitisch setzte sich Philipp II. in wechselnden Bündnissen, gegen die englischen Könige Heinrich II., Richard Löwenherz und Johann I. Ohneland durch und entriss ihnen den größten Teil ihrer französischen Territorien
- bei seiner Rückkehr im April 1194 begann Richard Löwenherz mit einer Militärkampagne gegen den französischen König, die zur Rückeroberung eines Großteils der verlorenen Gebiete führte

Blondel von Nesle/Blondel de Nesle
- sowohl Jean I. de Nesle (ca. 1155-1202) als auch sein Sohn Jean II. de Nesle kommen als der französische Troubadour, dem unter diesem Namen etwa 24 bis 25 Lieder zugeordnet werden, in Frage
- besser zu der Legende um Richard I. passt allerdings der Vater, Jean I., dieser Jean nahm tatsächlich am Dritten Kreuzzug (1198-1192) teil, bei dem er dem sagenumwobenen König begegnet sein könnte

Leopold von Österreich/Leopold Duke of Bavaria
Leopold V. von Österreich
(* 1157 + 31.12.1194)
- Teilnahme am Dritten Kreuzzug,
- sein weißer Waffenrock soll in der Belagerung von Akkon rot von Blut gewesen sein, als er seinen breiten Gürtel abnahm, war ein weißer Streifen zu erkennen - so soll die Flagge Österreichs entstanden sein
- zerstritt sich mit dem englischen König Richard Löwenherz, reiste kurz nach der Einnahme von Akkon (12.7.1191) ab
- er hatte als Anführer des deutschen Kontingents den gleichen Rang wie Philipp und Richard gefordert, war aber rüde zurückgewiesen worden, Richard ließ die Fahne Leopolds vom Burgturm hinabwerfen – eine Reaktion, die Richard auf der Rückreise nach England seine Gefangenschaft in Dürnstein und Trifels einbrachte und schließlich ein enormes Lösegeld kostete, sechstausend Eimer Silber
- Sohn: Friedrich I. (* um 1175 + 16.4.1198)

Papst Cölestin der Dritte/Pope Celestine the Third
Coelestin III.
(* etwa 1106 + 8.1.1198)
- war vom 30.3. 1191 bis zu seinem Tode Papst
- als 85-jähriger wurde er vermutlich als Kompromisskandidat gewählt
- Coelestin exkommunizierte 1193 Leopold V. von Österreich für die Gefangennahme von Richard Löwenherz

In Zypern
In der Kapelle von St. Georg in Limassol 1191 heiratete Richard I. Berengaria von Navarra.

Isaak Comnenus/ Isaac Comnenus
Isaak Komnenos
(*1155/1166; + 1194/1195)
- führte nach seiner Mutter den Namen Komnenos
- war ein Großneffe des byzantinischen Kaisers Manuel I. (1143–1180)
- vermutlich wurde Isaak von Andronikos ganz legal 1185 zum Statthalter Zyperns ernannt
- heiratete ca. 1178 Irene, eine rubenidische/armenische Prinzessin, mit der er zwei Kinder hatte (Sohn aus erster Ehe starb zwischen 1187 und 1191, damit war seine Tochter, die „Maid von Zypern" (Name unbekannt, Zoe?) seine einzige Erbin)
- heiratete in 2. Ehe eine Schwester Wilhelms III. von Sizilien
- der letzte Herrscher Zypern vor der Eroberung der Insel durch die Kreuzritter des Dritten Kreuzzugs im Jahre 1191
- nach der Belagerung der Festung von Kantara durch Richard I. ergab er sich dem englischen König; nach der Überlieferung hatte Richard Isaak versprochen, ihn nicht in Eisen zu legen, statt dessen verwendete er Silberketten, Isaak wurde den Johannitern übergeben, die ihn einsperrten
- Richard machte sich nach der Gefangennahme Isaaks selbst zum Herrscher von Zypern, da er die Insel als strategisch wichtige Ausgangsbasis für weitere Kreuzzüge ansah, auf Zypern ließ er Richard Camville als seinen Statthalter zurück
- verkaufte dann 1192 Zypern an Guido von Lusignan; Guido gab daraufhin seinen Anspruch auf den Thron von Jerusalem auf
- Guido wurde der erste Herrscher des Königreichs Zypern, nach seinem Tod 1194 folgte ihm sein Bruder Amalrich als Herrscher Zyperns, dessen Nachkommen die Insel bis zu ihrem Aussterben 1474 beherrschten

Der Dritte Kreuzzug
(1189-1192)
- Kriegszug zur Rückeroberung Jerusalems von Sultan Saladin
- angeführt von Philipp II. von Frankreich, Richard I. von England und Kaiser Friedrich I. Barbarossa; Friedrich wurde von mehreren Vertretern des deutschen Hochadels begleitet (Kaiser Friedrich I. Barbarossa kam im Verlauf des Kreuzzuges ums Leben)
- Eroberung der Stadt Akkon durch die Kreuzfahrer, 12.7.1191

- Richard erobert Jaffa am 10. September 1191, schaffte aber sein eigentliches Ziel, die Eroberung Jerusalems, bis zum Sommer 1192 nicht
- 1192 Abreise von Richard nach Abschluss eines Vertrages mit Saladin, garantiert den Christen freien Zugang zu den Heiligen Stätten; außerdem einigten sich die beiden Herrscher auf einen dreijährigen Waffenstillstand
- Errichtung des Kreuzfahrerstaates Zypern und die Wiedererrichtung des Königreichs Jerusalem als schmaler Küstenstreifen entlang des Mittelmeeres mit Akkon als neuer Hauptstadt
- durch die Küsteneroberungen Richards gelingt es den Christen, Handelswege in den Osten offen zu halten

Das Königreich Jerusalem

war ein Kreuzfahrerstaat, der in Palästina von 1099 bis 1291 bestand.
Zur Zeit seiner größten Ausdehnung umfasste er das heutige Israel, einen schmalen Korridor, der jenseits des Jordans zum Roten Meer führte, sowie den südlichen Libanon mit Beirut.

Raimund von Tripoli / Count Raymond de Tripoli

Raimund III. von Tripolis (* um 1142; + 1187)
- war Graf von Tripolis ab 1152
- wurde Regent für Balduin IV., der noch zu jung zum Regieren war
- als Regent machte er 1174 Wilhelm von Tyrus zum Kanzler von Jerusalem und 1175 zum Erzbischof von Tyrus (Wilhelm gilt als einer der bedeutendsten Geschichtsschreiber des Mittelalters)
- als Balduin IV. 1176 alt genug war, zog sich Raimund aus der Regentschaft zurück, hatte aber weiterhin Einfluss im Königreich
- als Saladin, sein früherer Verbündeter, wenn nicht gar Freund, das Königreich Jerusalem 1187 wegen Überfällen auf die Karawanenstraßen angriff, stellte sich Raimund hinter die Kreuzritter
- Saladin belagerte sofort Tiberias, wo sich Raimunds Ehefrau Eschiva aufhielt
- dennoch vertrat Raimund die Auffassung, eine offene Feldschlacht gegen Saladin nicht wagen zu können, wogegen sich wiederum Guido stellte
- der König Guido führte die Kreuzritter in eine wasserlose Ebene bei Tiberias, wo sie von Saladins Armee eingekesselt und in der Schlacht bei Hattin fast vollständig aufgerieben wurden; Raimund war einer der wenigen, die entkommen konnten
- starb kurz nach der Schlacht bei Hattin (1187) kinderlos

Königin Sybille von Jerusalem/ Queen Sybilla

Sibylle von Jerusalem
(* um 1160 + 25.7.1190)
- Schwester des Königs Balduin IV. und Schwester von Isabella
- Sibylle hatte sehr wenig persönliche Macht, war in den politischen Allianzen der Zeit lediglich eine Schachfigur
- Raimund III. von Tripolis, der Regent für Balduin IV. während dessen Minderjährigkeit, arrangierte 1177 für Sibylle die Heirat mit Wilhelm VII. Markgraf von Montferrat
- Wilhelm starb kurze Zeit später, als Sibylle mit dem späteren Balduin V. schwanger war
- Balduin IV. veranlasste jedoch, dass sie 1180 Guido von Lusignan heiratete, der erst vor kurzem ins Land gekommen war
- Balduin V. starb 1186, keine zehn Jahre alt
- Sibylle, Guido und Rainald von Chatillon gelang es, das Zepter an sich zu reißen, bevor Raimund die Nachfolgefrage durch eine Beratung klären lassen konnte
- während der Schlacht bei Hattin 1187 geriet Guido in Gefangenschaft, so dass Sibylle die Verteidigung Jerusalems bei Saladins Belagerung im September selbst leiten musste
- die Stadt fiel am 2. Oktober, Sibylle floh nach Tyros, wo sie und ihre Tochter am 25.7.1190 in einer Epidemie starben
- da Guido nur ihr Prinzgemahl war, ging die Krone nominell an ihre Schwester Isabella und deren zweiten Ehemann Konrad von Montferrat über

Veit von Lusignan/Viscount de Lusignan

Guido von Lusignan
(Guy de Lusignan; + 1194)
- französischer Ritter, der König von Jerusalem wurde und das Reich 1187 in die Katastrophe der Schlacht bei Hattin führte (1187, Verlust des Königreichs Jerusalem an die Muslime)
- Guido erreichte den Nahen Osten in den 1170er Jahren
- 1180 arrangierte der von der Lepra gezeichnete König Balduin IV. die Heirat mit seiner Schwester Sibylle
- verbündete sich mit seiner Frau Sibylle gegen Balduin und dessen Regenten Raimund III. Graf von Tripolis
- Raimund III. war anfangs Regent für Balduin V., aber Guido war in der Lage, diese Position selbst zu übernehmen
- als Balduin V. 1186 starb, forderte Guido den Thron (durch seine Ehe mit Sibylle) für sich

- mit Sibylle hatte er zwei Töchter, Alice und Marie, die aber schon jung starben
- Richard, der auf dem Weg ins Heilige Land die Insel Zypern erobert hatte, verkaufte diese 1192 an Guido, um ihn aus den internen Streitigkeiten in Palästina heraus zu bringen
- Guido gab daraufhin seinen Anspruch auf den Thron von Jerusalem auf und wurde der erste Herrscher des Königreichs Zypern
- nach seinem Tod 1194 folgte ihm sein Bruder Amalrich als Herrscher Zyperns, dessen Nachkommen die Insel bis zu ihrem Aussterben 1474 beherrschten

Herfrand

Humfried IV. von Toron
(* um 1166; + um 1192)
- 1180 verlobte er sich mit Isabella von Jerusalem, Heirat 1183
- 1186, als Balduin V. starb, versuchte Rainald ihn dazu zu bewegen, den Thron im Namen Isabella für sich zu fordern
- Humfried jedoch zog es vor, Guido von Lusignan zu unterstützen, den Ehemann von Isabellas Schwester Sybille
- 1190, während des 3. Kreuzzuges, annullierte der Lateinische Patriarch von Jerusalem Humfrieds und Isabellas Ehe mit der von Konrad von Montferrat gelieferten Begründung, Isabella sei bei der Hochzeit minderjährig gewesen
- Konrad heiratete Isabella selbst (obwohl er bereits verheiratet war) und forderte den Thron von Jerusalem nun für sich
- Humfried verbündete sich mit Richard Löwenherz, zuerst bei der Eroberung von Zypern, dann gegen Saladin
- da Humfried fließend Arabisch sprach, konnte er in Richards Auftrag mit Saladin verhandeln
- 1192, als Konrad von Assassinen ermordet wurde, wurden Humfried, Richard und andere verdächtigt, beteiligt zu sein
- Isabella wurde nun mit Heinrich II. von Champagne verheiratet, gegen den Protest Humfrieds, der die Annullierung der Ehe aufgrund von Konrads Bigamie als ungültig ansah
- starb vermutlich kurz danach

Isabella

Isabella I. von Jerusalem
(* 1170 +1205)
- Schwester von Sibylle von Jerusalem

- sie war die Tochter von Amalrich I. und Maria Komnena, Großnichte des byzantinischen Kaisers Manuel I.
- 1183 heiratete sie Humfried IV. von Toron
- 1192 wurde Isabella gegen ihren Willen von Humfried geschieden und mit Konrad von Montferrat verheiratet.
- Königin von Jerusalem ab 1192
- Konrad starb bald darauf, während Isabella mit der zukünftigen Königin Maria von Montferrat schwanger war
- sie versteckte sich in der Stadt Tyrus
- Hilfe erhielt sie durch den Grafen Heinrich II. von Champagne, der ein Neffe sowohl des Königs von England als auch des Königs von Frankreich war, sein Onkel Richard Löwenherz hatte ihn als seinen Bevollmächtigten nach Tyrus gesandt
- es wird berichtet, dass die Einwohner von Tyrus durch seine Jugend und Attraktivität so eingenommen war, dass es den Eheschluß zwischen ihm und Isabella forderte, eine Idee, die von Isabella unterstützt wurde; Heinrich und Isabella wurden noch während ihrer Schwangerschaft verheiratet; Heinrich wurde dadurch 1192 König von Jerusalem aus dem Recht seiner Frau heraus, das Paar hatte zwei Töchter, Alice und Philippa von Champagne
- Heinrich starb 1197 nach dem Sturz aus einem Fenster
- 4. Ehemann: Amalrich II. von Jerusalem (auch Amalrich I. von Zypern), Bruder von Guido von Lusignan

Fürst von Tyrus Konrad von Montferrat/ Conrad de Montferrat, Prince of Tyr

(* um 1146 + 28.4.1192)
- geboren in Tyrus (Stadt am Mittelmeer, 1124 von den Kreuzfahrern erobert, Teil des Königreiches Jerusalem)
- einer der wichtigsten Teilnehmer des 3. Kreuzuges
- war mit der Theodora, der Schwester Isaaks II. von Byzanz verheiratet
- floh er 1187 nach Tyrus, kurze nach dem Fall Jerusalems, übernahm die Verantwortung für die Verteidigung der Stadt, als Saladin mit der Belagerung begann
- überstand Saladins Angriff erfolgreich
- auf der Basis dieser Siege erkannte er nicht länger Guido von Lusignan als König von Jerusalem an und zwang ihn, Tyrus zu verlassen (Guido schloss sich daraufhin den Kreuzrittern an, die Akko von Saladin zurückerobern wollten)
- 1192 kurz König von Jerusalem

- Konrad heiratete Sibylles Schwester Isabella I., obwohl er zu dieser Zeit noch mit Theodora verheiratet war
- von zwei Assassinen erstochen; viele verdächtigten Richard, den Mord veranlasst zu haben, andere Humfried IV., Isabellas ersten Ehemann
- Konrads Bruder Wilhelm, war der erste Ehemann der Königin Sibylle und Vater des Königs Balduin V.

Patriarch Heraklius/Patriarch Heraclius

Heraclius von Caesarea
(+1191)
- Lateinischer Patriarch von Jerusalem
- da die meisten Informationen über Heraclius von seinem Rivalen Wilhelm und dessen Anhänger Ernoul stammen (letzterer setzte Wilhelms Chronik fort), wird Heraclius oft als besonders korrupt und als ausgesprochen weltliche Besetzung des Amtes gesehen
- ihm wird eine ganze Reihe von Geliebten nachgesagt, darunter angeblich auch Agnes von Edessa (Ehefrau von Amalrich; Mutter von Sibylle und Balduin IV.)

Sultan Saladin

(* 1137/1138 in Tikrit + 3./4.3.1193)
- mit der Angliederung von Aleppo im Jahr 1183 und Mossul im Jahr 1186 hatte Saladin endlich die Macht, das Königreich Jerusalem anzugreifen und sein größtes Ziel zu ereichen, die Rückeroberung von dessen Hauptstadt
- entscheidender Sieg über die Kreuzfahrer unter Guy de Lusignan in der Schlacht bei Hattin am 4. Juli 1187
- nach der Schlacht bei den „Hörnern von Hattin" ließ er die überlebenden Ordensritter (bis auf den Templermeister) hinrichten; die übrigen Gefangenen wurden in die Sklaverei verkauft, was den Preis für Sklaven so verfallen ließ, dass man einen christlichen Sklaven für ein Paar Sandalen eintauschen konnte
- er eroberte am 2. Oktober 1187 Jerusalem und setzte damit der christlichen Herrschaft über die Stadt nach 88 Jahren ein Ende
- 1188 konnte er Eroberungen in den Kreuzfahrerstaaten von Tripolis und Antiochia verwirklichen
- während des Dritten Kreuzzuges verlor er die wichtige Hafenstadt Akko und erlitt 1191 eine Niederlage gegen Richard Löwenherz bei Arsuf
- danach kam es zum Waffenstillstand zwischen ihm und seinem Gegner, dieser dauerte drei Jahre und acht Monate; Saladin gewährt den Christen freien Zugang zu den heiligen Stätten

- Saladin starb im Alter von 55 Jahren in Damaskus, und sein Reich begann alsbald zu zerfallen
- 17 Söhne, 35 Neffen und die Gatten seiner Töchter stritten sich um das Erbe, bis im Jahre 1200 sein Bruder Sephadin seinen Platz einnahm; Sephadins Sohn al-Kamil folgte als Sultan von Ägypten

Nureddin/ Noureddin
Al-Kamil Muhammad al-Malik (*1180 + 1238)
- Sohn von Saladins Bruder Abu-Bakr Malik Al-Adil I.
- war der vierte Sultan der Ayyubiden in Ägypten (1218-1238)
- gilt als einer der bedeutendsten mittelalterlichen islamischen Herrscher es Orients nach seinem Onkel Saladin

Nur ad-din Abu al-Qasim Mahmud Ibn 'Imad ad-Din Zangi
(auch Nur ed-Din, Nur al-Din, oder Nureddin)
(* 1118, + 15.5.1174)
- Angehöriger der Dynastie der Zengiden (Turkomane), regierte Syrien von 1146 bis 1174
- 1146 wurde Fürst Atabeg ermordet, sein Sohn Nurredin und der General Saladin (späterer Sultan) setzten den Kampf gegen die Christen fort
- 1147 entschieden die Anführer des Zweiten Kreuzzuges, Damaskus anzugreifen, Damaskus bat Nur ad-Din um Hilfe, und die Belagerung durch die Kreuzfahrer wurde ein Fehlschlag
- auf seine Veranlassung wurde im ganzen Land ein großangelegtes Bauprogramm durchgeführt.
- nach dem Tod von Nureddin 1174 folgte ihm sein 11jähriger Sohn as-Salih Ismail al-Malik auf dem Thron, aber **Saladin** gelang es bald, auch in Syrien die Macht zu übernehmen und in der Folge die Kreuzfahrerstaaten fast vollständig zu erobern
- 1174 übernahm **Saladin** nach Nurredins Tod den alleinigen Oberbefehl, wurde Sultan von Syrien und Ägypten

Techedin/ Techeddin
Taki ed-Din Umar
(+ um oder nach 1191)
- Sohn von Turanshah, Saladins Bruder
- Ayyubiden-Fürst und Feldherr

340

Die Assassinen/ country of assassins
- eine legendenumwobene, militante ismailitische Sekte des Mittelalters im Orient, die durch Berichte von Kreuzfahrern und später durch Reisende wie Marco Polo in Europa bekannt wurde
- Marco Polo schildert sie als Sekte, die einerseits Haschisch konsumiert und orgiastische Feste feiert, andererseits Dolch- und Giftmorde an hochgestellten Persönlichkeiten verübt
- die Zeit ihres Wirkens: zwischen 1080 und 1270
- nach mehreren vergeblichen Versuchen gelang es den Ismailiten, einige Burgen zu kaufen oder sich anzueignen, so dass sie im Gebirgszug des Dschebel Ansarieh ein eigenes Herrschaftsgebiet aufbauen konnten (Ismailiten: nach Ismail ibn Djavar Urenkel im siebenten Glied von Ali, dem Schwiegersohn des Propheten Mohammed)
- im Laufe der Zeit konnten sie im unzugänglichen Gebirge ein autonomes Gebiet in unmittelbarer Nähe der Kreuzfahrerstaaten Antiochia und Tripolis bilden
- erst 1140 konnten die Assassinen ihren Hauptsitz, die Burg Masyaf/Syrien, Provinz Hama, erobern; seit 1164 residierte hier der „Alte vom Berge"
- er konnte durch eine erfolgreiche Schaukelpolitik zwischen Saladin und Kreuzfahrern die Stellung der Assassinen in Syrien weiter konsolidieren
- um 1230 hatten die Assassinen als territoriale Herrscher allgemeine gesellschaftliche Anerkennung erreicht, das zeigt sich unter anderem daran, dass sie offiziell Tribut an den Johanniterorden zahlten
- die Machtübernahme durch Sultan Baibars in der 2. Hälfte des 13. Jh. änderte die Verhältnisse; 1271 war seine Herrschaft so gefestigt, dass die Assassinenführer ihre Burgen übergeben mussten und gezwungen werden konnten, in Zukunft an Baibars Hof zu leben; damit war die Assassinenherrschaft de facto beendet

Der Alte vom Berge/ The old Man of the Mountain
Raschid al-Din
(auch Sinan Raschid al-Din / Raschid al-Din Sinan)
(* etwa 1133/1135? +1192)
- ein Sektenführer der schiitischen (ismailitischen) Assassinen in Syrien im Vorfeld und zur Zeit des dritten Kreuzzuges
- der Name Alte vom Berg leitet sich aus dem Titel der Assassinenanführer Scheikh al-Djebel (arabisch) „Gebieter des Gebirges" ab
- Saladin machte mindestens einen Versuch (1176), Masyaf zu nehmen, scheiterte aber und arrangierte sich mit den Assassinen

- die Chronisten der Kreuzfahrer waren von den assassinischen Praktiken überaus fasziniert

Persons in the book and their time

Monbary
Montbard
- the family of Monbary belonged to the upper nobility of Bourgogne
- Knight Tescelin le Roux, his wife Aleth of Montbard
- Children: Guido, Gerhard, Andreas, Bartholomaus, Nivard, Bernhard and Humbelina

Hunberga/Blanche
Humberga, Humbelina
(* in 11th century in France † before 1136)
- brother: Bernard of Clairvaux
- daughter of Tescelin, lord of Fontaines, and Aleth of Montbard
- was married to a nobleman, two years after marriage she was liberalized
- she joined into the abbey of Jully-sur-Sarce, 1130 she became prioress
- André de Montbard (one of the nine Order's founder) is probably the half brother of Aleth of Montbard, Bernard and Humberga's mother

Grand Masters of the Knights Templar
- Hugues de Payens (1118/19, † 24.5.1136)
- Robert de Craon (June 1136; † 13.1.1147)
- Everard des Barres (January 1147; † 25.11.1174 abdicated in April/May 1151 and became a monk at Clairvaux
- Bernard de Tremelay (June 1151; † 16.8.1153)
- André de Montbard (11.8.1153; † 17.1.1156)
- Bertrand de Blanquefort (October 1156; † 2.1.1169)
- Philippe de Milly/ de Naplouse (27.1.1169; † 3.4.1171, abdicated at the beginning of 1171)
- Odo de St. Amand (April 1171; † 19.10.1179)
- Arnold of Torroja (1179; † 30.09.1184)
- Gerard de Rideford (October 1184; † 1.10.1189, Siege of Acre)
Some sources say the post of the Grand Master was vacant for two years, to 1191. from: The history of the Knights Templar: The temple church and the temple, Charles G. Addison, 1842
„To Gerard de Riderfort succeeded the Knight Templar, Brother WALTER. Never did the flame of enthusiasm burn with fiercer or more destructive power than at this famous siege of Acre. Nine pitched battles were fought, with various fortune in the neighbourhood of Mount Carmel, and during the first years of the siege a hundred thousand Christians are computed to have perished."

- Robert de Sable (end of 1189?/1191; † 13.1.1193)
Gilbert Horal (February 1193; † 20.12.1200)

Robert Burgundio/ Robert de Burgondio
Robert de Craon (Robertus de Burgundio)
(† 13.1.1147)
- Second Grand Master of the Order of the Knights Templar (1136/37 - 1149) after Hugues de Payens
- in 1093 mentioned for the first time (called "Robertus de Burgundio"), was related to the Capetian dynasty (via his grandfather- male line from King Hugh Capet, 987-996 , French Kings from 987-1792 and from 1814-1148)
- he joined the order of the Knights Templars in Palestine
- between 1132 and 1136 he was seneschal of the order in Europe, responsible for Spanish affairs

King Henry of England
- Henry II Plantagenet (* V/III/1133 + 06/VII/1189)
- Duke of Normandy and of Aquitaine, Count of Anjou as well as King of England (1154-1189)
- first King of the House of the Plantagenet
- wife: Eleanor of Aquitaine, five sons and three daughters
William (*17/VIII/1153 + Vi/1156), duke of the Normandy and count of Poitiers
Henry, the Young (*28/II/1155 + 11/VI/1183), fellow king of England, married with Margaret of France, died of the disease dysentery
Matilda (* VII/1156 + 28?VI?1189)
Richard I the „Lionheart"(* 08/IX/1157 + 06/IV/1199), King of England, Duke of Aquitaine
Geoffrey (* 23/IX/1158 + 19/VIII/1186), Duke of Bretagne, he was killed in a tournament in Paris
Eleanor (*13/X/1161 + 22/X/1214)
Joan (* 10/X/1164 + 24/IX/1199)
John I „Lackland" (*24/XII/1167 + 19/X/1216), King of England, became engaged to Adelheid, daughter of Humbert III of Savoyen, 1172, she already died 1173
- ca. ten further bastard children with at least four other women
- Eleanor saw that most of these children were raised at the court
- after 1176 (his lover Rosamund Clifford had died) Henry started to prepare a marriage with Alice, the daughter of king Ludwig VII, who already had become engaged with his own son Richard – his relationship to

her lasted several years, she presumably gave birth to numerous illegitimate children

Queen Eleanor
Eleanor of Aquitaine
(* ca. 1122 + 01/IV/1204 in the monastery Fontevraud in France)
- Queen of France (1137-1152) and Queen of England (1154-1189)
- mother of two kings (Richard I „The Lionheart" and John „Lackland")
- first marriage 1137: crown prince of France, Louis VII „the Young" in the cathedral of Bordeaux
- „only" two daughters: Marie (*1145) and Alix (*1150)
- dissolve of the marriage under the pretext of a too close blood relationship between her and Louis VII
- second marriage 1152: Henry Plantagenet, Count of Anjou and Duke of the Normandy, in 1154 Henry II became King of England
- breaking-off between Eleanor and Henry 1173, she supported her sons' revolt
- after suppressing the rebellion, she was put under guarding till the end of Henry's reign
- after Henry's death and the heir to the throne of Richard Eleanor returned into the political life as queen mother

Prince Richard
Richard I of England
- Richard I of England, known as 'Richard the Lionheart', was born on 8th September, 1157
- he was crowned King in Westminster Abbey on 3rd September, 1189, T´the coronation made him, due to his French and English territories, the most powerful monarch of Europe after the German Emperor Barbarossa
- during the ceremony thousands of Jews were massacred as a 'gift to the King' and most Jewish houses in London were burned down
- instead of strengthening his leadership, he prepared the fulfilment of his crusade vow that he swore together with Philip II Augustus
- in 1190, the French King and Richard met in Vézelay to begin their crusade
- after the conquest of Acre they moved south, having the sea on their right side and Saladin's army on the other one
- on 7th September, at the Battle of Arsuf, north of Jaffa, Saladin was defeated; Richard took Jaffa on 10th September, but he could not achieve his true aim, the capture of Jerusalem until summer 1192

- Richard figured out that his brother John became usurper in England, that is why he concluded an agreement with Saladin to bring the Third Crusade to an end; this contract was made on 2nd September, 1192 and allowed Christian people to enter the holy places of Jerusalem
- Richard left the Holy Land on 30th October, 1192, which was extremely late to cross the Mediterranean Sea because of the winter storms.
- he was captured in Erdberg, a suburban municipality of Vienna
- Duke Leopold V of Austria commanded his troops to arrest the King who was then detained at Dürnstein Castle
- some English historians claimed that Richard was kept in a dark and wet dungeon; others reported on a honourable treatment by the guards.
- on 28th March, 1193, he was handed to the German Emperor Henry VI, a son of Frederick I Barbarossa
- after returning to England in 1194, Richard reconciled with his brother John and then cracked down on his former confederate Philipp II August
- in the following years, he concentrated on the conflict with the rebellious nobleness of Aquitaine
- during the siege of the castle of Chalus-Chabrol, a crossbow or an arrow wounded him
- on 6th April, 1199 Richard the Lionheart died at the age of 41 from gangrene at Chinon in France
- he was buried at Fontevraud Abbey in Anjou, but his heart was entombed in the cathedral of Rouen

Princess Berenger
Berengaria of Navarre
- Berengaria of Navarre was the eldest daughter of Sancho VI of Navarre, a historical kingdom in the western Pyrenees
- on 12th May, 1191, she espoused Richard I of England. Richard's mother, Eleanor of Aquitaine, arranged the marriage
- with the King being on his crusade, both women had to go on a long and awkward journey in order to catch up with him
- on their way to the Holy Land, their ship stranded at the coast of Cyprus and the island's ruler, Isaac Comnenus, tried to capture them
- Richard came to her rescue, conquered the island and married Berengaria
- Richard had at least one bastard son, Philipp, who died in 1211, but maybe another one, too
- he took his wife with him on his crusade, but they returned separately, due to the capture of Richard
- Berengaria stayed in Europe and tried to collect his ransom

- after being freed, Richard returned to England and apologized about his behaviour, but he did not live together with his wife anymore
- Berengaria never entered England during King Richard's regency and he only stayed there for only three months
- after his death she sent some messengers to England to ask for her annuity, which she should get as Queen and widow of Richard. King John never paid her
- Berengaria lowered in Le Mans, one of her properties, she was benefactress of the abbey of L'Epau, entered the convent and was buried in the abbey

Rosamond
Rosamund Clifford
- mistress of Henry II of England in the time from c.1165 to 1176, †1176
- buried in Godstow, however bishop Hugo of Lincoln let destroy her monument in 1191 after the death of Henry
- Historians are divided over whether or not Rosamund's relationship with the King produced children

The sons Godfrey and Walter
Godfrey
Geoffrey, archbishop of Lincoln and later of York
(* ca. 1152 † 12.12.1212)
- illegitimate son of Henry II of England, presumable with Ykenai, a further lover of Henry
- was always loyal to his father, in contrast to his half-brothers
- in age of 21 he was appointed archbishop of Lincoln
- later he became chancellor of his father
- Richard I appointed him archbishop of York, 1189
- dispute with Richard I and the pope: Geoffrey led the clergy in its fight against taxation by John, in 1207 he was forced to leave the kingdom
- died in Grandmont, Normandy, his grave is to find there in the church of Notre-Dame

Walter (?)
William de Longespée, 3rd Earl of Salisbury
(* ca. 1176 † 7.3.1126)
- illegitimate son of Henry II; presumable, his mother was Comitissa Ida (wife of Roger Bigod, 2nd Earl of Norfolk)
- English nobleman, well-known for the command of English troops at the battle of Damme / Flanders, 1213

- loyal to King John
- was married (by Richard) to Ela, Countess of Salisbury
- monument of William Longespée in the cathedral of Salisbury
http://www.salisburycathedral.org.uk/history.facts.php
A dead rat which carried traces of arsenic was found inside the skull of
William Longespée when his tomb was opened centuries later.

Prince John
John Lackland
(* 24.12.1167 † 13.19.1216)
- was married twice: 1189, his first marriage with Isabel Countess of
Cloucester (*1170 † 1217), because of childlessness divorced soon
- got married on 24th August 1200 in Bordeaux with Isabella of Angoulême
(*c. 1188 † 31.5.1246) one year after annulling his first marriage; at this
time Isabella was approx. 13 years old and was unbelievably beautiful, they
got five children

Princess Alice
Alys, Countess of the Vexin
(* 4 October 1160 † ca. 1220)
- was the daughter of King Louis VII of France, perhaps with his third
wife, Adela of Champagne
- in January 1169, an agreement was reached by her father and King Henry
II of England that Alys should be betrothed to Henry's son Richard, her
prospective father-in-law, henry II, kept her at his court for many years,
there were widespread rumours that he had made her his mistress
- the engagement was confirmed by Henry II
- March 1191: Queen Eleanor presented her son (Richard II.) Berengaria of
Navarra as bride
- although Louis VII and Philipp II had demanded the marriage, Richard
chose Berengaria of Navarra, they got married in 1191
- the engagement was broken off; she was suggested to Prince Johann as
wife
- when she was released (after 22 years in an engagement) she got married
with Count Guillaume II. Talvas (or Guillaume III de Ponthieu, 1179-
1221), she was 18 years older than him

King Philip
Philip II Augustus, Philippe Auguste
(* 21 August 1165 † 14 July 1223)
- was the only son of Louis VII and his third wife, Adela of Champagne

- Philip was close friends with all of Henry's sons and he used them to foment rebellion against their father
- Philipp and Richard decided going together to the Third Crusade, the main reason was that nobody trust the other and the absence of one king meant an unimaginable advantage for the one who would stay at home
- Philipp and Richard's armed forces set in motion on 4th July 1190
- on the way in the Holy Land Richard fell out with King Philipp II of France (the second leader of the crusade and ally while the conspiracy against Henry II)
- as a result the French King returned to France and form an alliance with John
- in terms of foreign, Philipp II came out on top against the English kings Henry II, Richard I the Lionheart and John I and he snatched the biggest part of their French territories from them
- on his return in April 1199 Richard the Lionheart began a military campaign against the French king which led to a recapture of a large part of the lost territories

Blondel de Nesle
(* ca. 1160 † after 1200)
- one of the earliest northern-french Trouvères (song poets)
- came from the small town Nesle
- ca. twenty songs are ascribed to Blondel, exclusively love songs
Legend of Blondel: Blondel searched King Richard the Lionheart from 1192 until 1194 after his capture at the return journey from the Third Crusade at Dürnstein in Austria by moving from castle to castle and singing everywhere the songs that only he and King Richard could know. If the historical Blondel in deed was in contact with Richard the Lionheart is unknown. In none of the songs that are handed down under his name there is an allusion to King Richard.

Leopold Duke of Bavaria
Leopold V, Duke of Austria/ Leopold von Österreich
(*1157 † 31.12.1194)
- participation in the Third Crusade
- his white uniform was said to be red of blood during the siege of Akkon, taking off his broad belt you could see a white stripe – like this Austria's flag is supposed to be originated
- fell out with the English king Richard the Lionheart, left shortly after the capture of Akkon (12.7.1191)

- as the leader of the German contingent he demanded the same position as Philipp and Richard, but he was impolitely turned away – this reaction caused Richard's captivity in Dürnstein and Trifels on his way back to England, it costed an enormous ransom, six thousand buckets of silver
- son: Frederick I, Duke of Austris (*ca. 1175 † 16.4.1198)

Pope Celestine III.
(* ca. 1106 + 8.1.1198)
- from 30/3/1191 until his death Pope of the Catholic Church
- at the age of 85 he was probably elected as compromise
- in 1193 Celestine excommunicated Leopold V., Duke of Austria, because of the capture of Richard Lionheart

In Cypris
At the chapel of St. George at Limassol, Richard I. married Berengaria of Navarre in 1191.

Isaac Comnenus of Cyprus
(* 1155/1166 + 1194/1195)
- the name 'Comnenus' refers to his mother
- was the grandnephew of the Byzantine Emperor Manuel I (1143-1180)
- in 1185 he was probably legally appointed proconsul of Cyprus
- in about 1178 he married Irina, a Rubenid/Armenic princess, and got 2 children
(son of the first marriage died between 1187 and 1191 – his daughter, the 'maid of Cyprus' (name unknown, maybe Zoe), was the sole heir)
- got married with a sister of William III of Sicily in a second marriage
- was the last sovereign of Cyprus before the conquest by the Crusaders in the Third Crusade in 1191
- after the siege of the Kantara Castle by Richard I.he surrendered. Tradition holds that Richard promised not to tie Isaac up in iron chains –instead he used silver chains. Isaac was taken to the Hospitaller, who imprisoned him
- Richard appointed himself sovereign of Cyprus after the capture of Isaac, because he thought that the island was a strategically important basis for the following crusades; in Cyprus he left his proconsul Richard Camville
- in 1192 he sold Cyprus to Guy of Lusignan; Guy of Lusignan dropped his demand for the throne of Jerusalem

- Guy of Lusignan was the first lord of the Kingdom of Cyprus, after his death in 1194 his brother Amalric II. resumed; his descendants governed the island until their extinction in 1474

The Third Crusade
(1189 - 1192)
- Crusade for the recapture of Jerusalem from Saladin
- headed by Philip II. of France, Richard I. of England and Frederick I., Holy Roman Emperor; Frederick was accompanied by several representatives of the German high nobility (Frederick died in the crusade)
- Conquest of Acre, Israel, by the crusaders (12/7/1191)
- Richard captured Tel Aviv-Yafo on 10/09/1191, but did not reach his actual goal to conquer Jerusalem until summer 1192
- in 1192 departure of Richard after signing an agreement with Saladin which guaranteed the Christians access to the sanctuaries; they also arranged a ceasefire of three years
- establishmend of the crusader state of Cyprus and the rebuilding of the kingdom Jerusaelm as slim stripe along the Mediterranean Sea with Acre as the new capital
- due to the captures by Richard along the coast the Christians succeeded in opening trade routes to the eastern world

Kingdom of Jerusalem
It was a Crusader state in Palestine from 1099 to 1291.
At its height it encompassed the territory of today's Israel, a small stripe beyond the river Jordan to the Red Sea, the southern part of Lebanon with Beirut.

Count Raymond of Tripoli
Raymond III of Tripoli
(* around 1142; † 1187)
- Count of Tripoli from 1152 to 1187
- he became the regent of Baldwin IV, who was to young to reign as a regent he appointed William of Tyre as the chancellor of Jerusalem and the archbishop of Tyre in 1175
- William is regarded as one of the most important historians of the Middle Ages when Baldwin IV was old enough to reign in 1176, Raymond retired from his regency, but kept his influence in the kingdom when Saladin, his former ally or even friend attacked the Kingdom of Jerusalem

- due to raids on caravan roads in 1187, Raymond formed an alliance with the crusaders
- Saladin besieged Tiberias, where Raymond`s wife Eschiva resided
- Raymond did not dare to attack Saladin in an open battle, Guido refused this decision
- King Guido led the crusaders to a dry plain near Tiberias
- there they were encircled by Saladin`s army and completely defeated in the battle at Hattin
- Raymond was one of the few people who could escape
- he died childlessly shortly after the battle at Hattin, 1187

Sibylla, Queen of Jerusalem
(* around 1160; † 25th July1190)
- Baldwin IV`s daughter, Isabella`s sister
- she had no real personal power, she was only a chess piece in the political alliances of the time
- Raymond III if Tripoli, regent of Baldwin IV, who was too young to reign, arranged Sibylla`s marriage to William VII, Count of Montferrat in 1177
- William died shortly after when Sibylla was pregnant with Baldwin V.
- Baldwin IV arranged a marriage to Guido of Lusignan, who had come to the country some time before Baldwin V died at the age of 9 in 1186
- Sibylla, Guido and Raynald of Chatillon were able to seizure power before Raymond could arrange for succession
- in 1187, during the battle at Hattin Guido was taken prisoner, therefore Sibylla had to lead the defence of Jerusalem during Saladin`s siege
- the town was captured on 2nd October, Sibylla escaped to Tyre, where she and her daughter died of an epidemic on 25th July 1190
- her crown was handed to her sister Isabella and her husband Conrad of Montferrat, since Guido had no entitlement to the throne

Viscount de Lusignan
Guido von Lusignan
(† 1194)
- a French knight, who became King of Jerusalem and led the Kingdom into the catastrophe of the Battle at Hattin (1187, loss of the Kingdom of Jerusalem to the Muslims)
- Guido reached the Middle East in the 1170s

- King Baldwin IV, who was slowly dying of leprosy, arranged the wedding with his sister Sibylla in 1180
- Guido joined forces with his wife Sibylla against Baldwin and his regent Raymond III, Earl of Tripoli
- at first Raymond III was Baldwin V`s regent, but Guido was able to take this position
- Baldwin V was also known as Baldwin of Montferrat or Baudounet.
- when Baldwin V died in 1186, Guido claimed the throne for himself (due to the marriage with Sibylla)
- the couple had two daughters, Alice and Mary. Both died very young
- Richard, who had captured Cyprus on his way to the Holy Land, sold it to Guido in 1192 to get him out of internal conflicts in Palestine.
- consequently, Guido gave up his entitlement to the throne of Jerusalem and started to reign over Cyprus.
- after his death in 1194 his brother Amalric (also Amaury or Aimery) became heir to the throne
- his descendants reigned over the island up to their extinction in 1474

Herfrand
Humphrey I. of Toron
(* about 1166, † about 1192)
- in 1180 he got engaged to Isabella of Jerusalem, marriage in 1183
- in 1186, before Baldwin V died, Rainald tried to make him claim the throne for Isabella
- Humphrey preferred to support Guido of Lusignan, Isabella`s sister Sibylla`s husband
- in 1190, during the Third Crusade, the Latin patriarch of Jerusalem annuled Humphrey`s and Isabella`s marriage
- Conrad of Montferrat had told him, Isabella had been under age when they married
- then Conrad married her instead (although he was already married) and claimed the throne of Jerusalem
- Humphrey allied with Richard the Lionheart, against Saladin when capturing Cyprus
- Humphrey was able to negotiate with Saladin (by order of Richard), since he spoke Arabic fluently
- in 1192, when Conrad was murdered by Assassins Humphrey, Richard and some others were suspected to have been involved
- Isabella was married to Henry II of Champagne, despite Humphrey`s protest, who regarded  the annulment of the marriage as invalid due to Conrad`s bigamy

- Humphrey died shortly after

Isabella/ Dowager of Montferrat
Isabella I. of Jerusalem
(* 1172, † 5th April 1205)
- sister of Sibylle of Jerusalem
- she was the daughter of Amalric I of Jerusalem and his second wife Maria Comnena
- in 1183 she married Humfrid IV. of Toron
- in 1192 Isabelle was forced to divorce Humfrid and marry Conrad of Montferrat
- she became queen of Jerusalem since 1192
- Conrad died soon after that, while Isabella was pregnant
- she hid herself in the town Tyre
- she received assistance by Heinrich II. of Champagne, who was the nephew of the king of England as well as the nephew of the king of France
- his uncle Richard the Lionheart had sent him as his authorised agent to Tyre
- the inhabitants of Tyre were impressed by his youth and beauty, so that they demand the marriage of him and Isabella, this idea was supported by Isabella
- they were married during the pregnancy of Isabelle
- Heinrich became thus king of Jerusalem in 1192
- the couple had two daughters Alice and Philippa of Champagne
- Heinrich died in 1197 after the fall from a window

Conrad of Montferrat
(* 1146; † 28th April 1192)
- born in Tyrus (city at the Mediterranean, conquered from the crusaders, part of the kingdom of Jerusalem)
- one of the most important participant of the 3. crusade
- was married with Theodora, sister of Isaac II. from Byzantium
- fled 1187 to Tyre, short-time after the fall of Jerusalem, took responsibility for the municipal defense, when Saladin started the leaguer
- survived Saladin's attack successful
- didn't accept Guy of Lusignan any more as king of Jerusalem and forced him to leave Tyre (Guy accompanied the crusaders , who wanted to recapture Acre)
- 1192 king of Jerusalem for short time
- Conrad married Sibylle's sister Isabella I., though he was still married with Theodora at this time

- knifed by two assassins, many people suspect Richard to have arranged the murder, others suspect Humfrid IV., Isabelle's first husband
- Conrad's brother Wilhelm was the first husband of queen Sibylle and father of Balduin V.

Patriarch Heraclius of Jerusalem
(* 1128; † 1190)
- was archbishop of Caesarea and Latin Patriarch of Jerusalem
- the most information about him are emanated from his rival Wilhelm and his supporter Ernoul, so he is described as corrupt and materialistic
- it's said that he has many lady-loves, thereunder Agnes of Edessa (wife of Amalricus, mother of Sibylle and Balduin IV.)

Sultan Saladin
(* 1138; † 1193)
- the affiliation of Aleppo (1183) and Mosul (1186) gave him enough power to attack the kingdom Jerusalem and reach his greatest intention, the recapture of it's capital
- decisive win against the crusaders guided by Guy de Lusignan in the battle of Hattin on 4th July 1187
- he let execute the knights of order, who had survived except the master of temple
- the others were sold in the slavery
- he conquered Jerusalem on 2nd October 1187 and finished the Christian dominance in the town after 88 years
- in 1188 he could realize conquests in the crusade states Tripoli and Antiochia

Noureddin??, son of Azad, brother of Saladin
Al-Kamil Muhammad al Malik (* 1180; † 1238)

- son of Saladin`s brother Abu-Bakr Malik Al-AdilI.
- he was the 4th sultan of the Ayyubids in Egypt (1218-1238)
- after his uncle Saladin he was one of the most important Islamic monarchs of the East/ Orient in the Middle Ages

Nur ad-din Abu al-Qasim Mahmud Ibn 'Imad ad-Din Zangi
(* 1118; † 1174)
- was a Damascene ruler and one of several Moslem leaders striving to drive the Christian Crusaders out of the Levant

- Nureddin was born in Damascus
- highly capable, he inherited his father's expansionist proclivities and the western portion of his principality, making Aleppo the capital
- Nureddin was a skilled military campaigner who commanded the respect of his men
- in 1144, 2 years before his murder, Nureddin's father had inspired the Second Crusade (1147-1149) by capturing Edessa from its Frankish ruler, Joscelin II
- when he died, this important country, which was a fief of Jerusalem and had been the first crusader state, was the first to fall
- with its recapture by Nureddin, Moslems again dominated the eastern part of the Baghdad-Mediterranean trade route
- during the Second Crusade, Nureddin captured Damascus and Antioch from fellow Moslems and held them against the crusaders
- Damascus and other inland cities never fell to the crusaders, although occasionally they paid tribute
- the Damascene payment in 1156 was 8,000 dinars
- in a subsequent peace settlement between Nureddin and Baldwin III of Jerusalem, tribute was eliminated
- when the Christian rulers of Antioch and Tripoli fell into Nureddin's hands, they were ransomed, Bohemund III after a year and Raymond III after 9
- in the north, Nureddin continued his raiding, taking several towns from the Rum sultanate in 1173
- while on this campaign he received a diploma of investiture as lord of Mosul, Syria, Egypt, and Konya from the Abbasid caliph in Baghdad
- Nureddin died of throat trouble on May 15, 1174
- a pious Sunni, Nureddin was noted for strict adherence to religious dicta in his public and private life
- justice was a paramount feature of his character
- he is credited, culturally, with patronizing scholars and with the extensive building of mosques, hospitals, and schools throughout his territories
- in 1174 Saladin became Sultan of Syria and Egypt, after the death of Nurredin, declared himself his vassal, although he really planned to unify Syria and Egypt under his own rule, he married Nur ad-Din's widow, defeated the other claimants to the throne and took power in Syria in 1185, finally realizing Nur ad-Din's dream

Techedin
Taki ed-Din Umar
(† around/after 1191)
- son of Turanshah, Saladin`s brother
- Ayyubid prince and military commander

Country of assassins

- notorious militant Ismailis sect of the Middle Ages in orient, which became generally known in europe by reports of crusaders and by travelers such as Marco Polo
- Marco Polo characterizes them as a sect, which consumed hashish and celebrated orgiastic festivals on the one hand and comitted poisoning and knifing at superior persons on the other hand
- time of their act: between 1080 and 1270
- after several futile attempts they succeeded to buy or acquire themselves some castles, so that they could develop their own dominion in the mountain range of the Dschebel Ansarieh
- in the course of the time they could form an autonomous area in direct proximity of the crusader states Antiochia and Tripoli in the inaccessible mountains
- only 1140 the Assassins could conquer their headquarters, the castle Masyaf/Syria in the province Hama, since 1164 the „Old Man of the Mountain" resided here
- he could consolidate the position of the Assassinen in Syria by successful see-saw politics between Saladin and crusaders
- around 1230 the Assassins had achieved general social acknowledgment as territorial rulers, because they paid officially tribute at the Order of Saint John
- coming into powar of Sultan Baybar changed the conditions of the second half of the 13th century
- 1271 the rule were strengthened, so that the leader of the Assassins had to hand over their castles
- they were forced to live at the castle courtyard of Baybar
- thus the domination of the Assassins were finished

The Old Man of the Mountain

- Raschid al-Din (also known as Sinan Raschid al-Din/ Raschid al-Din Sinan)
- one of the leaders of the Syrian wing of the Assassin sect (Ismailism) and a figure in the history of the Third Crusade
- the name „ The Old Man of the Mountain „ is derived from the
- Arab title, which means Scheik al- Djebel „ Prince/ Elder of the Mountains"
- Saladin besieged Masyaf (1176), but that siege did not last long
- as a consequence he reached a compromise with the Assassins
- the chroniclers of the Crusaders were fascinated by the activities of the Assassins

Über die Herausgeber

Sylvia Kolbe ist Diplom-Sprachmittlerin für Englisch und Kiswahili und Deutschlehrerin für Ausländer. In ihrer Freizeit führt sie Wissenschaftler und Touristen durch Leipzig. Sie war wissenschaftliche Mitarbeiterin am Herder-Institut der Universität Leipzig und arbeitet seit 1994 als Sekretärin an der Universität Leipzig, seit 2005 am Institut für Biochemie

Karla Gabert studierte von 1972 bis 1976 and der Friedrich Schiller-Universität Jena Englisch und Russisch. Von Juli 1974 bis August 1975 weilte sie zu einem Auslandsteilstudium in Rostov am Don in der früheren Sowjetunion. In dieser Fächer-Kombination arbeitete sie vom 1976 bis 1992 an der Sportschule Leipzig, von 1992 bis 2008 am Georg-Christoph-Lichtenberg-Gymnasium und seitdem an der Max-Klinger-Schule/ Gymnasium in Leipzig.
In ihrer Funktion als Oberstufenberaterin ist sie außerdem seit mehr als 15 Jahren für alle Fragen zu Stundenplänen, Pflichtfächern und Abschluss-Prüfungen verantwortlich.

Editors

Sylvia Kolbe is an accredited translator of the English and Kiswahili languages and a teacher for German as a foreign language. During her spare time, as a qualified city guide, she conducts tours of Leipzig for scientists and tourists. She was a scientific employee at the Herder Institute of Leipzig University and she has been working as a secretary at the University of Leipzig since 1994 and at the Institute of Biochemistry since 2005.

Karla Gabert studied Russian and English at the Friedrich-Schiller-University at Jena from 1972 to 1976. From July 1974 to August 1975 she completed a period of study abroad, at Rostov on the river Don, in the former Soviet Union. She taught her subjects at the Sports School in Leipzig from 1976 to 1992, at Georg-Christoph-Lichtenberg-School from 1992 to 2007. Since then she has been working at Max-Klinger-School.
For more than 15 years she has been an advisor respectively a councellor for senior students. She is responsible for all questions/ problems concerning the students` timetables, compulsory subjects and final examinations.